프로 디자이너처럼 만드는

포토샵
디자인
스킬북

YoungJin.com Y.
영진닷컴

프로 디자이너처럼 만드는
포토샵 디자인 스킬북

ISBN 978-89-314-7922-5

독자님의 의견을 받습니다.

이 책을 구입한 독자님은 영진닷컴의 가장 중요한 비평가이자 조언가입니다. 저희 책의 장점과 문제점이 무엇인지, 어떤 책이 출판되기를 바라는지, 책을 더욱 알차게 꾸밀 수 있는 아이디어가 있으면 팩스나 이메일, 또는 우편으로 연락주시기 바랍니다. 의견을 주실 때에는 책 제목 및 독자님의 성함과 연락처(전화번호나 이메일)를 꼭 남겨 주시기 바랍니다. 독자님의 의견에 대해 바로 답변을 드리고, 또 독자님의 의견을 다음 책에 충분히 반영하도록 늘 노력하겠습니다.

주 소 : (우)08512 서울특별시 금천구 디지털로9길 32 갑을그레이트밸리 B동 10층 (주)영진닷컴
이메일 : support@youngjin.com
※ 파본이나 잘못된 도서는 구입처에서 교환 및 환불해드립니다.

STAFF

저자 두이 | **총괄** 김태경 | **진행** 최윤정 | **디자인** 김효정 | **편집** 김효정, 곽은슬
영업 박준용, 임용수, 김도현, 이윤철 | **마케팅** 이승희, 김근주, 조민영, 김민지, 김진희, 이현아
제작 황장협 | **인쇄** 예림인쇄

'타임머신을 타고 디자인을 처음 시작하던 때로 돌아가서, 과거의 나에게 지금 내가 알고 있는 스킬들을 알려 주면 얼마나 좋을까?'

이러한 생각을 실현해 보고자 이 책을 집필하게 되었습니다.

멋진 디자인을 사랑해서 디자이너가 되었지만, 다른 사람들의 반짝반짝 빛나는 작업물을 보면 오히려 주눅이 들 때가 많습니다. 나와는 다른 세계에 사는 사람들인 것 같은 기분이 들기도 합니다.

그럴 때 기운을 차리고 다시 디자인에 열심히 매진할 수 있도록 해 준 것이 바로 이 책의 내용들입니다. 동경하는 디자인을 보며 어떻게 만든 것인지 분석하고, 오랜 노력 끝에 결국은 스스로 비슷한 연출을 만들 수 있게 되었을 때, 그 쾌감은 이루 말할 수 없습니다.

이 책은 제가 좋아하는 디자인들을 분석하여 정리한 30가지의 포토샵 기법과, 이를 활용하여 만든 10가지의 아트워크로 구성되어 있습니다. 디자인을 처음 시작하는 사람들에게 자신감을 불어넣어 주고 싶었기 때문에, 차근차근 책을 따라 가면 누구나 같은 결과물을 만들 수 있도록 세심하게 집필하였습니다.

또한 책을 보는 사람들이 자신만의 작업물을 만드는 데 도움을 줄 수 있도록, 제가 빈 화면에서 시작하여 어떻게 디자인을 완성했는지 그 과정을 꼼꼼하게 담았습니다.

어떤 아트워크가 가장 마음에 드시나요?
어떤 기법을 가장 먼저 익히고 싶나요?

이 책이 여러분의 마음 속 디자인을 향한 불씨를 활활 지피는 데 도움이 될 수 있다면 더 바랄 나위가 없겠습니다. 그럼, 이제 함께 작업을 시작해 볼까요?

저자 두이

│ 목차

PART 3 **SHAPE**

PART 4 **ARTWORK**

예제 파일 다운로드 영진닷컴 홈페이지(youngjin.com) → 고객센터 → 부록CD 다운로드

아트워크 모음

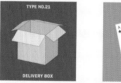

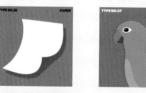

포토샵 기본 설정

1 작업 영역

책에서 소개하는 도구가 내 포토샵 화면에 없다면, 작업 영역이 다른 옵션으로 선택되어 있을 가능성이 높습니다. 이럴 경우, 포토샵 메뉴에서 [창 – 작업 영역 – 필수(기본값)] 메뉴를 눌러 주세요.

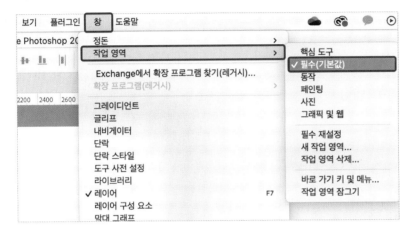

2 레이어 패널

포토샵 화면 오른쪽에 레이어 패널이 없다면, 포토샵 메뉴에서 [창 – 레이어] 메뉴를 눌러 주세요. 포토샵의 모든 작업은 레이어를 기반으로 하기에, 반드시 레이어 패널이 있어야 합니다.

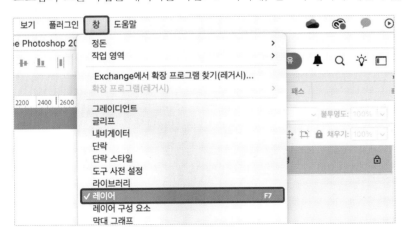

01 원근감

02 기준선

03 교차

04 늘리기

05 자르기

06 엠보싱

07 구형화

08 뒤틀기

09 풍화

10 롱 쉐도우

PART 1

TITLE

글자의 모양을 변형하고 꾸밈 요소를 더해 멋진 타이틀을 만들어 봅니다. 적절하게 꾸며진 타이틀은 디자인을 눈에 띄게 만들 수 있을 뿐 아니라 글자에 담긴 의미도 효과적으로 강조할 수 있습니다.

원근감
날아가는 것 같은 글자 만들기

자유 변형 기능으로 글자에 원근감을 주는 방법을 알아봅니다. 먼저 원근감을 줄 텍스트 레이어를 스마트 오브젝트로 변환합니다. 그런 다음 변형 컨트롤이 보이도록 세팅하고, 모서리에 있는 점을 움직여 텍스트의 실루엣을 자유롭게 비틀어 줍니다.

스킬 스마트 오브젝트, 자유 변형
폰트 Sandoll 프레스 (어도비 폰트)
색상 빨간색 #c71f32 / 노란색 #f5e972
난이도 ★☆☆☆☆
예제파일 01슈우웅.psd

만들기

01 '01슈우웅.psd' 파일을 엽니다.

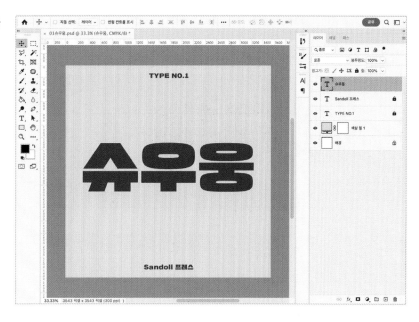

02 텍스트 레이어를 스마트 오브젝트로 변환합니다.

1 레이어 창에서 텍스트 레이어를 우클릭
2 '스마트 오브젝트로 변환'을 클릭

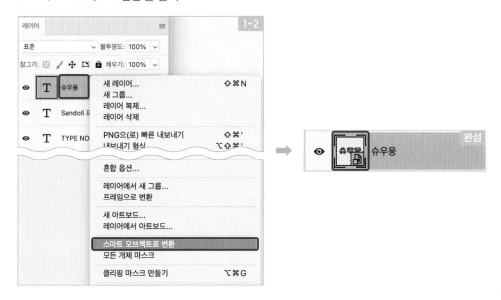

03 자유 변형 기능으로 텍스트의 실루엣을 비틀어 줍니다.

1 Ctrl + T 를 눌러 변형 컨트롤 표시
2 Ctrl 을 누른 채로 모서리의 조절점을 드래그

 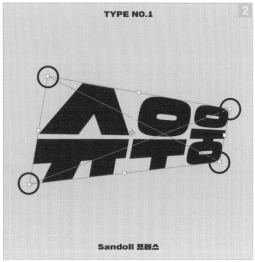

변형 작업이 끝나면 Enter 를 눌러 변형 컨트롤을 꺼 주세요. Enter 가 아닌 Esc 를 누르면 변형이 적용되지 않습니다.

작업노트

✦ 스마트 오브젝트

텍스트에 원근감을 주려면 왜 스마트 오브젝트로 변형해야 할까요? 텍스트 레이어인 상태에서는 자유롭게 실루엣을 비틀 수 없기 때문입니다. 원근감을 주려면 변형 컨트롤의 위, 아래, 양옆 선이 평행하지 않아야 하죠. 그런데 텍스트 레이어는 변형 컨트롤을 어떻게 움직여도 잠금이 걸린 것처럼 위, 아래, 양옆이 평행하게 움직이기 때문에 글자에 원근감을 줄 수 없어요.

텍스트 레이어를 스마트 오브젝트로 변환하면 마치 잠금이 풀린 것처럼 자유롭게 모양을 뒤틀 수 있습니다. 그래서 텍스트에 원근감을 주고 싶을 때 스마트 오브젝트로 변환하는 작업을 거치는 거죠.

✦ 사진의 원근감

레이어의 원근감을 다듬는 작업은 사진을 다룰 때도 활용할 수 있습니다. 예를 들어 비스듬하게 찍힌 스티커 이미지를 정면에서 바라본 것처럼 다듬고 싶다면, 변형 컨트롤의 모서리 점을 움직여서 원근감을 없애 주는 방식으로 해결할 수 있죠.

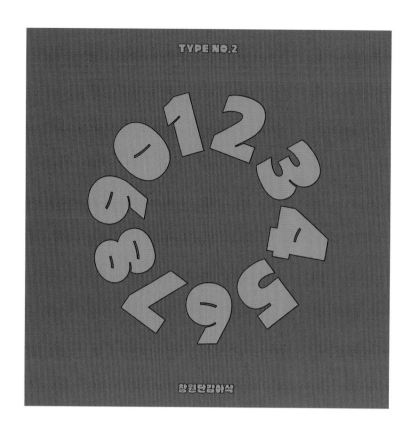

기준선

패스 모양에 맞춰 글자 입력하기

텍스트가 흐르는 기준선을 둥글게 만드는 방법을 알아봅니다. 먼저 도형 도구를 이용하여 화면에 원을 그립니다. 그런 다음, 원의 푸른색 테두리에 문자 도구의 커서를 가져다 댑니다. 마우스 커서가 기준선을 바꾸는 표시로 바뀌면, 클릭한 다음 텍스트를 입력합니다. 마지막으로 글자 사이의 간격을 조절해서 모양을 정리합니다.

스킬 문자 도구, 패스, 커닝
폰트 창원단감아삭 (눈누)
색상 분홍색 #e03d80 / 초록색 #6fbf81 / 검은색 #000000
난이도 ★★☆☆☆
예제파일 02다이얼.psd

■ 만들기

01 '02다이얼.psd' 파일을
엽니다.

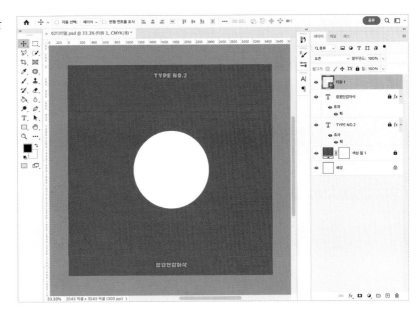

02 패스를 따라 텍스트를 입력할 준비를 합니다.

1 레이어 창에서 '타원 1' 레이어를 선택
2 툴바에서 [가로쓰기 문자 도구]를 선택
3 타원의 푸른색 가장자리에 마우스 커서를 가져다 대기
4 입력 커서를 확인한 후 클릭

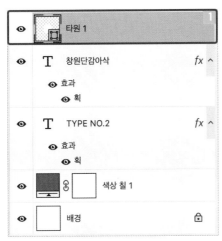

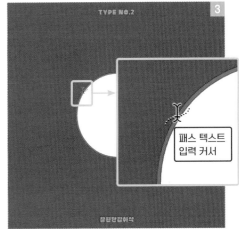

패스 텍스트
입력 커서

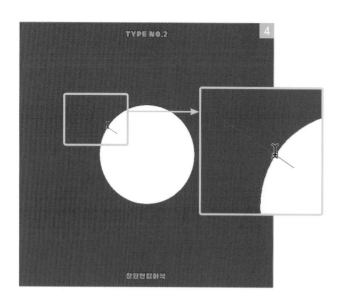

03 텍스트를 입력합니다.

1 옵션바에서 폰트, 크기, 정렬, 색상을 세팅

2 '0123456789'를 입력

04 전체 글자 사이의 간격을 조정합니다.

1 커서가 깜빡일 때 [Ctrl]+[A]를 눌러 모든 글자를 선택

2 [Alt]+[←][→]를 눌러 간격 조정

 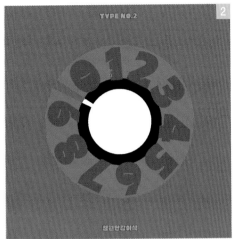

05 글자 사이의 간격이 일정해 보이도록 조정합니다.

1 좌우 방향키를 눌러서 텍스트 커서를 이동

2 [Alt]+[←][→]를 눌러 글자 사이의 간격을 하나씩 조정

3 1~2를 반복하며 글자 사이의 간격을 세밀하게 조정

tip

이처럼 글자 사이의 간격을 하나씩 조정하는 작업을 '커 닝'이라고 합니다. 수치상으로는 텍스트의 간격이 분명히 일정한데도 간격이 다르게 보이는 경우가 있습니다. 글자 마다 모양과 여백이 다르기에 일어나는 현상인데요, 이런 경우에는 (5)번 작업처럼 '커닝'을 해 주며 간격이 일정해 보이도록 직접 다듬어 주면 좋습니다.

tip

간격을 조정해도 원하는 모양이 나오지 않는다면, 옵션바에서 글자의 크기를 조정해 보세요. 간격과 크기를 함께 조정하면 글자를 더욱 빽빽하게, 혹은 여유롭게 배치할 수 있습니다.

1 커서가 깜박일 때 Ctrl + A 를 눌러 모든 글자 잡기
2 옵션바에서 포인트 값을 세밀하게 조정

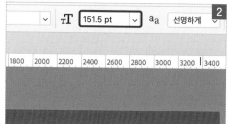

06 조정이 끝나면 타원 레이어의 눈을 꺼 줍니다.

07 텍스트에 테두리를 입힙니다.

1 텍스트 레이어 이름 옆 빈 곳을 더블 클릭
2 레이어 스타일 창 왼쪽에서 '획' 메뉴 이름을 클릭
3 획의 위치를 '바깥쪽'으로 설정
4 획의 크기와 색을 설정

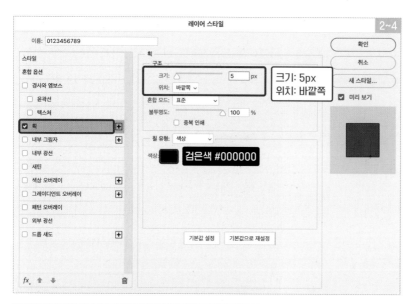

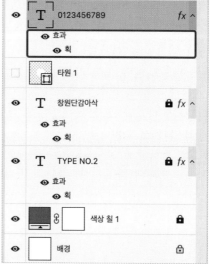

작업노트

✦ 기준선 뒤집기

패스 위에 적힌 글자를 패스 아래로 뒤집는 방법이 있습니다. Ctrl 을 누른 채로 텍스트 기준선 근처를 드래그하는 거죠. 어떻게 하는지 자세히 알아볼까요?

글자를 뒤집으려면 우선 텍스트 커서가 깜빡이고 있어야 합니다.

이 상태에서 Ctrl 을 누른 채로 문장의 첫 글자 왼쪽을 클릭합니다. 클릭을 떼지 않고 꾹 누르고 있으면 마우스 커서가 아래의 사진과 같은 모양이 됩니다.

이때 마우스를 패스 아래로 드래그하면, 텍스트가 아래로 뒤집어집니다.

이번 〈다이얼〉 아트워크와 같은 텍스트도 똑같은 방법으로 뒤집어 줄 수 있습니다. Ctrl 을 누른 채로
문장의 첫 글자 왼쪽을 드래그하면 텍스트가 원 안에 흐르게 할 수도, 바깥에 흐르게 할 수도 있죠.

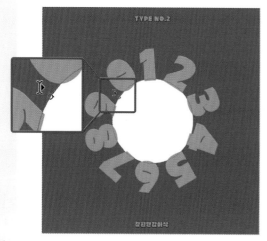 

tip

패스 위에 적은 텍스트가 보이지 않는다면, 기준선 근처에 있는 ⊕ 표시를 찾아 좌우로 드래그해 주세요. 평범하게 텍스트를 입력
할 때와 달리, 패스 위에 텍스트를 입력할 경우, 텍스트 아래쪽에 독특한 표시가 생깁니다. 바로 텍스트의 시작점을 알려 주는 X, 끝
점을 알려 주는 O 입니다. X와 O 사이의 공간에만 텍스트가 보이는 것이죠.

만약 끝점 뒤로 텍스트가 넘어가면 O가 아니라 ⊕ 표시가 생기며, 넘어간 텍스트는 보이지 않게 됩니다. 이럴 경우, Ctrl 을 누른 채
로 시작점의 X를 드래그해 글자가 들어갈 공간을 넓혀 주세요.

또한, O, X, ⊕ 표시를 드래그할 때 드래그하는 위치에 유의해 주세요. 표시를 패스 아래쪽에서 드래그할 경우 기준선의 방향이 아
래로 바뀌며 글자가 뒤집어집니다.

✦ 패스로 이루어진 도형

포토샵에서 도형을 다루다 보면 테두리에 파란색 선이 둘러져 있는 것을 볼 수 있습니다. 이 파란색 테두리가 바로 패스입니다. 기준선을 바꾸기 위해 반드시 필요한 선이죠.

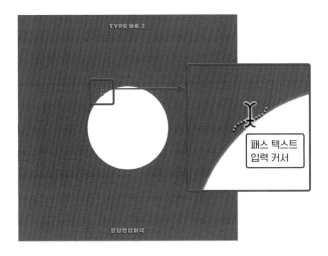

패스는 이미지를 저장하거나 인쇄를 했을 때 보이지 않는 가상의 선이며, 일종의 밑그림입니다. 만약 화면에 동그라미 모양의 패스가 있다면, 우리는 이 패스를 이용해서 동그란 도형을 만들거나, 동그란 선택 영역을 만들거나, 동그란 패스 텍스트를 만들 수 있죠. 패스라는 밑그림에 맞춰 다양한 작업이 가능한 것입니다.

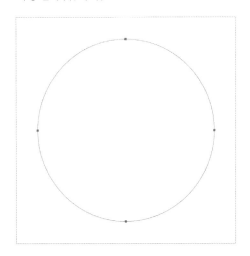

때문에 패스에 기반해서 만든 도형이 아니라면 텍스트가 흐르는 기준선을 바꿀 수 없어요. 만약 동그란 브러시를 찍어서 원을 만들었다면, 이 원으로는 기준선을 바꿀 수 없습니다. [문자 도구]를 선택하고 원의 테두리에 마우스 커서를 가져다 대도 기준선을 바꾸는 표시가 뜨지 않죠.

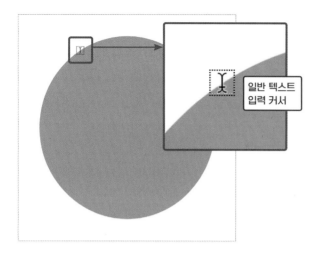

tip

패스로 이루어진 레이어에는 패스에 기반했음을 알려 주는 마크가 달려 있습니다.

tip

[펜 도구]와 [도형 도구]를 사용하면 패스로 이루어진 모양을 만들 수 있습니다.

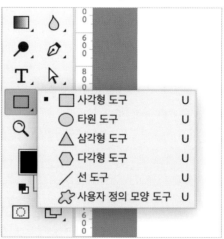

교차

배경과 텍스트를 엇갈리게 칠하기

배경과 텍스트의 교차 지점마다 색을 엇갈리게 칠하는 방법을 알아봅니다. 먼저 흑백으로 이루어진 배경을 만들고, 그 위에 흰색 텍스트를 배치합니다. 그런 다음, 배경 위에 텍스트가 오도록 레이어 순서를 조정합니다. 조정이 끝나면 텍스트의 블렌딩 모드를 '차이'로 설정합니다. 마지막으로 글자가 잘 읽히도록 배경과 텍스트의 교차 지점을 다듬어 줍니다.

스킬 블렌딩 모드
폰트 둥켈산스v0.7 Medium (어도비 폰트)
색상 검은색 #000000 / 흰색 #ffffff
난이도 ★★☆☆☆
예제파일 03흑백.psd, NO 3.psd

만들기

01 '03흑백.psd' 파일을 엽니다.

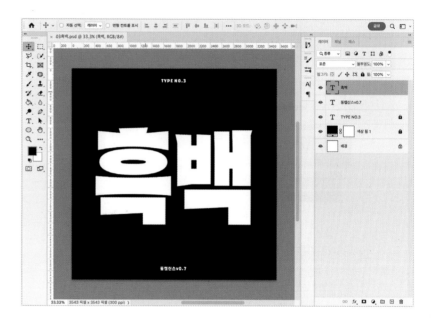

02 화면의 반 크기의 사각형을 만듭니다.

1 툴바에시 [사각형 도구]를 신댁
2 화면을 드래그해서 사각형 만들기

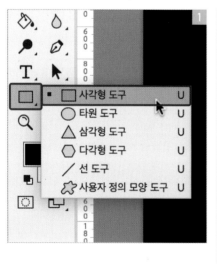

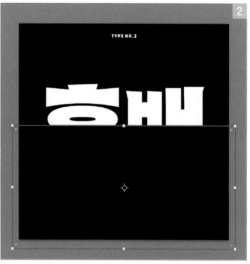

> **tip**
>
> 툴바에서 [사각형 도구] 아이콘이 보이지 않는다면 사진 속 아이콘 위치를 우클릭해 보세요. 숨어 있는 [사각형 도구]를 찾을 수 있습니다.

03 사각형의 색을 흰색으로 바꿉니다.

1 사각형 레이어의 썸네일을 더블 클릭
2 흰색으로 설정

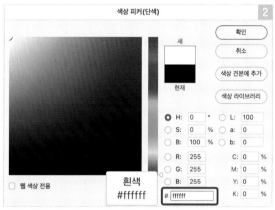

04 사각형 레이어를 '둥켈산스v0.7' 텍스트 레이어 아래로 내립니다.

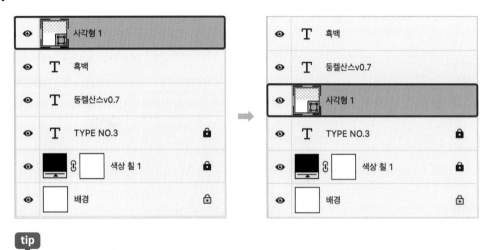

tip

블렌딩 모드는 위에서 아래로 작용하기 때문에, 효과를 줄 때 레이어 순서를 잘 확인해야 합니다. 이후에 '흑백', '둥켈산스v0.7' 레이어에 블렌딩 모드 효과를 줄 예정이므로, 효과가 잘 적용될 수 있도록 사각형을 두 레이어 아래로 내려 줍니다.

05 '흑백' 레이어의 블렌딩 모드를 '차이'로 설정합니다.

1 레이어 창에서 '흑백' 레이어 선택
2 블렌딩 모드를 '차이'로 변경

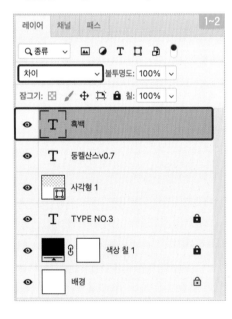

06 '둥켈산스v0.7' 레이어의 블렌딩 모드를 '차이'로 설정합니다.

1 레이어 창에서 '둥켈산스v0.7' 레이어 선택
2 블렌딩 모드를 '차이'로 변경

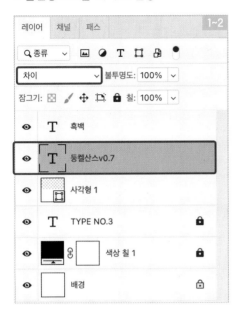

07 사각형의 높이를 조절하여 교차 지점을 다듬어 줍니다.

1 레이어 창에서 사각형 레이어 선택
2 Ctrl + T 를 눌러 변형 컨트롤 표시
3 위쪽 가운데 조절점을 드래그하여 사각형의 높이를 조절

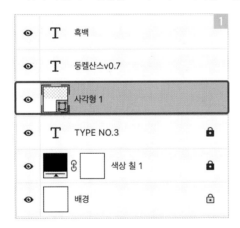

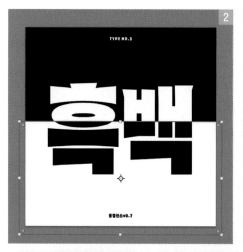

tip

'흑백' 이라는 글자가 잘 읽히는지 유의하며 교차 지점을 다듬어 주세요.

작업노트

✦ 차이 모드의 계산법

차이 모드를 이용해서 교차 연출을 만들 때의 핵심은 배경을 흑백으로, 글자를 흰색으로 세팅하는 것입니다. 배경에 색이 있거나 글자를 검은색으로 세팅하면 교차 연출을 만들고 활용하기 어려워요. 이는 차이 모드의 계산법 때문인데요. 어떤 내용인지 자세히 알아볼까요?

포토샵은 색을 숫자로 표현합니다. 예를 들어 RGB 색상 모드의 경우, 분홍색을 R = 234, G = 116, B = 166이라는 값으로 표현하죠. 이처럼 각 색마다 고유한 숫자 값이 있는데, 블렌딩 모드는 이러한 색의 숫자 값을 이용해서 두 가지 색을 섞어 주는 기능입니다. 더하거나, 곱하거나, 빼거나, 나누는 거죠.

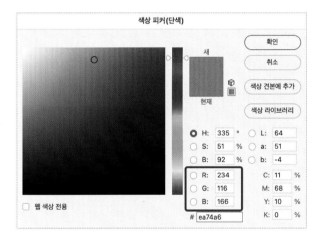

차이 모드는 두 가지 색의 값 차이를 보여 주는 기능입니다. 사칙연산 중 '빼기'인 거죠. 예를 들어 흰색에서 검은색을 빼면 흰색이 되는데, 아래와 같이 계산했기 때문입니다.

'NO 3.psd' 파일을 통해 자세히 살펴볼까요? 아래 이미지 속 텍스트의 블렌딩 모드를 '차이'로 설정하면, 위와 같은 뺄셈 계산을 통해 교차 연출이 완성되죠.

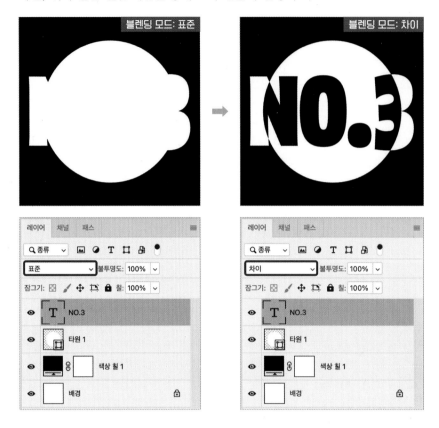

만약 똑같은 상황에서 텍스트가 검은색이라면, 텍스트의 블렌딩 모드를 '차이'로 바꿔도 교차 연출을 만들 수 없습니다.

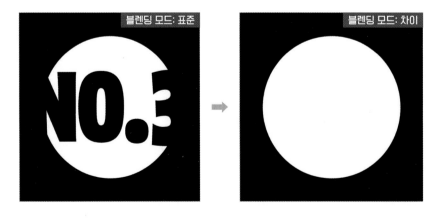

왜일까요? 검은색에서 흰색을 빼면 흰색이 되기 때문입니다. 그래서 흰색 원 안의 글자가 안 보이게 사라져 버린 것이죠. 물론 검은색에서 검은색을 빼도 여전히 검은색이구요. 0에서 0을 빼면 그대로 0이니까요.

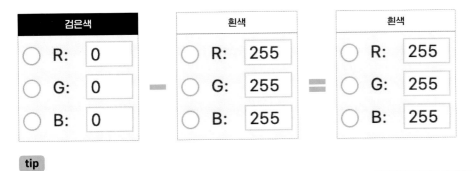

tip

색을 숫자로 표현할 때 마이너스값은 쓰지 않습니다. 때문에 뺄셈의 결과가 마이너스라면, 숫자는 그대로 두고 부호만 플러스로 바꿔 줍니다(절댓값으로 처리합니다).

만약 배경이나 글자에 흑백이 아닌 노란색, 초록색 등의 색을 칠하면 숫자가 복잡해지고 내가 원하는 색을 연출하기 어려워집니다. 그렇기 때문에 깔끔하게 흰색과 검은색으로 교차 연출을 만드는 게 작업하기에 훨씬 쉬운 것이죠. 숫자가 단순하니까요. 나중에 포토샵의 기능을 이용해서 교차 영역에 원하는 색을 칠하는 식으로 활용하기도 좋구요.

✦ 교차 영역 색칠하기

교차 영역을 색칠하는 두 가지 방법이 있습니다. 첫 번째는 포토샵의 매핑 기능으로 두 가지 색을 입히는 것입니다. 두 번째는 [페인트 통 도구]로 영역마다 각기 다른 색을 칠하는 것이죠. 각각의 방법에 대해 알아볼까요?

❶ 그레이디언트 맵

매핑이란 하나의 색을 다른 색으로 대응하는 기능을 의미합니다. 매핑 기능을 쓰면 교차 연출의 흰색과 검은색을 내가 원하는 색으로 바꿀 수 있어요.

▶ 매핑의 원리와 자세한 활용 방법은 〈11.매핑〉에서 확인할 수 있습니다.

우선 레이어 창 하단에서 [조정 레이어 – 그레이디언트 맵] 메뉴를 클릭합니다.

매핑 속성 창이 나오면, 그라데이션 띠를 클릭하여 편집기 창을 엽니다.

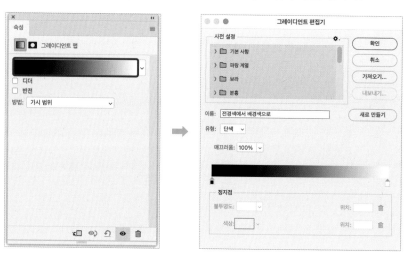

이제 색을 설정할 준비가 끝났습니다. 편집기 창 하단에 있는 컬러칩을 더블 클릭하여 원하는 색으로 지정해 줍니다.

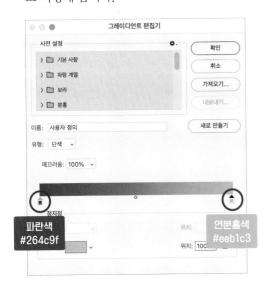

'확인'을 누르고 창을 닫으면, 흑백 교차 디자인에 색이 입혀진 걸 볼 수 있죠. 만약 색을 다시 지정하고 싶다면, '그레이디언트 맵' 레이어의 썸네일을 더블 클릭하여 속성 창을 열면 됩니다.

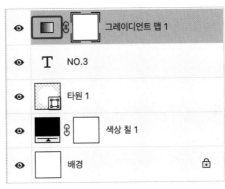

❷ 페인트 통 도구

[페인트 통 도구]를 이용하면 교차 영역마다 다른 색을 칠해서 훨씬 다채로운 색상으로 교차 연출을 만들 수 있습니다. 레이어를 병합한 다음, [페인트 통 도구]로 원하는 색을 칠하는 것이죠. 매핑보다 과정이 더 복잡하지만, 자유롭게 색칠할 수 있다는 장점이 있습니다.

우선 연출에 쓰인 모든 레이어를 선택하고, 레이어를 복사한 뒤 병합합니다. 나중에 폰트나 구성을 바꿀 수 있도록 복사본을 남겨 놓는 게 좋아요.

1 Ctrl 을 누른 채로, 교차 연출에 쓰인 레이어를 모두 선택
2 Ctrl + J 를 눌러, 선택한 레이어들을 복사
3 Ctrl + E 를 눌러, 선택한 레이어들을 병합

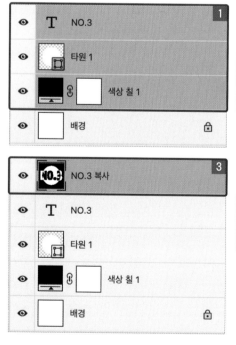

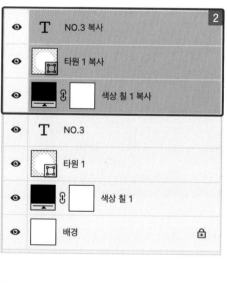

병합을 마치면, 이제 원본 레이어들의 눈을 꺼 줍니다.

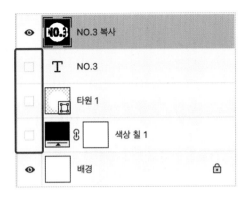

마지막 준비입니다. [페인트 통 도구]와 칠하고 싶은 색을 세팅합니다.

1 툴바에서 [페인트 통 도구] 선택
2 툴바 하단의 앞쪽 사각형(전경색)을 더블 클릭하여 원하는 색으로 지정

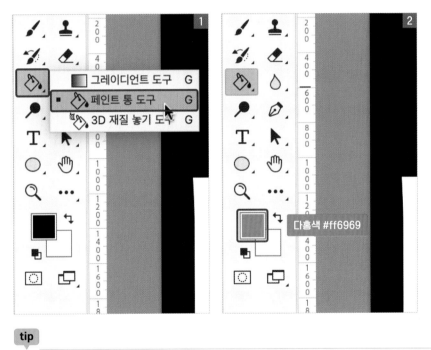

tip

툴바에서 [페인트 통 도구] 아이콘이 보이지 않는다면 사진 속 아이콘 위치를 우클릭해 보세요. 숨어 있는 [페인트 통 도구]를 찾을 수 있습니다.

이제 자유롭게 교차 영역을 칠할 준비가 됐습니다. 작업 화면에서 원하는 영역을 클릭하면, 바로 색 칠이 된 걸 볼 수 있죠.

tip

[페인트 통 도구]로 색칠하기 전에 옵션바에서 '인접' 항목을 체크해 주세요. '인접' 항목이 체크되어 있지 않으면, 클릭한 곳과 같거나 비슷한 색의 영역이 모두 색칠됩니다.

'인접' 항목에 체크를 했는데도 색이 이상하게 칠해진다면, 옵션바의 허용치 항목 수치를 확인해 주세요. 상황에 따라 다르지만, 대체로 허용치를 20~30 정도로 세팅하면 내가 클릭한 곳만 적절하게 칠할 수 있습니다.
허용치가 높을 경우 내가 클릭한 색과 비슷한 색을 모두 칠해 버리게 됩니다. 예를 들면 허용치가 매우 높을 경우, 포토샵이 흰색과 밝은 노란색을 모두 한 묶음으로 허용하여 같은 색을 칠하게 될 수 있습니다.

원하는 색을 세팅하고 작업 화면을 클릭하는 과정을 반복하면, 이런 식으로 교차 영역마다 색을 다르게 칠해 줄 수 있습니다.

주황색 #f4af5d
노란색 #f2e338
초록색 #57b65d
하늘색 #6aa3dd

TYPE NO.4

Rix광안리_Pro

늘리기

글자의 획 길이를 조절하기

텍스트를 패스로 이루어진 모양으로 변환하여 획의 길이를 조절하는 방법을 알아봅니다. 먼저 텍스트 레이어를 모양으로 변환합니다. 그런 다음 패스 선택 도구로 조절하고 싶은 획의 고정점을 모두 선택합니다. 이 고정점을 원하는 방향으로 이동시켜서 획의 길이를 늘리거나 줄입니다.

스킬 모양으로 변환, 패스 선택 도구
폰트 Rix광안리_Pro (어도비 폰트)
색상 빨간색 #d84a49 / 흰색 #ffffff
난이도 ★★☆☆☆
예제파일 04길쭉.psd

만들기

01 '04길쭉.psd' 파일을 엽니다.

02 텍스트 레이어를 모양으로 변환합니다.

1 레이어 창에서 텍스트 레이어를 우클릭
2 '모양으로 변환'을 클릭

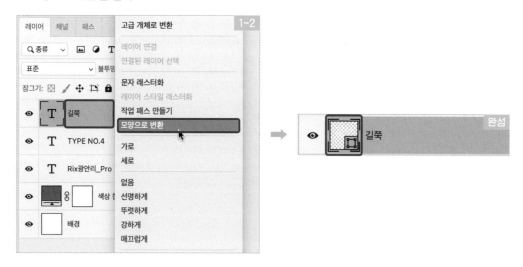

03 툴바에서 [패스 선택 도구(흰색)]를 선택합니다.

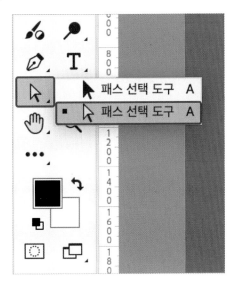

04 늘리고 싶은 획의 고정점을 선택합니다.

1 작업 화면에서 'ㄹ'의 아랫 부분을 드래그

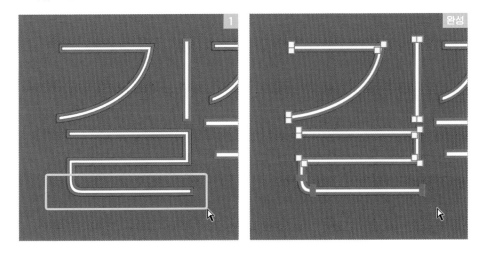

05 고정점을 움직여서 획을 늘립니다.

1 Shift + ↓ 를 눌러서 고정점을 아래로 내리기

 tip

Shift 와 방향키를 함께 누르면 고정점이 빠르게 이동합니다. 섬세한 조절이 필요할 때는 Shift 없이 방향키만 눌러 주세요.

06 같은 방법으로 나머지 글자의 획을 늘려 줍니다.

1 작업 화면에서 '쭉'의 윗줄을 뺀 전체를 드래그

2 Shift + ↓ 를 눌러서 고정점을 아래로 내리기

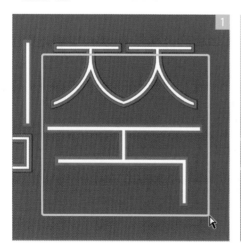 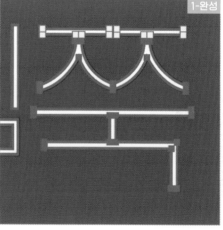

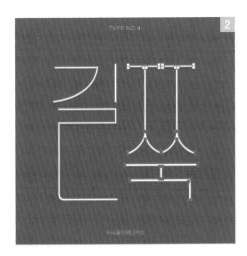

 tip

'ㅉ'이 넓게 벌어졌다면 윗 부분의 고정점 2개가 덜 잡혔기 때문입니다. Ctrl + Z 를 눌러 작업을 되돌린 다음, Shift 를 누른 채로 고정점 2개를 클릭해 주세요. 이렇게 고정점을 추가로 잡으면 기존의 너비 그대로 획의 길이만 늘릴 수 있습니다.

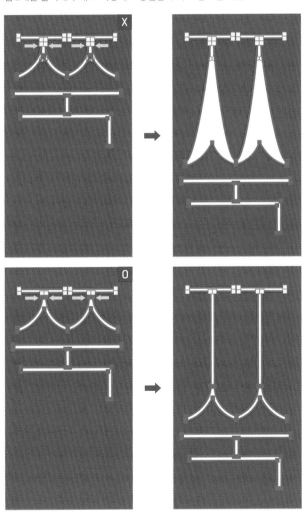

획의 길이를 늘리는 과정에서 '길'과 '쭉'의 밑선이 달라질 수 있습니다. 이럴 때는 안내선을 세팅해서 글자의 밑선을 정렬할 수 있어요. Shift 를 누른 채로 고정점을 마우스로 드래그하여, 안내선에 딱 맞게 스냅시키는 거죠.

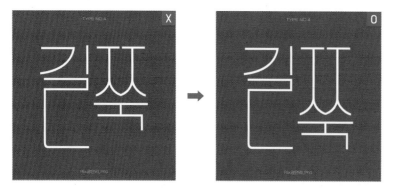

Ctrl + R 을 눌러 줄자를 켜고 위쪽 줄자를 클릭한 뒤, 글자 밑선으로 드래그하면 안내선을 세팅할 수 있습니다.

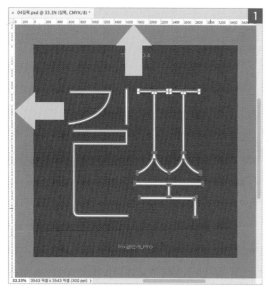

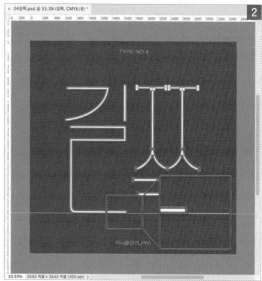

07 글자가 화면의 가운데에 오도록 정렬합니다.

1 **Ctrl**을 누른 채로 '길쭉' 레이어와 배경 레이어를 선택

2 툴바에서 [이동 도구] 를 선택

3 옵션바에서 '수직 가운데 맞춤' 버튼 클릭

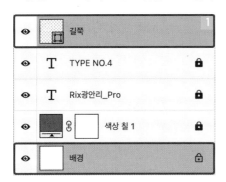

작업노트

✦ 획의 길이와 너비

이번 〈길쭉〉 아트워크에서는 획의 길이를 늘려서 글자를 변형하는 방법을 알아보았습니다. 이때 획의 너비가 달라지지 않도록 고정점을 섬세하게 선택하는 것이 중요했죠. 특정 부분의 획만 갑자기 두꺼워지면 폰트의 통일성이 깨져서 우리 눈에 이상하게 보일 수 있으니까요.

▶ 〈만들기〉 (6)번의 tip에서 자세한 내용을 확인할 수 있습니다.

그렇다면 획의 길이뿐 아니라 너비까지 변형하려면 어떻게 해야 할까요? 핵심은 폰트의 통일성을 위해 나름의 규칙을 가지고 획의 너비를 늘리는 것입니다. 예를 들어 폰트의 세로 선의 너비는 얇게 유지하고, 가로 선만 굵게 처리하는 식으로요. 획의 길이만 다루는 것보다 어렵지만, 글자의 모양을 자유롭게 바꿀 수 있는 재미있는 방식이죠.

✦ 폰트의 저작권

텍스트의 패스를 변형하여 상업적으로 활용할 경우, 폰트 저작권을 꼭 확인해 주세요. 폰트에 따라 모양을 변형하는 작업을 허용하지 않을 수 있습니다. 획의 길이, 너비, 꺾인 부분의 각도 등 폰트를 구성하는 패스와 기준점은 폰트 모양을 구성하고 다른 폰트와의 차별점을 보여 주는 핵심적인 부분이기 때문입니다.

어도비 폰트 사이트에서는 다음과 같은 방법으로 저작권 정보를 확인할 수 있습니다.

1 어도비 폰트 사이트에 들어간 뒤 아래로 스크롤
2 [간소화된 라이선싱 - 기타 등등] 항목의 'FAQ' 클릭
3 '글꼴 라이선싱' 페이지에서 저작권 정보 확인

만일 폰트를 다운로드받는 사이트에 폰트의 변형에 대한 정보가 없다면, 폰트를 배포하는 개인 혹은 단체에 직접 문의하여 저작권 정보를 확인해 주세요.

자르기
글자를 조각 내기

래스터화를 통해 글자를 조각 내는 방법을 알아봅니다. 먼저 텍스트 레이어를 래스터화하여, 글자를 자를 수 있는 이미지처럼 변환합니다. 다음으로 자르고자 하는 만큼 선택 영역을 잡고, 오린 레이어 기능을 통해 별개의 레이어로 떼어 냅니다. 마지막으로 잘라낸 면이 보이도록 각각의 레이어를 회전시키고 이동시킵니다.

스킬 문자 래스터화, 다각형 올가미 도구, 오린 레이어
폰트 BLACK HAN SANS (어도비 폰트)
색상 주황색 #f5a826 / 파란색 #377bc0
난이도 ★★★☆☆
예제파일 05싹뚝.psd

█ 만들기

01 '05싹뚝.psd' 파일을
엽니다.

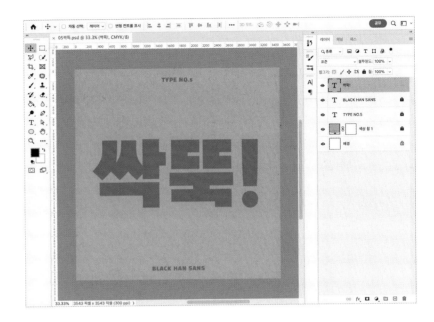

02 텍스트 레이어를 래스터화합니다.

  1 레이어 창에서 '싹뚝!' 레이어를 우클릭
  2 '문자 래스터화'를 클릭

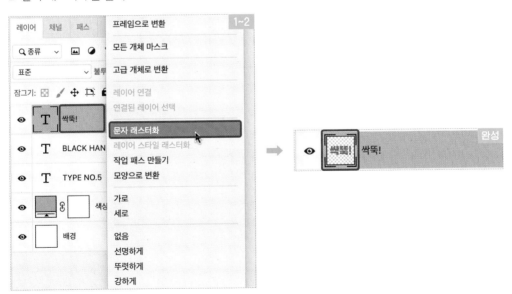

03 자르고 싶은 만큼 선택 영역을 잡아 줍니다.

1 툴바에서 [다각형 올가미 도구] 선택
2 클릭을 반복하며 자르고 싶은 영역 잡기

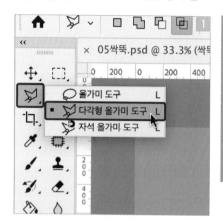

tip

툴바에서 [다각형 올가미 도구] 아이콘이 보이지 않는다면 사진 속 아이콘 위치를 우클릭해 보세요. 숨어 있는 [다각형 올가미 도구]를 찾을 수 있습니다.

04 선택 영역만큼 별개의 레이어로 떼어 냅니다.

1 작업 화면에 우클릭
2 '오린 레이어'를 클릭

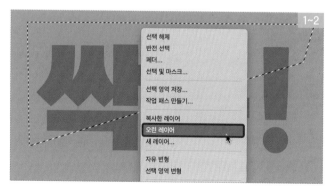

05 떼어낸 레이어를 회전시킵니다.

1 Ctrl+T를 눌러 변형 컨트롤을 표시
2 컨트롤 바깥을 드래그하여 회전시키기
3 단면이 겹치지 않도록 이동시키기

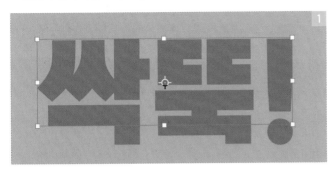

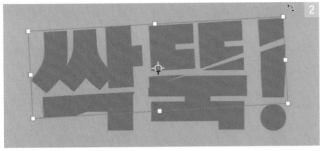

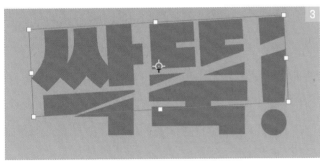

06 나머지 레이어도 회전시킵니다.

1 레이어 창에서 아래쪽 조각 레이어를 선택
2 Ctrl + T 를 눌러 변형 컨트롤을 표시
3 컨트롤 바깥을 드래그하여 회전 및 이동시키기

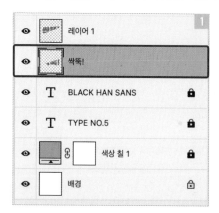

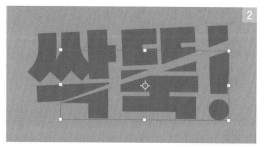
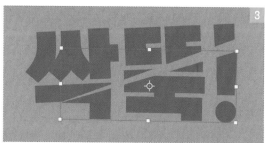

07 잘라낸 레이어들을 그룹으로 묶어 줍니다.

1 Ctrl 을 누른 채로 조각 낸 레이어를 모두 선택
2 Ctrl + G 를 눌러 그룹으로 묶기

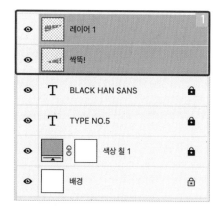
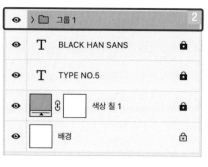

08 글자가 화면의 가운데에 오도록 정렬합니다.

1 Ctrl 을 누른 채로 그룹 레이어와 배경 레이어를 선택

2 툴바에서 [이동 도구]를 선택

3 옵션바에서 '수직 가운데 맞춤' 버튼 클릭

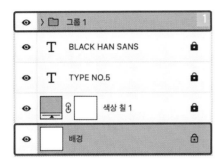

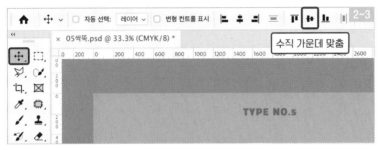

작업노트

✦ 래스터화

텍스트 레이어는 작업에 여러 가지 제약이 있습니다. 자르거나, 지우거나, 필터 효과를 씌울 수 없죠. 예를 들어 [지우개 도구]로 텍스트 레이어를 지우려고 하면 아래와 같은 안내문이 나옵니다.

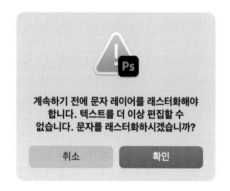

이 '래스터화'란 대체 무엇일까요? 디자인을 하며 글자를 다루다 보면 다른 성질의 레이어로 변환해서 작업에 제약이 없도록 만들어야 할 때가 있습니다. 이때 우리에게는 세 가지 선택지가 있는데, 그 중 하나가 바로 '래스터화'입니다.

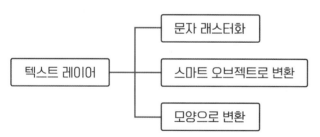

세 가지 옵션을 간단하게 살펴보겠습니다. 첫 번째로, 래스터화는 문자를 모양 그대로 이미지로 변환하는 기능입니다. 텍스트 레이어라는 특수 레이어에서 일반 레이어로 변환하여, 자유롭게 자르고 지울 수 있는 상태로 만드는 것이죠. 대신 래스터화를 하고 난 후에는 텍스트를 편집할 수 없습니다. 래스터화가 꼭 필요한 경우에는 미리 텍스트 레이어를 하나 복사해 두는 것도 좋겠죠.

두 번째로, 스마트 오브젝트는 텍스트 레이어를 특수한 방법으로 포장하는 기능입니다. 텍스트에 특수한 효과를 입힐 때 자주 사용하는 기능인데요, 래스터화된 레이어와 달리 스마트 오브젝트 레이어에 효과를 입히면 레이어 아래에 효과가 스택되기 때문에 언제든 수정할 수 있다는 장점이 있습니다.

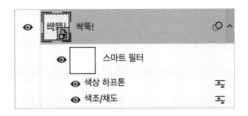

게다가 썸네일을 더블 클릭해서 스마트 오브젝트 내부로 들어가면 텍스트 레이어가 그대로 보존되어 있는 것을 볼 수 있습니다. 언제든 텍스트 레이어 상태를 되살릴 수 있는 것입니다. 이렇게 언제든 되돌릴 수 있다는 점 때문에 스마트 오브젝트를 '비파괴적 편집'이라고 부르기도 합니다. 단점은 래스터화된 일반 레이어처럼 자유롭게 레이어를 자르거나 지울 수 없다는 점입니다.

마지막으로 '모양으로 변환'은 텍스트 레이어를 모양 그대로 패스 도형으로 바꾸는 기능입니다. 패스를 다루는 도구를 이용하면 자유롭게 모양을 바꿀 수 있죠. 하지만 패스가 된 글자에는 특수한 필터 효과를 입힐 수 없고, 스마트 오브젝트처럼 텍스트를 되살릴 수 없습니다. 때문에 래스터화 작업처럼 텍스트를 패스로 변환하기 전에 미리 하나를 복사해 두면 좋습니다.

문자 래스터화	스마트 오브젝트로 변환	모양으로 변환
– 자유롭게 자르거나 지우기 – 조정 · 필터 효과 표시 X – 텍스트 되살리기 불가능 – 파괴적 편집	– 효과 입힐 때 주로 사용 – 조정 · 필터 효과 표시 O – 텍스트 되살리기 가능 – 비파괴적 편집	– 패스 작업이 가능 – 조정 · 필터 효과 적용 X – 텍스트 되살리기 불가능
👁 싹뚝! 싹뚝!	👁 싹뚝! 싹뚝!	👁 싹뚝! 싹뚝!

tip

'레이어 스타일' 기능은 어떤 성질의 레이어에 사용해도 레이어 아래에 효과가 표시됩니다.

엠보싱
글자의 면에 요철 만들기

레이어 스타일 기능으로 요철이 있는 엠보싱 글자를 만들어 봅니다. 먼저 경사와 엠보스 효과를 통해 텍스트의 면이 튀어나와 보이도록 만듭니다. 다음으로 새틴 효과를 통해 텍스트에 광택을 입힙니다. 마지막으로 드롭 섀도 효과를 통해 텍스트의 물성이 느껴지도록 그림자를 입힙니다.

스킬 경사와 엠보스, 새틴, 드롭 섀도
폰트 빛의 계승자 BOLD (눈누)
색상 흰색 #ffffff / 검은색 #000000
난이도 ★★★☆☆
예제파일 06칼각.psd

만들기

01 '06칼각.psd' 파일을
엽니다.

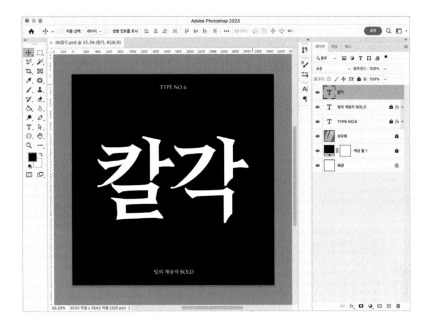

02 '경사와 엠보스' 효과를 통해 텍스트에 요철을 만듭니다. 이후에 다음 효과를 입히기 위해 창을 끄지
않고 그대로 둡니다.

1 텍스트 레이어 이름 옆 빈 곳을 더블 클릭
2 레이어 스타일 창 왼쪽에서 '경사와 엠보스' 메뉴 이름을 클릭
3 스타일과 기법을 설정하여 모양의 틀 잡기
4 크기와 부드럽게 값을 설정하여 입체감 표현하기

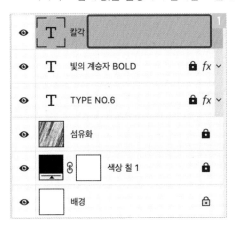

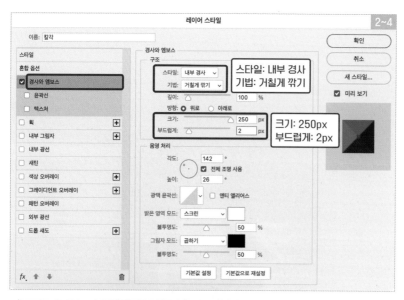

tip

예시 작품과 모양이 다르게 나온다면, 창 하단에 있는 '기본값으로 재설정' 버튼을 누른 뒤에 다시 설정 값을 입력해 주세요.

03 '새틴' 효과를 통해 텍스트에 광택을 입힙니다.

1 레이어 스타일 창 왼쪽에서 '새틴' 메뉴 이름을 클릭

2 '반전' 항목의 체크를 해제

3 불투명도와 거리 값을 조절

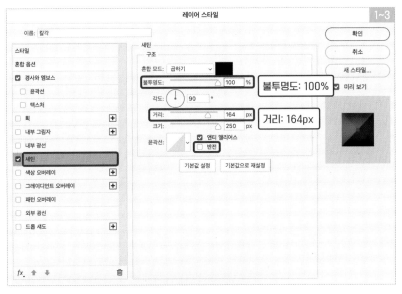

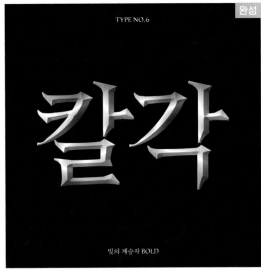

04 '드롭 섀도' 효과를 통해 텍스트에 그림자를 입힙니다. 값을 모두 설정하면 '확인'을 눌러 창을 닫아 줍니다.

1 레이어 스타일 창 왼쪽에서 '드롭 섀도' 메뉴 이름을 클릭
2 거리와 크기 값을 조절하여 그림자의 모양 잡기
3 불투명도 값을 조절

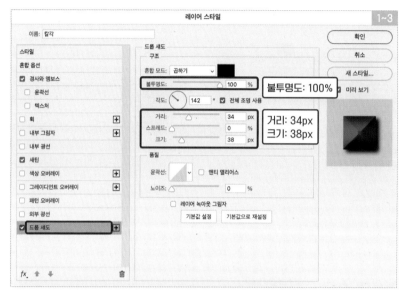

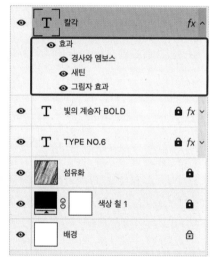

작업노트

✦ 엠보싱 스타일

경사와 엠보스 값을 어떻게 설정하느냐에 따라 다양한 스타일을 만들 수 있습니다. 설정 값을 하나씩 조정하며, 뾰족한 금속 느낌의 텍스트에서 평평한 유리 느낌의 텍스트로 스타일을 바꿔 보겠습니다.

tip

텍스트 레이어 아래에 있는 효과들을 더블 클릭하면 값을 수정할 수 있습니다.

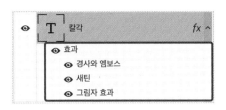

❶ 스타일/기법

먼저 스타일은 '엠보스'로, 기법은 '매끄럽게'로 바꿉니다. 스타일과 기법은 텍스트에 요철을 만들 때 모양의 틀을 잡아 주는 옵션입니다. 이 옵션을 바꾸면 엠보싱 텍스트의 모양새가 확 달라지죠.

❷ 깊이/크기/부드럽게

다음으로 깊이, 크기, 부드럽게 값을 바꿔서 엠보싱 효과가 글자에 적절하게 달라붙게 해 줍니다.

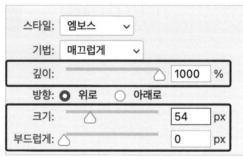

❸ 광택 윤곽선

이제 어느 정도 새로운 스타일이 완성되었습니다. 여기서 좀 더 변화를 주고 싶으면 '광택 윤곽선'을 바꿔 보세요. 엠보싱의 가장자리를 어떻게 처리할지에 대한 설정인데, 옵션을 하나씩 클릭해 보면 마음에 드는 윤곽선 스타일을 찾을 수 있습니다.

❹ 각도/높이

마지막으로 빛이 들어오는 각도와 높이를 설정합니다. 엠보싱 텍스트가 어두워 보인다면 빛의 방향 때문일 가능성이 큽니다. 이럴 때는 (빛의) 각도와 높이 옵션을 바꿔서 텍스트가 밝게 보이게 조정할 수 있어요. 동그란 원 안을 클릭하거나, 수치를 직접 입력해서 바꿔 주면 됩니다.

✦ 색 입히기

엠보싱 효과를 입힌 텍스트에 색을 입히려면 어떻게 해야 할까요? 가장 간단하고 대표적인 세 가지 방법을 알아보겠습니다.

❶ 텍스트 색 바꾸기

텍스트 레이어의 색을 바꿔서 엠보싱 텍스트에 단색을 입힙니다. 가장 간단하게 색을 입히는 방법이죠.

1 텍스트 레이어의 썸네일을 더블 클릭
2 옵션바에서 컬러 박스를 클릭
3 원하는 색으로 지정

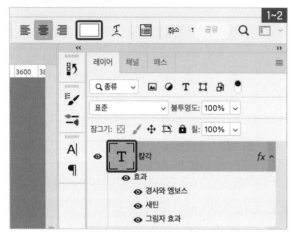

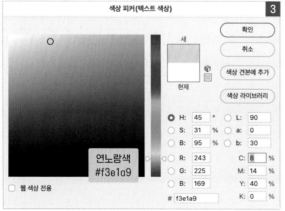

❷ 그레이디언트 오버레이

레이어 스타일의 '그레이디언트 오버레이' 기능을 쓰면 엠보싱 텍스트에 그라데이션을 입힐 수 있습니다. 단색보다 어려운 방식이지만 더욱 다채로운 느낌을 줄 수 있죠.

1 레이어 스타일 창 왼쪽에서 '그레이디언트 오버레이' 메뉴 이름을 클릭
2 옵션바에서 그레이디언트 띠를 클릭
3 컬러칩을 더블 클릭
4 원하는 색으로 지정한 후 '확인'을 눌러 편집기 닫기
5 각도 등 옵션을 조정하여 그라데이션의 모양을 세팅

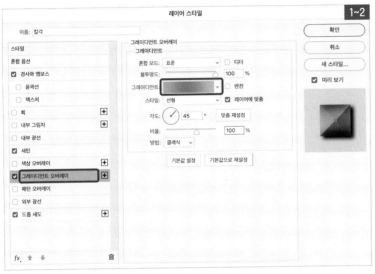

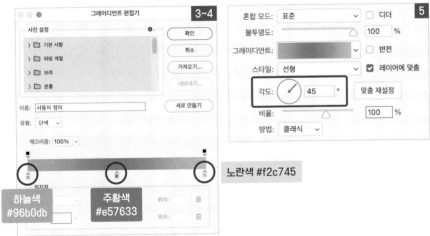

▶ 그라데이션 바 아래를 클릭하면 새 컬러칩을 만들 수 있습니다.

❸ 매핑

매핑이란 한 색을 다른 색으로 대응시키는 기능입니다. 앞서 단색, 그라데이션을 칠하는 방법을 알아보았다면, 매핑은 조금 다릅니다. 내가 원하는 대로 색을 구성할 수 있는 기능이죠. 이처럼 자유도가 높은 대신 세 가지 중 가장 어려운 기능이기도 합니다. 어떻게 쓰는 기능인지 차근차근 알아볼까요?

▶ 매핑에 대한 자세한 내용은 〈11.매핑〉에서 확인할 수 있습니다.

먼저 엠보싱 텍스트에 매핑 효과를 입히려면, 텍스트 레이어 하나를 그룹으로 묶어야 합니다. 레이어 스타일을 준 텍스트에는 곧바로 매핑 효과를 입힐 수 없기 때문입니다.

1 레이어 창에서 텍스트 레이어를 선택
2 Ctrl + G 를 눌러 그룹으로 묶기

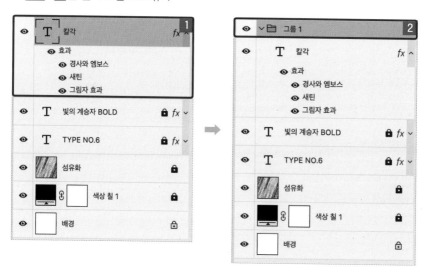

이제 매핑 효과를 주는 레이어를 만듭니다. 이처럼 효과를 주는 레이어를 '조정 레이어'라고 부릅니다.

1 레이어 창 하단에서 [조정 레이어 - 그레이디언트 맵] 메뉴 클릭

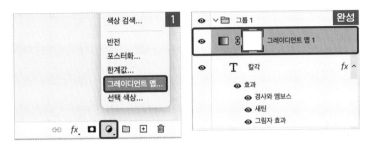

다음으로 매핑 효과가 그룹 레이어에만 적용되도록 클리핑 마스크를 씌웁니다.

1 매핑 조정 레이어를 그룹 레이어 위로 올리기
2 Alt 를 누른 채로 두 레이어의 경계선을 클릭

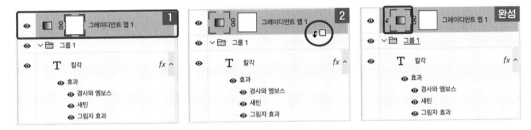

이제 매핑 효과를 쓸 준비가 끝났습니다. 매핑 레이어의 썸네일을 더블 클릭한 다음, 본격적으로 매핑할 색을 지정합니다.

1 매핑 레이어의 썸네일을 더블 클릭
2 그라데이션 띠 클릭
3 컬러칩을 더블 클릭하여 매핑할 색을 지정

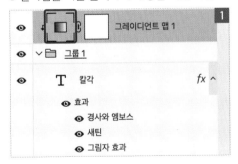

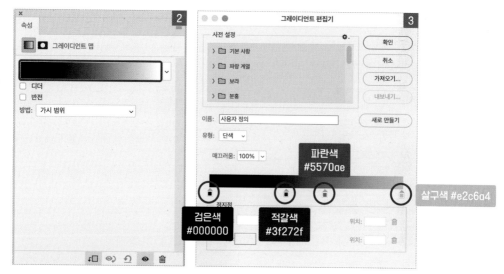

파란색
#5570ae

살구색 #e2c6a4

검은색
#000000

적갈색
#3f272f

TYPE NO.6

빛의 계승자 BOLD

완성

tip

매핑할 색을 고를 때 오른쪽을 가장 밝은 색으로, 왼쪽으로 갈수록 어두운 색으로 지정해 주세요. 가장 오른쪽 컬러칩은 흰색에 대응되며, 가장 왼쪽은 검은색에 대응되기 때문입니다.

구형화

글자를 동그랗게 부풀리기

구형화 기능을 이용하여 글자를 동그랗게 부풀리는 방법을 알아봅니다. 먼저 텍스트를 스마트 오브젝트로 변환한 다음, 구형화 필터를 입힙니다. 더욱 동그랗게 만들고 싶을 경우 필터를 한 번 더 입힙니다. 효과를 입힌 텍스트를 다시 스마트 오브젝트로 변환한 다음, 공이 굴러가는 것처럼 보이도록 크기와 각도를 조절합니다. 마지막으로 사실적인 느낌을 위해 그림자를 입힙니다.

스킬 스마트 오브젝트, 구형화, 드롭 섀도
폰트 210 수퍼사이즈 (어도비 폰트)
색상 파란색 #2c83c6 / 주황색 #edab56
난이도 ★★☆☆☆
예제파일 07내가믿는대로.psd, change.psd

만들기

01 '07내가믿는대로.psd' 파일을 엽니다.

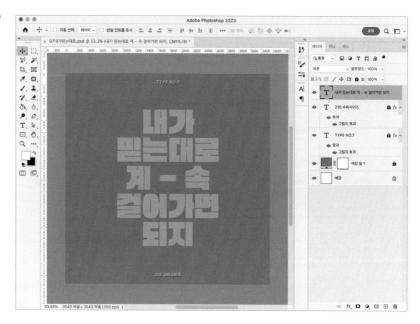

02 텍스트 레이어를 스마트 오브젝트로 변환합니다.

1 레이어 창에서 텍스트 레이어를 우클릭
2 '스마트 오브젝트로 변환' 클릭

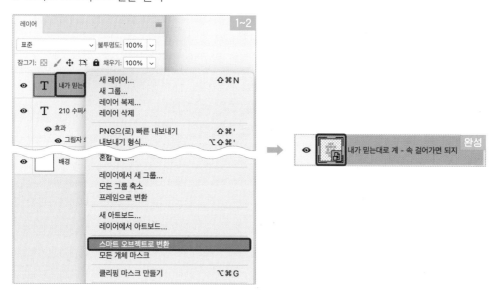

03 텍스트에 구형화 필터를 입힙니다.

1 [필터 - 왜곡 - 구형화] 메뉴를 클릭

2 '양' 값을 100%로 설정

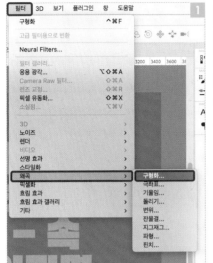

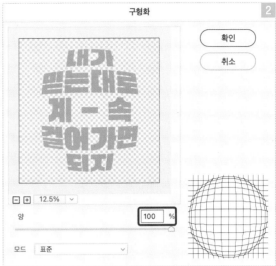

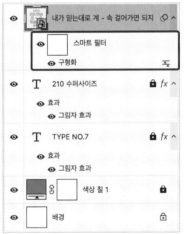

tip

구형화 창에서 –(마이너스) 버튼을 누르면 텍스트에 어떻게 효과가 입혀지는지 전체 모양을 확인할 수 있습니다.

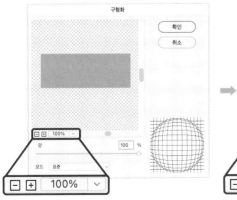

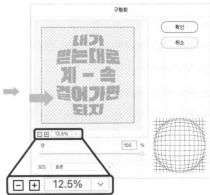

04 텍스트를 더욱 동그랗게 만들기 위해, 한 번 더 구형화 필터를 입힙니다.

1 [필터 - 왜곡 - 구형화] 메뉴를 클릭

2 '양' 값을 50%로 설정

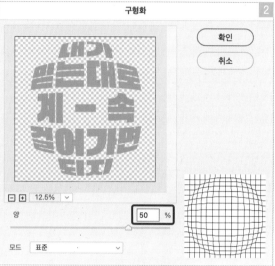

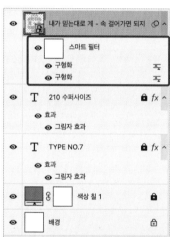

05 구형화 필터를 입힌 레이어를 스마트 오브젝트로 변환합니다.

1 레이어 창에서 구형화 레이어를 우클릭
2 '스마트 오브젝트로 변환' 클릭

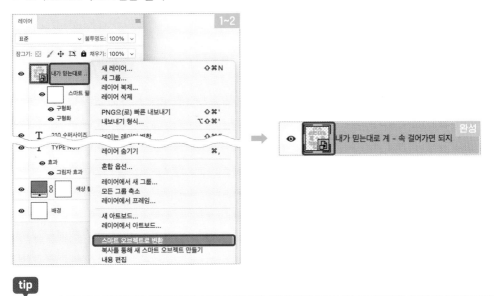

tip

필터 효과를 입힌 스마트 오브젝트의 크기를 조절할 때는 꼭 래스터화 혹은 스마트 오브젝트로 변환하는 과정을 거쳐 주세요. 이러한 과정을 거치지 않으면 필터 효과를 입힌 결과물이 달라지게 됩니다.

06 구형화 텍스트의 크기를 줄입니다. 이후의 작업을 위해 변형 컨트롤을 끄지 않고 그대로 유지합니다.

1 Ctrl + T 를 눌러 변형 컨트롤 표시
2 Alt 를 누른 채로 모서리 점을 드래그

07 텍스트가 더욱 동그랗게 보이도록 모양을 가로로 늘립니다.

1 Alt + Shift 를 누른 채로 좌우 가운데 점을 드래그

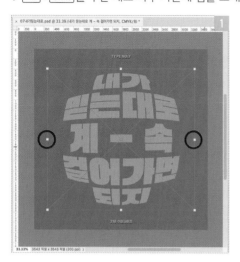

08 공이 굴러가는 것처럼 보이도록 텍스트를 살짝 기울입니다. 조정이 끝나면 Enter 를 눌러 변형 컨트롤을 끕니다.

1 변형 컨트롤 바깥을 드래그

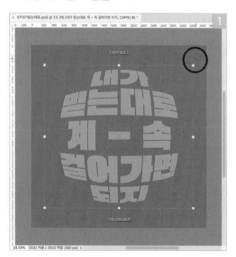 

09 텍스트에 그림자를 입힙니다.

1 구형화 레이어 이름 옆 빈 곳을 더블 클릭

2 레이어 스타일 창 왼쪽에서 '드롭 섀도' 메뉴 이름을 클릭

3 거리와 크기 값을 조절하여 그림자의 모양 잡기

4 그림자가 지는 각도 조절

5 불투명도 값을 조절

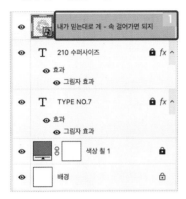

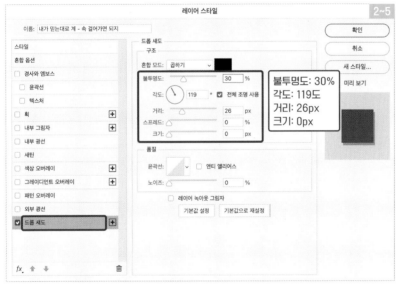

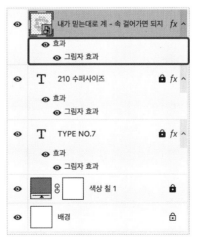

작업노트

✦ 사진의 구형화

사진을 구형화하려면 어떻게 해야 할까요? 글자를 구형화하는 과정과 거의 비슷하지만, 몇 가지 준비를 해야 합니다.

먼저 사진을 동그랗게 만들기 위해, 원으로 클리핑 마스크를 씌웁니다.

1 타원 레이어를 사진 레이어 아래에 배치
2 Alt를 누른 채로 두 레이어의 경계선을 클릭

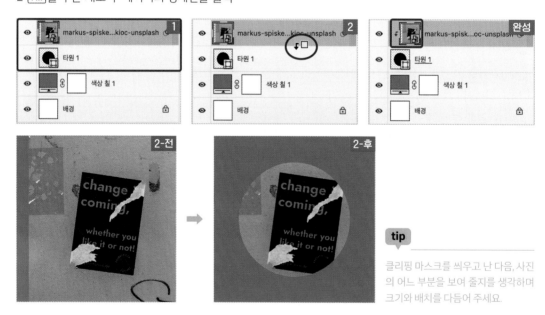

tip

클리핑 마스크를 씌우고 난 다음, 사진의 어느 부분을 보여 줄지를 생각하며 크기와 배치를 다듬어 주세요.

다음으로 사진과 원을 병합합니다. 이때 두 레이어를 복사해서 언제든 수정이 가능하도록 여분의 레이어를 남겨 줍니다.

1 Ctrl 을 누른 채로, 사진과 타원 레이어를 모두 선택
2 Ctrl + J 를 눌러 레이어 복사
3 Ctrl + E 를 눌러 레이어 병합

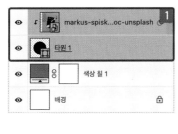  

마지막으로 여분으로 남겨 둔 사진과 타원 레이어의 눈을 꺼 줍니다.

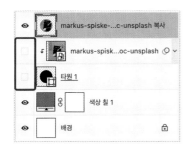

이제 모든 준비가 끝났습니다. 이후로는 글자를 구형화하는 과정과 똑같습니다. 먼저 병합한 레이어를 스마트 오브젝트로 변환합니다.

77

다음으로, 스마트 오브젝트 레이어에 구형화 필터를 입힙니다.

구형화 필터를 입힌 레이어를 다시 스마트 오브젝트로 포장해 준 다음, 크기와 각도를 조정합니다.

마지막으로 구형화 레이어에 그림자를 입혀 줍니다.

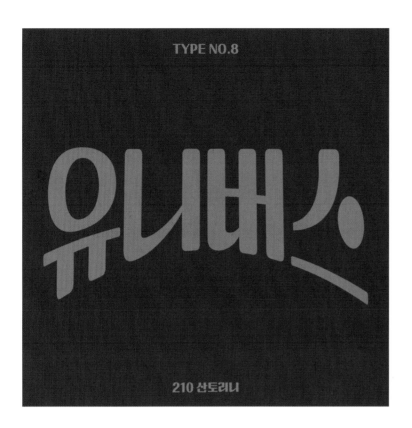

뒤틀기
곡선으로 휘어진 글자 만들기

뒤틀기 기능을 이용하여 글자의 실루엣을 곡선으로 휘어지게 만들어 봅니다. 먼저 텍스트 레이어를 스마트 오브젝트로 변환합니다. 이 상태에서 변형 컨트롤을 통해 뒤틀기 모드로 들어갑니다. 그런 다음 원하는 모양으로 뒤틀기 옵션을 설정하고 모양을 다듬어 줍니다. 뒤틀기 작업이 끝나면 다시 변형 컨트롤을 통해 텍스트의 가로 세로 비율을 정리합니다.

스킬 스마트 오브젝트, 뒤틀기
폰트 210 산토리니 Regular (어도비 폰트)
색상 남색 #113d5a / 분홍색 #e57291
난이도 ★★☆☆☆
예제파일 08유니버스.psd

만들기

01 '08유니버스.psd' 파일을 엽니다.

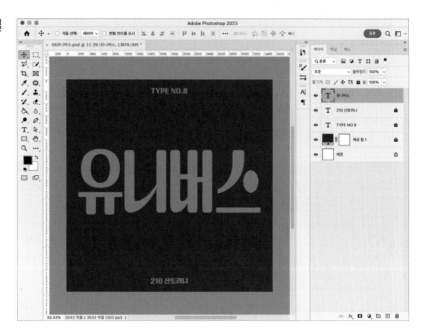

02 텍스트 레이어를 스마트 오브젝트로 변환합니다.

1 레이어 창에서 텍스트 레이어를 우클릭
2 '스마트 오브젝트로 변환' 클릭

03 '뒤틀기' 모드로 들어갑니다.

1 Ctrl + T 를 눌러서 변형 컨트롤 표시
2 작업 화면에 우클릭
3 '뒤틀기' 클릭

04 뒤틀기 유형을 '아래 부채꼴'로 지정합니다.

1 옵션바에서 '사용자 정의' 옵션을 클릭
2 '아래 부채꼴' 옵션을 선택

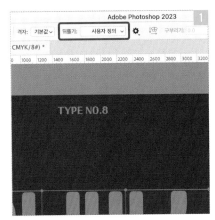 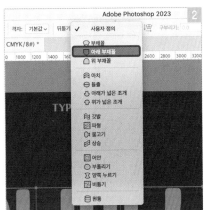

05 조절점을 드래그해서 부채꼴의 굴곡을 조절합니다.

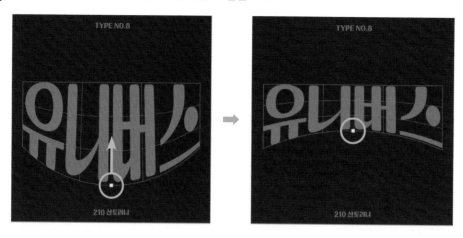

06 텍스트의 가로 세로 비율을 조정합니다.

1 Ctrl + T 를 눌러서 변형 컨트롤 표시
2 Alt + Shift 를 누른 채로 가운데 조절점을 드래그하여 비율 조정

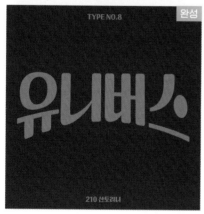

작업노트

✦ 사용자 정의 모드

더욱 재미있고 에너지 넘치는 제목을 만들고 싶을 때는 '사용자 정의' 모드를 활용해 보세요. 직접 조절점을 드래그하여 텍스트의 모양을 자유롭게 다듬을 수 있습니다. 〈만들기〉 마지막 과정에 이어서 어떻게 사용자 정의 모드를 활용하는지 알아볼까요?

 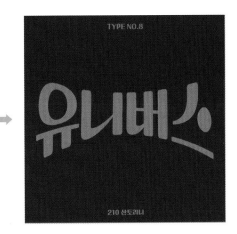

01 다시 '뒤틀기' 모드로 들어갑니다.

1 `Ctrl`+`T`를 눌러서 변형 컨트롤 표시
2 작업 화면에 우클릭
3 '뒤틀기' 클릭

 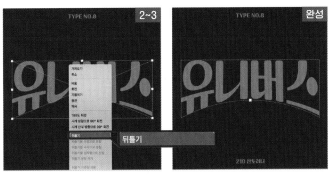

02 뒤틀기 유형을 '사용자 정의'로 지정합니다.

1 옵션바에서 '아래 부채꼴' 옵션을 클릭
2 '사용자 정의' 옵션을 선택

 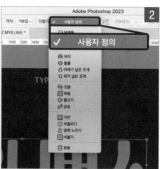 

03 텍스트 중간에 가로 안내선을 그어 줍니다.

1 Ctrl + R 을 눌러서 줄자 켜기
2 위쪽의 줄자를 클릭한 뒤 글자 중간으로 드래그

tip

줄자를 드래그해도 안내선이 만들어지지 않는다면 Ctrl + ; 를 눌러 주세요. 안내선을 끄고 켤 수 있는 단축키입니다.

04 안내선에 맞춰서 위쪽 테두리의 핸들을 아래로 내려 줍니다.

1 글자 위쪽 테두리 중앙에 있는 조절점 클릭
2 클릭을 유지한 채로 안내선에 닿도록 드래그

 tip

곡선의 굴곡을 다듬을 수 있는 선을 '핸들'이라고 부릅니다. 뒤틀기 작업에서 모서리와 모서리 사이에 있는 점이 모두 핸들을 움직일 수 있는 조절점입니다.

 tip

뒤틀기 조절점은 안내선에 스냅되지 않습니다. 그렇기 때문에 좌우가 대칭이 되도록 깔끔하게 조절점을 세팅하고 싶을 경우, 화면을 확대하거나 뒤틀기 격자선을 기준으로 삼고 조절점을 드래그해 주세요.

05 텍스트의 가로 세로 비율을 조정합니다.

1 Ctrl + T 를 눌러서 변형 컨트롤 표시
2 Alt + Shift 를 누른 채로 가운데 조절점을 드래그하여 비율 조정

풍화

부서져 흩날리는 글자

레이어 마스크와 브러시를 이용하여 글자가 부서져 흩날리는 연출을
만들어 봅니다. 먼저 부서지고 갈라진 균열이 담긴 이미지를 준비합니
다. 이 이미지에서 균열을 뺀 나머지 부분의 선택 영역을 잡고, 글자에
레이어 마스크를 씌워서 마치 글자가 갈라진 것처럼 보이게 만듭니다.
마지막으로 글자 위에 브러시를 덧대서 파편이 흩날리는 듯한 연출을
완성합니다.

스킬   자동 선택 도구, 레이어 마스크, 브러시 도구, 지우개 도구
폰트   Gasoek One (어도비 폰트)
색상   노란색 #f4e227 / 검은색 #000000
난이도   ★★★★☆
예제파일   09콰직.psd, Explosion_Brushes.abr, B.psd, 실크.psd, 실크변위.psd, 얼룩벽.jpg

만들기

01 '09콰직.psd' 파일을
엽니다.

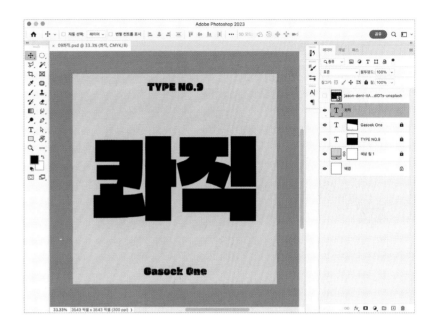

02 사진 레이어를 선택합니다.

1 레이어 창에서 사진 레이어의 눈 켜기
2 레이어 창에서 사진 레이어를 선택

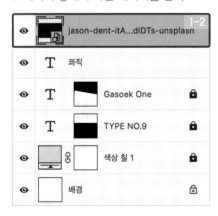

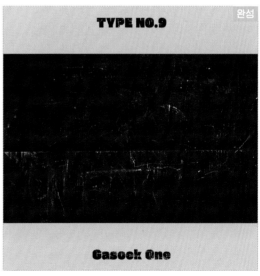

03 사진의 모든 검은색 영역을 잡을 수 있도록 [자동 선택 도구]를 준비합니다.

   1 툴바에서 [자동 선택 도구]를 선택

   2 옵션바에서 허용치를 20으로 설정

   3 옵션바에서 '인접', '모든 레이어 샘플링' 체크를 해제

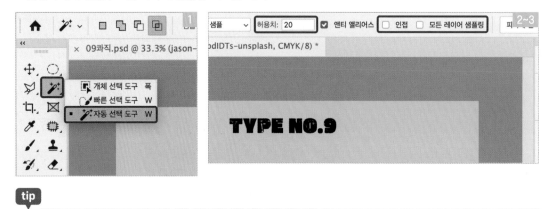

tip

툴바에서 [자동 선택 도구] 아이콘이 보이지 않는다면 사진 속 아이콘 위치를 우클릭해 보세요. 숨어 있는 선택 도구들을 찾을 수 있습니다.

04 사진의 검은색을 클릭해서 선택 영역을 잡아 줍니다.

05 텍스트 레이어에 레이어 마스크를 씌웁니다.

1 레이어 창에서 텍스트 레이어를 선택
2 레이어 창 하단에서 '레이어 마스크 만들기' 버튼 클릭

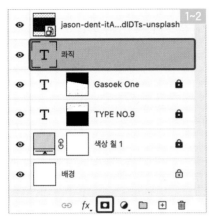
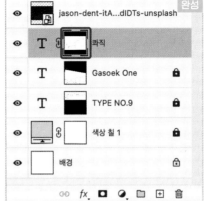

선택 영역이 잡힌 상태에서 레이어 마스크를 씌우면, 레이어가 선택 영역만큼만 보이도록 세팅됩니다.

만약 균열의 모양을 바꾸고 싶다면, 레이어와 마스크의 연결을 해제한 다음 마스크를 변형해 주세요.

기본적으로 레이어와 마스크는 서로 연결되어 있습니다. 레이어의 위치나 크기, 각도 등 모양을 조정할 때 레이어와 마스크가 한 세트로 묶여서 움직이죠. 때문에 균열의 모양만 바꾸고 싶다면, 레이어 창에서 레이어와 마스크 사이의 연결 고리 아이콘을 눌러 연결을 해제한 뒤 모양을 따로따로 조정해 주어야 합니다.

06 사진 레이어가 보이지 않도록 눈을 끕니다.

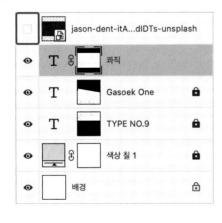

07 브러시 찍을 새 레이어를 만듭니다.

1 레이어 창 하단에서 '새 레이어 만들기' 버튼 클릭

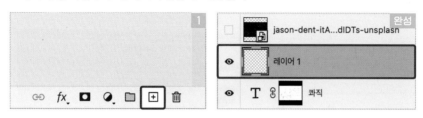

08 'explosion' 브러시를 새로 불러옵니다.

1 툴바에서 [브러시 도구] 선택
2 옵션바에서 '브러시 설정' 버튼 클릭
3 오른쪽 위 톱니바퀴 버튼을 누른 뒤, '브러시 가져오기' 클릭
4 'Explosion_Brushes' 파일을 선택

09 'Explosion' 12번 브러시를 선택합니다.

1 'Explosion_Brushes' 폴더 왼쪽의 화살표를 클릭해서 폴더 열기
2 '012_Explosion' 브러시를 선택

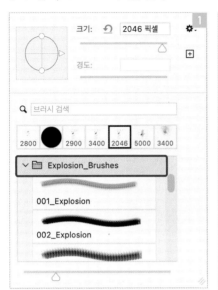 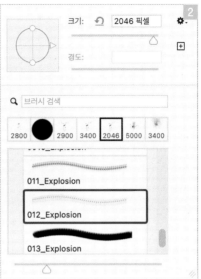

브러시 모양

10 브러시를 텍스트와 같은 색으로 설정합니다.

1 툴바 하단의 전경색을 더블 클릭
2 텍스트를 클릭하여 같은 색으로 설정

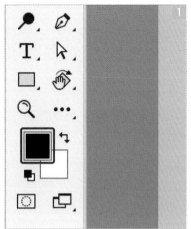
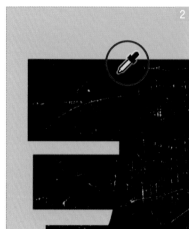

11 원하는 곳을 클릭하여 파편이 흩날리는 것처럼 브러시를 찍어 줍니다.

12 'Explosion' 8번 브러시를 선택합니다.

1 작업 화면에 우클릭
2 '008_Explosion' 브러시를 선택

13 원하는 곳을 클릭하여 파편이 흩날리는 것처럼 브러시를 찍어 줍니다.

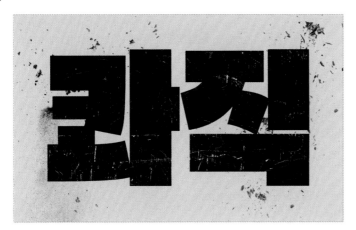

14 경도 100의 지우개를 준비합니다.

1 툴바에서 [지우개 도구] 선택
2 작업 화면에 우클릭
3 경도를 100으로 설정

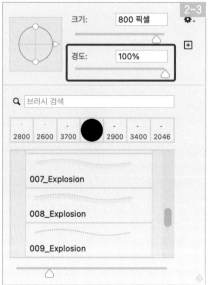

tip

브러시와 지우개에는 경도라는 개념이 있습니다. 경도 100은 경계선이 선명한 모양을 의미하며, 경도 0은 경계선이 뿌옇게 처리된 모양을 의미합니다.

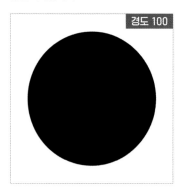
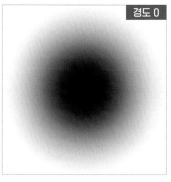

15 파편이 과하게 튄 부분을 클릭하여 지웁니다.

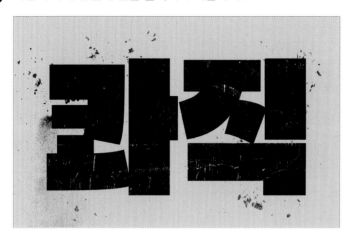

16 경도 0의 지우개를 준비합니다.

1 작업 화면에 우클릭
2 경도를 0으로 설정

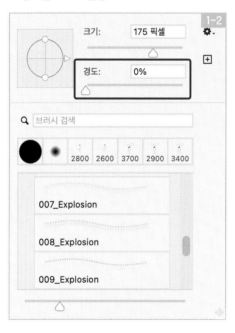

17 브러시의 경계가 보이는 부분을 클릭하여 지웁니다.

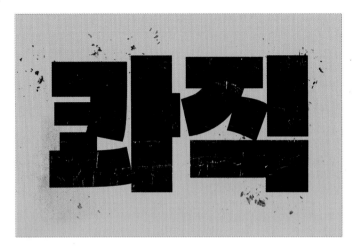

 tip

만약 지우개가 부드럽게 지워지지 않는다면, 옵션바에서 모드가 '브러시'로 되어 있는지 확인해 주세요. '연필' 모드일 경우 부드러운 경도 0의 지우개를 쓸 수 없습니다.

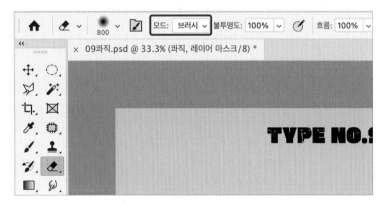

작업노트

✦ 레이어 마스크

레이어 마스크는 레이어를 언제든 지우고 복구할 수 있는 특수한 지우개입니다. 실제로 모양을 지우는 게 아니라 사람 얼굴에 쓰는 마스크처럼 레이어 자체는 그대로 둔 채 일부분을 가리는 기능이죠. 그래서 마스크를 이용해서 레이어를 지우면 언제든 원본의 상태로 돌아올 수 있고, 폰트의 종류를 바꾸거나 텍스트의 내용을 편집하는 작업도 얼마든지 가능합니다.

레이어 마스크의 사용법은 간단합니다. 레이어 마스크에 검은색을 칠하면 레이어가 지워지고, 흰색을 칠하면 원본 상태로 복구됩니다. 그래서 마스크에는 보통 검은색이나 흰색만 칠하죠.

만약 마스크에 빨간색을 칠하면 어떻게 될까요? 마스크는 흑백으로만 작동하기 때문에, 어떤 색을 칠해도 자동으로 흑백 처리가 됩니다. 즉 회색이 칠해지죠. 그래서 레이어가 지워진 것도 완전히 복구된 것도 아닌, 반투명한 상태가 됩니다. 이는 꼭 필요한 상황이 아니라면 잘 쓰지 않는 기능이기에, 브러시를 칠하기 전에 반드시 브러시가 검은색 혹은 흰색인지 확인해 주세요.

레이어 마스크를 다룰 때 주의할 점이 있습니다. 바로 레이어 창에서 마스크가 선택된 상태인지 반드시 확인해야 한다는 점입니다. 만약 실수로 원본 레이어에 브러시를 칠했다면, 작업이 어느 정도 진행된 후에 디자인을 봤을 때 화면에 알 수 없는 브러시가 묻어 있는 걸 발견하게 되어 다소 난감한 상황이 될 수 있습니다. 그러니 브러시를 칠하기 전에 반드시 레이어의 썸네일을 통해 마스크가 선택된 상태인지 꼭 확인해 주세요.

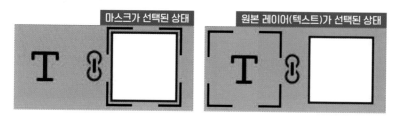

✦ 또 다른 풍화 – 변위(displace)

텍스트에 변위 필터를 입히면 또 다른 풍화 연출을 만들 수 있습니다. 앞서 만들었던 〈콰직〉 아트워크처럼 단단한 판이 부서진 느낌이 아니라 오래되어 헤진 옷 같은 느낌이 들죠. 'B.psd' 파일을 통해 어떻게 변위 필터를 사용하여 풍화 글자를 만드는지 알아볼까요?

먼저 30*30cm 크기의 포토샵 창을 만듭니다.

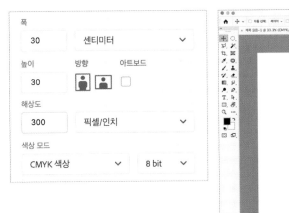
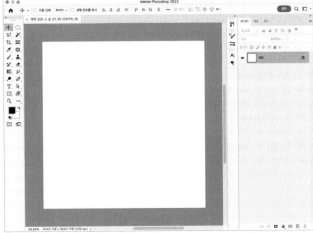

tip

해상도와 색상 모드는 최종적으로 변위 필터를 입혀 디자인을 할 작업 창에 맞춰 주세요. 보통 인쇄용은 해상도 300에 CMYK 색상 모드, 웹용은 해상도 72에 RGB 색상 모드로 설정합니다.

그런 다음, 변위에 쓸 이미지 파일을 포토샵 창으로 드래그해서 가져옵니다. 이때 어떤 이미지를 가져오느냐에 따라 텍스트의 느낌이 달라질 수 있는데요. 예시 작업에서 쓰는 이미지 이외에도 콘크리트, 부서진 벽, 구겨진 종이, 물결 등 다양한 이미지를 텍스트 변위에 사용해 보세요.

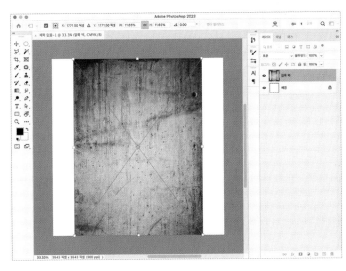

▶ 얼룩벽.jpg

불러온 이미지의 크기를 키워 화면을 꽉 채웁니다.

1 Ctrl+T를 눌러 변형 컨트롤 표시
2 조절점을 드래그하여 크기 키우기

이렇게 이미지만 화면에 세팅한 상태로, 포토샵 파일을 원하는 위치에 저장합니다. 변위 필터는 포토샵 파일을 불러오는 식으로 작동하기 때문에, 이처럼 따로 변위 필터를 위해 파일을 만드는 과정이 꼭 필요해요.

1 Ctrl+S를 눌러 저장
2 이름을 '얼룩 벽 변위'로 설정

다른 이름으로 저장 `1~2`

별도 저장: **얼룩 벽 변위**.psd

태그:

이제 변위 필터를 쓰기 위한 준비가 끝났습니다. 'B.psd' 파일을 열어 주세요.

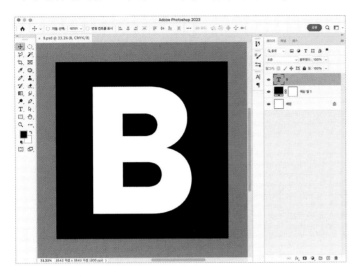

다음으로 텍스트 레이어를 하나 복사합니다. 원본 레이어는 안 보이게 꺼 줍니다.

1 레이어 창에서 텍스트 레이어를 선택

2 Ctrl + J 를 눌러 레이어를 복사

3 원본 레이어의 눈 끄기

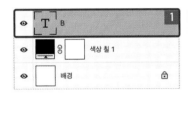 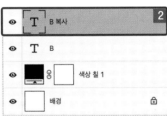 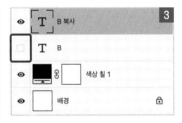

tip

변위 필터를 사용하면 레이어의 위치가 살짝 변합니다. 때문에 변위 글자를 화면의 가운데에 놓고 싶다면 미리 가운데 정렬해 둔 레이어를 복사한 뒤, 이를 기준점 삼아 눈으로 위치를 비교하여 변위 레이어를 움직여 조정할 수 있습니다.

필터를 언제든지 수정할 수 있도록, 복사한 레이어를 스마트 오브젝트로 변환합니다.

1 레이어 창에서 복사한 텍스트 레이어를 우클릭
2 '스마트 오브젝트로 변환'을 클릭

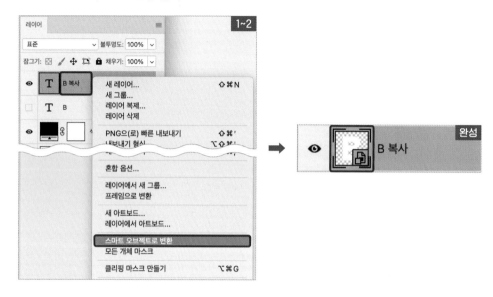

이제 스마트 오브젝트 레이어에 변위 필터를 입히면 멋진 풍화 텍스트가 완성됩니다.

1 [필터 - 왜곡 - 변위] 메뉴 클릭
2 가로, 세로 비율을 70으로 설정
3 '얼룩 변 변위.psd' 파일을 선택

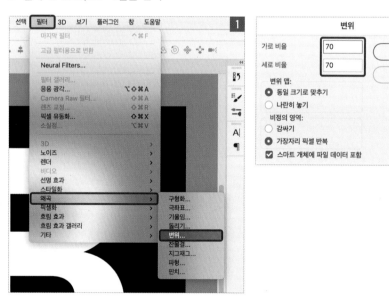

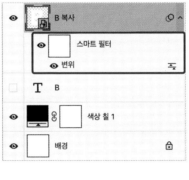

tip

보통 변위 비율의 수치를 5~10 정도로 조절하곤 합니다. 하지만 충분히 텍스트가 풍화된 것 같지 않다면 얼마든지 수치를 올려 보며 연출을 조절해 주세요.

tip

비율 아래쪽 선택 사항들은 연출에 큰 차이를 주지 않기 때문에 자유롭게 선택해도 좋습니다.

마지막으로 텍스트가 화면 가운데로 오도록 위치를 잡아 줍니다.

어떤가요? 비슷한 풍화 연출이지만 〈만들기〉 본문에서 알아본 것과 방법도 스타일도 다르죠. 사실 변위는 굴곡이 보이는 이미지에 텍스트를 합성할 때 많이 쓰는 기능입니다. 예를 들어 다음과 같은 실크 이미지 위에 자연스럽게 텍스트를 합성하는 데에도 쓰이곤 하죠. 변위에 대해 좀 더 이해하기 위해, '실크.psd' 파일을 통해 변위를 이용한 합성을 간단하게 알아볼까요?

먼저 앞서 알아본 과정과 똑같이 실크 이미지만 배치한 뒤 포토샵 파일을 저장합니다. 다음으로 텍스트를 스마트 오브젝트로 변환한 다음, 변위 필터를 씌웁니다.

여기에 한 가지 작업이 추가로 들어가게 되는데요, 텍스트 밑에 있는 실크 이미지의 그림자가 텍스트에도 비쳐 보이도록 혼합 옵션을 조절해 주어야 합니다. 레이어를 더블 클릭해서 레이어 스타일 창을 띄운 다음, 혼합 조건 중 '밑에 있는 레이어'의 검은색 마커를 움직여 주면 되죠. [Alt]를 누른 채로 검은색 마커를 드래그하면 아래와 같이 조절할 수 있습니다.

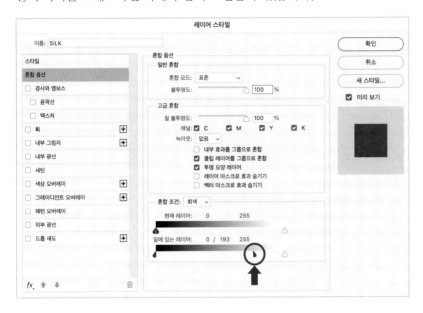

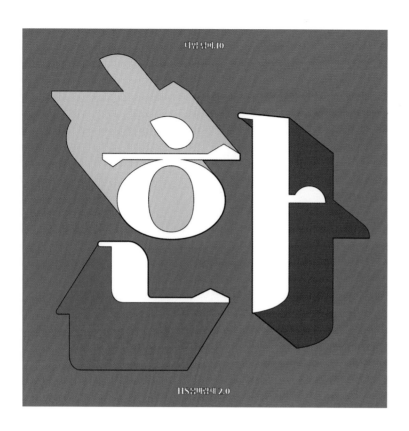

롱 쉐도우

길게 이어지는 그림자 만들기

브러시를 활용하여 글자의 모양대로 길게 이어지는 그림자를 만들어
봅니다. 먼저 흰색 배경 위에 검은색 글자를 배치한 뒤, 글자의 모양을
브러시로 정의합니다. 다음으로 브러시의 간격을 1%로 낮추고, 새 레이
어에 브러시를 찍어 롱 쉐도우를 만듭니다. 마지막으로 단색 조정 레이
어를 이용하여 롱 쉐도우 레이어에 색을 입힙니다.

스킬　브러시 정의, 브러시 간격, 클리핑 마스크
폰트　HS봄바람체 2.0 (눈누)
색상　흰색 #ffffff / 초록색 #1b8953 / 노란색 #f5db44 / 빨간색 #c43b39 / 파란색 #1974b1
난이도　★★★☆☆
예제파일　10하나.psd, ONE.psd

만들기

01 '10하나.psd' 파일을 엽니다.

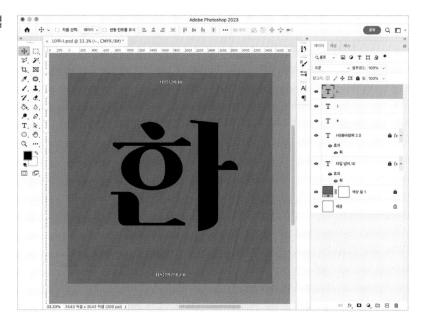

02 작업 화면에 흰색 배경과 'ㅎ' 글자만 남기고 나머지 레이어의 눈을 끕니다.

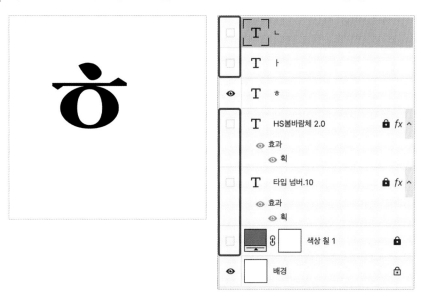

> **tip**
>
> 글자가 흰색이면 아예 브러시로 등록되지 않으며, 검은색이 아닌 다른 색을 입힐 경우 브러시가 투명하게 등록됩니다. 반드시 흰색 배경에 검은색 글자를 세팅해 주세요.

03 'ㅎ' 모양의 브러시를 등록합니다.

1 [편집 - 브러시 사전 설정 정의] 메뉴를 클릭

2 원하는 이름을 입력

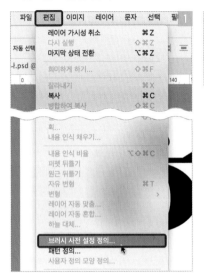

04 브러시의 간격을 1%로 낮춥니다.

1 툴바에서 [브러시 도구] 선택

2 옵션바에서 '브러시 설정 패널' 버튼 클릭

3 간격을 1%로 낮추기

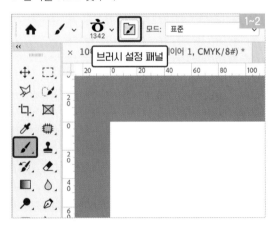

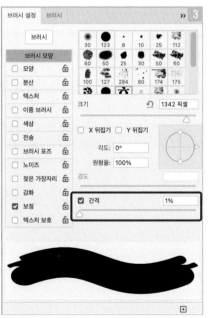

간격 수치가 높을수록 넓은 간격으로 브러시가 띄엄
띄엄 칠해지며, 낮을수록 좁은 간격으로 브러시가 촘
촘하게 칠해집니다.

05 브러시를 찍을 새 레이어를 세팅합니다.

1 레이어 창 하단에서 '새 레이어 만들기' 버튼 클릭
2 새 레이어를 'ㅎ' 텍스트 레이어 아래로 내리기

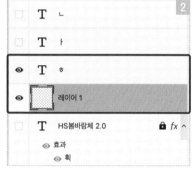

06 'ㅎ'의 롱 쉐도우를 만듭니다.

1 작업 화면의 'ㅎ' 모양에 브러시 모양을 맞춰서 클릭
2 롱 쉐도우를 만들고 싶은 방향으로 마우스 커서를 이동
3 Shift 를 누른 채로 클릭

드래그를 하지 않고 클릭만으로 브러시를 찍는 과정입니다. 아무 곳에나 브러시를 찍은 다음, Shift 를 누른 채로 다른 곳을 클릭하면 두
지점이 일직선으로 이어집니다.

07 'ㅎ' 텍스트를 흰색으로 설정합니다.

1 'ㅎ' 텍스트 레이어의 썸네일을 더블 클릭

2 옵션바에서 컬러 박스를 클릭

3 흰색으로 설정

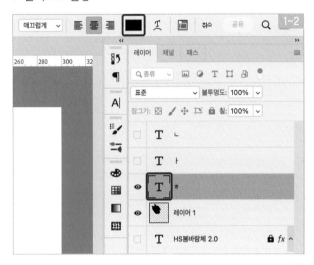

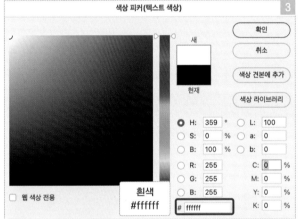

tip

글자와 롱 쉐도우의 위치가 맞지 않는다면, 툴바에서 [이동 도구]를 선택한 뒤 방향키를 이용하여 그림자의 위치를 움직여 주세요.

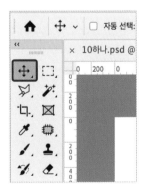

08 같은 방식으로 'ㅏ'의 롱 쉐도우를 만들기 위해, 작업 화면에 흰색 배경과 'ㅏ' 글자만 남기고 나머지 레이어의 눈을 끕니다.

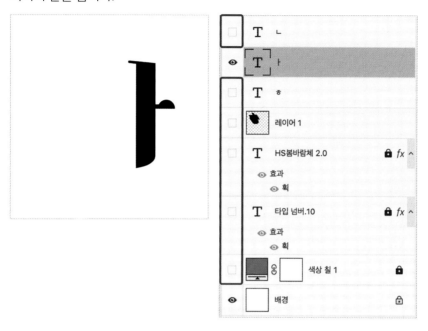

09 'ㅏ' 모양의 브러시를 등록합니다.

1 [편집 - 브러시 사전 설정 정의] 메뉴를 클릭

2 원하는 이름을 입력

10 브러시의 간격을 1%로 낮춥니다.

1 옵션바에서 '브러시 설정 패널' 버튼 클릭

2 간격을 1%로 낮추기

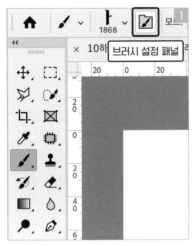

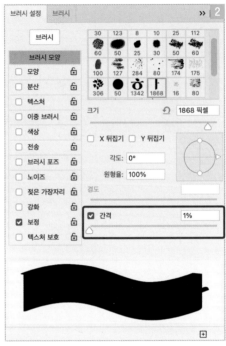

11 브러시를 찍을 새 레이어를 세팅합니다.

1 레이어 창 하단에서 '새 레이어 만들기' 버튼 클릭

2 새 레이어를 'ㅏ' 텍스트 레이어 아래로 내리기

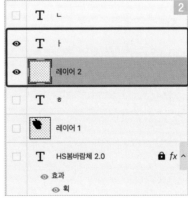

12 'ㅏ'의 롱 쉐도우를 만듭니다.

1 작업 화면의 'ㅏ' 모양에 브러시 모양을 맞춰서 클릭

2 롱 쉐도우를 만들고 싶은 방향으로 마우스 커서를 이동

3 Shift 를 누른 채로 클릭

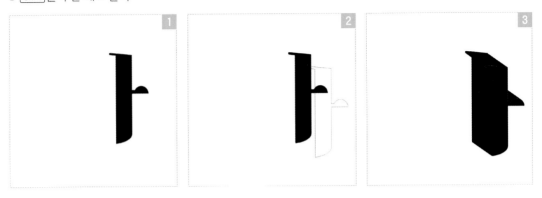

13 'ㅏ' 텍스트를 흰색으로 설정합니다.

1 'ㅏ' 텍스트 레이어의 썸네일을 더블 클릭

2 옵션바에서 컬러 박스를 클릭

3 흰색으로 설정

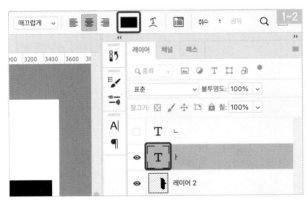

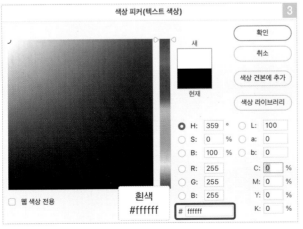

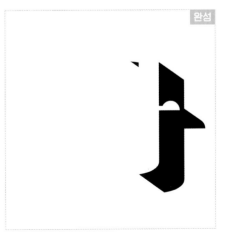

14 같은 방식으로 'ㄴ'의 롱 쉐도우를 만들고, 텍스트를 흰색으로 설정합니다.

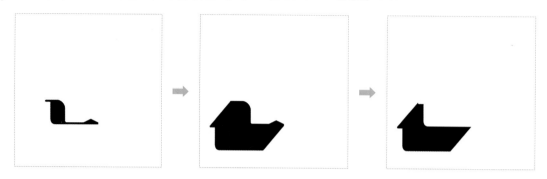

15 모든 레이어의 눈을 켜 줍니다.

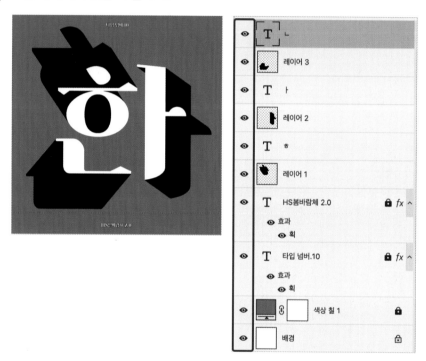

16 롱 쉐도우를 칠하기 위해, 노란색 조정 레이어를 만듭니다.

1 레이어 창 하단에서 [조정 레이어 - 단색] 메뉴를 클릭
2 노란색으로 지정

노란색 #f5db44

17 노란색 조정 레이어를 'ㅎ'의 롱 쉐도우로 클리핑 마스크를 씌웁니다.

1 노란색 조정 레이어를 'ㅎ'의 롱 쉐도우 위에 두기
2 Alt 를 누른 채로 두 레이어의 경계선을 클릭

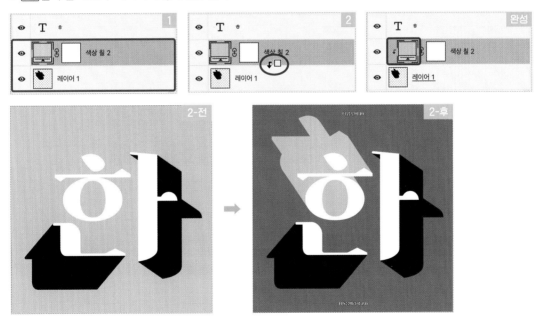

18 같은 방법으로 'ㅏ'의 롱 쉐도우에 빨간색을 입힙니다.

1 빨간색 조정 레이어 만들기
2 빨간색 조정 레이어를 'ㅏ'의 롱 쉐도우로 클리핑 마스크 씌우기

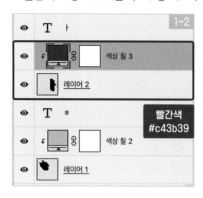

19 같은 방법으로 'ㄴ'의 롱 쉐도우에 파란색을 입힙니다.

1 파란색 조정 레이어 만들기
2 파란색 조정 레이어를 'ㄴ'의 롱 쉐도우로 클리핑 마스크 씌우기

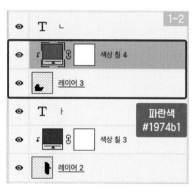

20 'ㄴ' 텍스트에 테두리를 입힙니다.

1 'ㄴ' 텍스트 레이어 이름 옆 빈 곳을 더블 클릭

2 레이어 스타일 창 왼쪽에서 '획' 메뉴 이름을 클릭

3 획의 위치를 '바깥쪽'으로 설정

4 획의 크기와 색을 설정

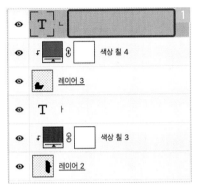

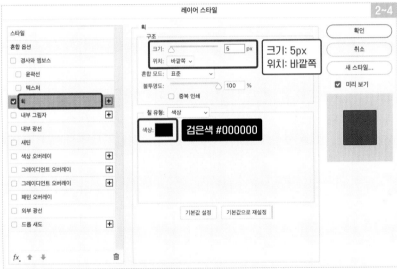

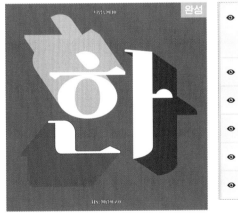

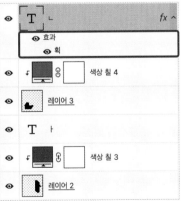

21 'ㄴ' 텍스트 레이어의 테두리를 복사하여 나머지 텍스트와 롱 쉐도우에 입힙니다.

1 Alt 를 누른 채로, '획' 효과를 '레이어 3'으로 드래그

2 같은 방식으로 다른 텍스트와 롱 쉐도우로 효과 복사

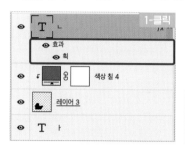

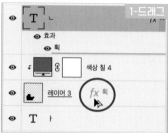

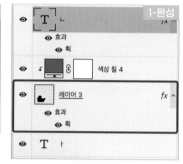

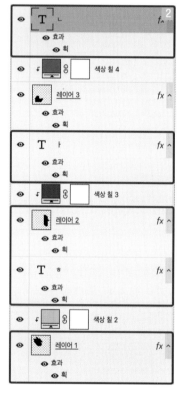

작업노트

✦ 또 다른 롱 쉐도우

롱 쉐도우를 만들 수 있는 방법을 하나 더 알아보겠습니다. 브러시를 이용하는 방법에 비해 그림자의 각도를 자유롭게 만들 수 없다는 단점이 있지만, 손쉽게 글자에 긴 그림자를 만들 수 있기 때문에 자주 활용하는 방법입니다. 'ONE.psd'을 파일을 통해 살펴볼까요?

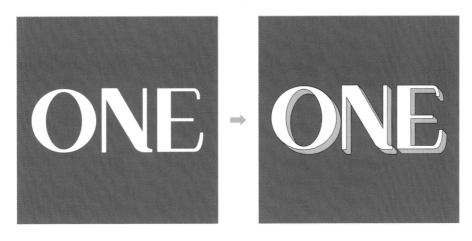

먼저 툴바에서 [이동 도구]를 선택한 다음, 레이어 창에서 롱 쉐도우를 만들고 싶은 텍스트 레이어를 선택합니다.

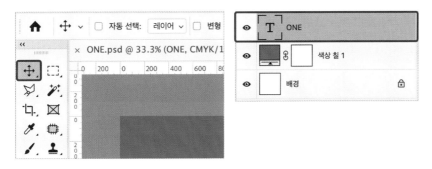

이 상태에서 Alt 를 누른 채로 ↑ 방향키, ← 방향키를 연속해서 눌러 주세요. 그림 레이어가 복사되며 길게 그림자가 뻗어나가는 것을 볼 수 있습니다.

원리는 간단합니다. [Alt]를 누른 채로 방향키를 누르면, 원래의 레이어보다 해당 방향으로 살짝 나아간 위치에 레이어가 복사됩니다. 이를 반복해서 롱 쉐도우가 될 때까지 레이어를 쌓아나가는 것이죠.

원하는 모양을 완성했다면, 이제 맨 위에 있는 레이어 하나만 남기고 나머지 레이어들을 모두 선택합니다. 이때 [Shift]를 누른 채로 시작과 끝 레이어를 선택하면 그 사이에 있는 모든 레이어들이 선택됩니다.

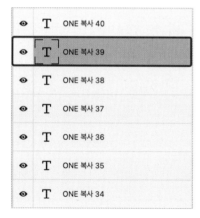

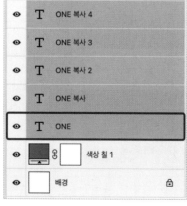

마지막으로 [Ctrl]+[E]를 눌러서 레이어를 병합합니다.

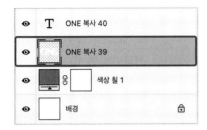

이 다음 과정은 브러시 방식의 롱 쉐도우와 똑같습니다. 단색 조정 레이어를 이용해서 롱 쉐도우에 색을 입히고, 취향에 따라 테두리를 입히면 됩니다.

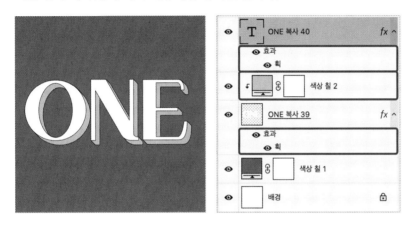

11 매핑

12 한계값

13 그림체

14 비트맵

15 하프톤

16 단색

17 이중노출

18 팝 아웃

19 겹치기

20 찢기

PART 2

IMAGE

사진의 누끼를 따고 필터를 입히는 등 다양한 변형을 가해 디자인의 메인 이미지를 만들어 봅니다. 컨셉에 맞춰 다채롭게 사진을 변형하면 더욱 통일감 있고 호소력 있는 디자인을 완성할 수 있습니다.

매핑
이미지의 색을 재구성하기

매핑(mapping)이란 하나의 값을 다른 값으로 대응시키는 것을 의미합니다. 이러한 매핑의 개념을 이용한 그레이디언트 맵 기능으로 이미지의 색을 자유롭게 재구성하는 방법을 알아봅니다. 먼저 이미지에 매핑 조정 효과를 입힙니다. 그런 다음 컬러칩을 추가하거나 위치를 움직이며 색을 세밀하게 재구성합니다.

스킬 그레이디언트 맵
폰트 Poleno_Bold (어도비 폰트)
색상 분홍색 #dd4185 / 노란색 #f5cb1e / 연노란색 #fcf0c1 / 흰색 #ffffff / 검은색 #000000
난이도 ★★★☆☆
예제파일 11바나나.psd

만들기

01 '11바나나.psd' 파일을
엽니다.

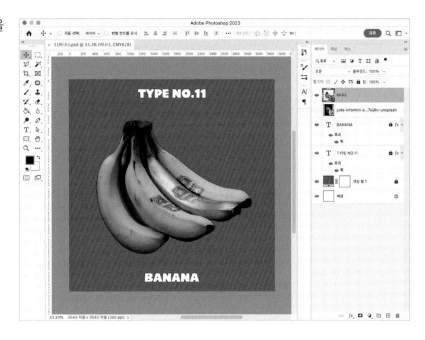

02 매핑 조정 레이어를 만듭니다.

1 레이어 창 하단에서 [조정 레이어 - 그레이디언트 맵] 메뉴를 클릭

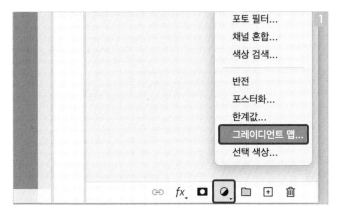

03 양 끝 컬러칩의 색을 지정합니다.

1 속성 창의 그라데이션 띠 클릭
2 왼쪽의 컬러칩을 더블 클릭한 뒤 검은색으로 지정
3 오른쪽의 컬러칩을 더블 클릭한 뒤 노란색으로 지정

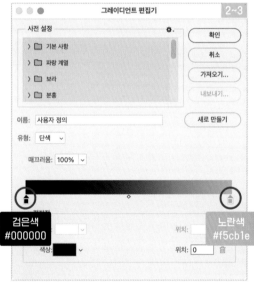

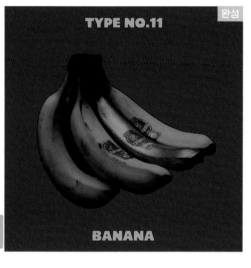

이미지의 밝은 면과 어두운 면에 칠할 색을 설정하며 매핑의 틀을 잡는 작업입니다. 왼쪽 컬러칩은 이미지의 어두운 부분에, 오른쪽 컬러칩은 밝은 부분에 대응됩니다.

04 바나나의 면이 좀 더 노랗게 보이도록, 중간에 노란색 컬러칩을 추가합니다.

1 마우스 커서를 그라데이션 바 아래에 놓기
2 중간 위치를 클릭해서 컬러칩을 추가
3 컬러칩을 더블 클릭한 뒤 노란색으로 지정

05 밝은 부분을 표현하기 위해, 노란색 컬러칩 중간에 연노란색 컬러칩을 추가합니다.

1 노란색 컬러칩 사이를 클릭해서 컬러칩 추가
2 컬러칩을 더블 클릭한 뒤 연노란색으로 지정

06 광택을 만들기 위해, 연노란색 컬러칩의 양옆을 노란색 컬러칩으로 막아 줍니다.

1 연노란색 컬러칩 왼쪽을 클릭해서 컬러칩 추가

2 컬러칩을 더블 클릭한 뒤 노란색으로 지정

3 연노란색 컬러칩 오른쪽을 클릭해서 컬러칩 추가

4 컬러칩을 더블 클릭한 뒤 노란색으로 지정

tip

컬러칩의 양옆을 다른 색으로 막으면 매핑하는 색의 경계선이 명확해집니다. 반대로 컬러칩 사이의 간격을 넉넉하게 띄우면 색이 부드
럽게 이어집니다.

07 광택을 더하기 위해, 바 중앙에 노란색과 연노란색 컬러칩을 추가합니다.

1 중앙의 노란색 컬러칩 왼쪽을 클릭해서 컬러칩 추가
2 컬러칩을 더블 클릭한 뒤 연노란색으로 지정
3 연노란색 컬러칩 왼쪽을 클릭해서 컬러칩 추가
4 컬러칩을 더블 클릭한 뒤 노란색으로 지정

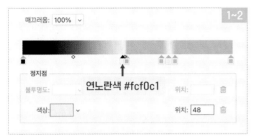

08 어두운 부분을 표현하기 위해, 노란색과 검은색 컬러칩을 추가합니다.

1 검은색과 노란색 컬러칩 사이를 클릭해서 컬러칩 추가
2 컬러칩을 더블 클릭한 뒤 검은색으로 지정
3 검은색 컬러칩 왼쪽을 클릭해서 컬러칩 추가
4 컬러칩을 더블 클릭한 뒤 노란색으로 지정
5 검은색 컬러칩 오른쪽을 클릭해서 컬러칩 추가
6 컬러칩을 더블 클릭한 뒤 노란색으로 지정

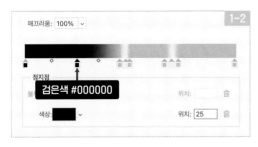

정지점
불투명 노란색 #f5cb1e 위치: 🗑
색상: ∨ 위치: 27 🗑

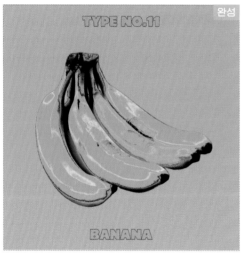

09 매핑 창을 닫고, 잠시 매핑 레이어의 눈을 꺼 줍니다.

1 X 버튼을 눌러 매핑 속성 창 닫기
2 레이어 창에서 '그레이디언트 맵 1' 레이어의 눈 끄기

10 바나나 위 로고의 누끼를 땁니다.

1 레이어 창에서 사진 레이어 선택
2 툴바에서 [빠른 선택 도구]를 선택
3 작업 화면을 클릭해서 선택 영역 잡기
4 Ctrl + J 를 눌러서 누끼 따기

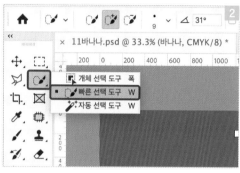

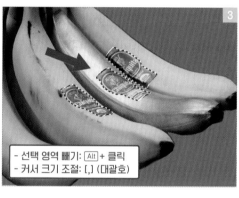

- 선택 영역 빼기: Alt + 클릭
- 커서 크기 조절: [,] (대괄호)

tip

툴바에서 [빠른 선택 도구] 아이콘이 보이지 않는다면 사진 속 아이콘 위치를 우클릭해 주세요. 숨어 있는 선택 도구들을 찾을 수 있습니다.

11 누끼 레이어를 매핑 레이어 위로 올립니다.

12 매핑 레이어를 켠 다음, 바나나 레이어에만 매핑이 적용되도록 클리핑 마스크를 씌웁니다.

1 레이어 창에서 매핑 레이어의 눈 켜기
2 매핑 레이어의 썸네일을 더블 클릭
3 속성 창의 '클리핑 마스크' 버튼 클릭

작업노트

✦ 매핑의 원리

검은색, 회색, 흰색으로 이루어진 이미지가 있습니다. 이 이미지에 빨강, 노랑, 파랑 컬러칩으로 매핑을 했더니, 컬러칩의 색에 맞춰 이미지의 색이 바뀌었죠. 왜 이렇게 된 걸까요?

매핑은 흑백 그라데이션 바에서 내가 설정한 그라데이션 바로 색이 대응되는 기능이기 때문입니다. 두 바에서 같은 위치에 있는 색끼리 대응되는 거죠. 그래서 검은색은 빨강이 되고, 회색은 노랑이 되고, 흰색은 파랑이 된 것입니다. 이 과정이 매핑의 기본이자 핵심이에요.

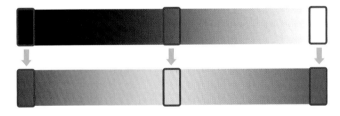

이번엔 흑백 이미지가 아닌 컬러 이미지를 매핑시켜 볼까요? 분홍, 초록, 보라로 이루어진 이미지에 위와 같은 색으로 매핑을 적용했더니, 올리브 색감의 결과물이 나왔습니다. 이번엔 왜 이렇게 된 걸까요? 결론부터 간단하게 보면, 중간에 흑백 매핑을 거쳤기 때문입니다.

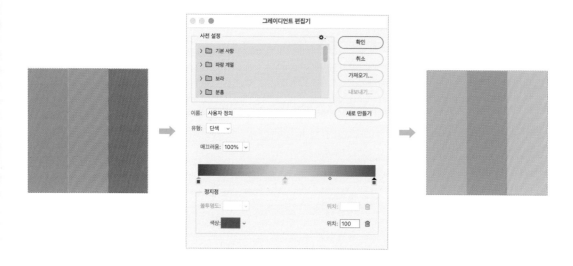

매핑의 기본은 흑백 그라데이션 바에서 내가 설정한 그라데이션 바로 색을 대응시키는 작업이라는 것을 알아보았죠? 포토샵은 컬러 이미지에서 내가 설정한 그라데이션으로 곧바로 색을 대응해 주지 않습니다. 반드시 흑백 그라데이션 바를 거쳐야 하죠.

그래서 포토샵이 우선 이미지에 흑백 매핑을 입힌 다음, 내가 설정한 그라데이션 바로 연결해 준 것 입니다.

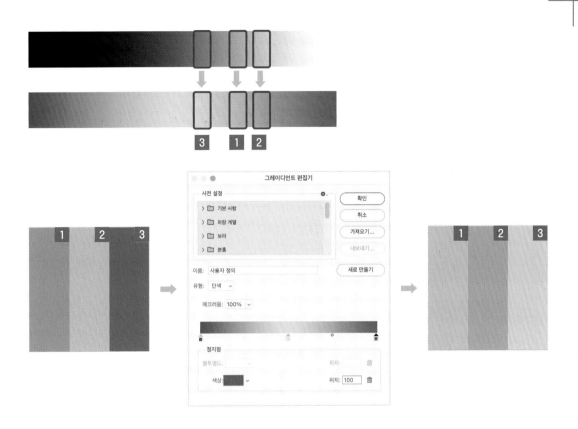

이처럼 색이 있는 이미지를 매핑하면 2단계의 연산을 거치기 때문에 직접 해 보기 전에는 결과가 어떻게 될지 예상하기 어렵습니다. 그러니 이미지에 매핑을 처음 입힐 때는 특별한 기준 없이 자유롭게 설정하는 방식을 추천합니다.

작업에 조금 익숙해지면 〈바나나〉 아트워크처럼 컬러칩의 위치와 간격을 조절해서 나만의 독특한 색 표현을 만들 수 있습니다. 또는 컬러 이미지를 매핑하는 과정을 역이용해서, 내가 직접 이미지를 원하는 대로 흑백 처리한 다음 매핑을 입히는 방식도 좋습니다.

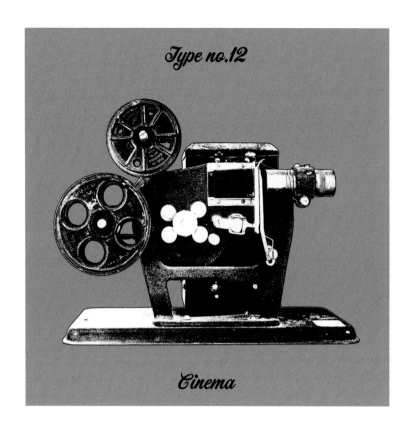

한계값

강렬한 대비의 흑백 이미지 만들기

한계값은 이미지의 색을 검은색과 흰색만으로 구성하는 기능입니다. 이를 통해 이미지를 강렬한 흑백 대비의 연출로 만드는 방법을 알아봅니다. 먼저 사진에 한계값 효과를 입힌 다음, 표현을 다듬고 싶은 부분을 확인합니다. 확인이 끝나면 다듬고 싶은 부분의 누끼를 딴 다음, 누끼 레이어에 한계값 효과를 입힙니다. 이 작업을 반복하며 원하는 느낌의 한계값 연출을 완성합니다.

스킬   한계값, 빠른 선택 도구, 스마트 오브젝트

폰트   CornerStoreJF (어도비 폰트)

색상   주황색 #dc974e / 검은색 #000000

난이도   ★★★☆☆

예제파일   12시네마.psd

만들기

01 '12시네마.psd' 파일을 엽니다.

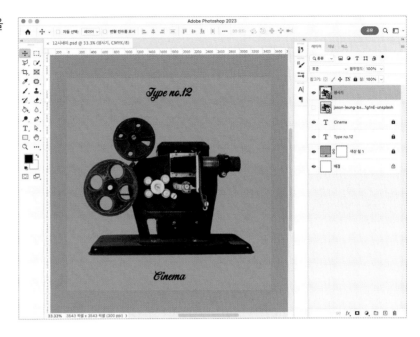

02 사진 레이어에 한계값 효과를 입힙니다.

1 레이어 창에서 사진 레이어를 선택
2 [이미지 - 조정 - 한계값] 메뉴를 클릭
3 한계값 레벨 수치를 조정

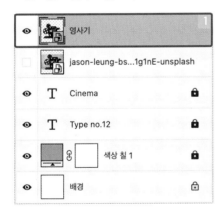

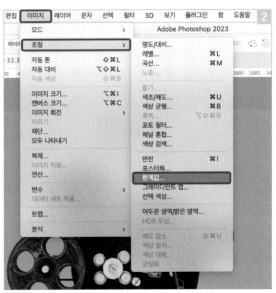

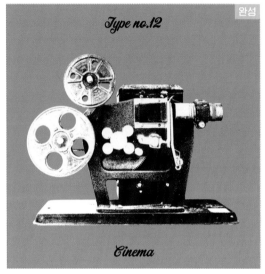

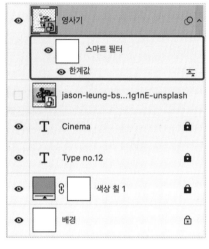

03 다듬고 싶은 부분을 확인한 다음, 사진 레이어의 한계값 효과를 꺼 줍니다.

 →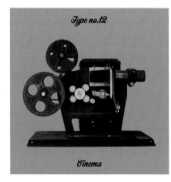

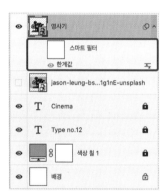

04 다듬고 싶은 부분의 누끼를 땁니다.

1 툴바에서 [빠른 선택 도구]를 선택

2 작업 화면을 클릭해서 선택 영역 잡기

3 Ctrl + J 를 눌러서 누끼 따기

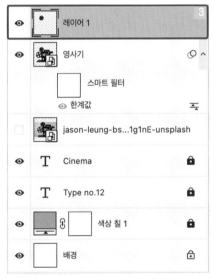

tip

툴바에서 [빠른 선택 도구] 아이콘이 보이지 않는다면 사진 속 아이콘 위치를 우클릭해 주세요. 숨어 있는 선택 도구들을 찾을 수 있습니다.

05 누끼 레이어를 스마트 오브젝트로 변환합니다.

1 레이어 창에서 누끼 레이어를 우클릭
2 '스마트 오브젝트로 변환'을 클릭

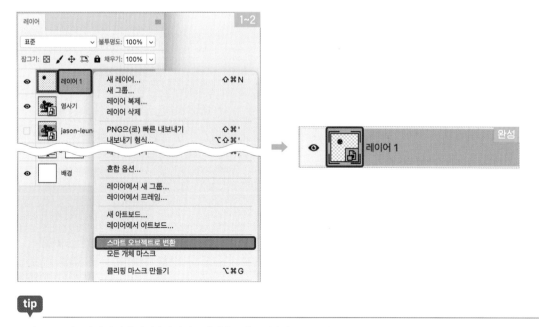

tip

스마트 오브젝트가 아닌 일반 레이어인 상태로 한계값 효과를 입히면 작업이 여러 단계 진행된 후에 효과를 되돌리거나 수치를 다듬을 수 없습니다.

06 원본 사진 레이어의 한계값 효과를 켜 줍니다.

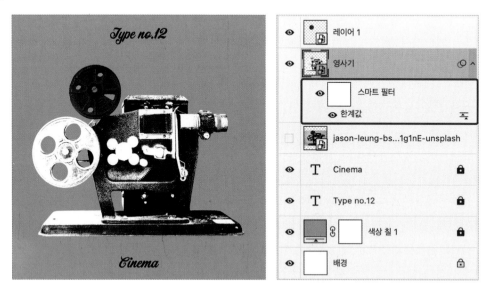

07 누끼 레이어에 한계값 효과를 입힙니다.

1 레이어 창에서 누끼 레이어를 선택

2 [이미지 - 조정 - 한계값] 메뉴를 클릭

3 한계값 레벨 수치를 조정

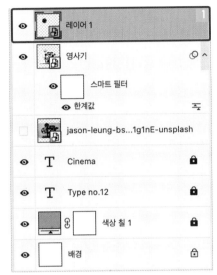

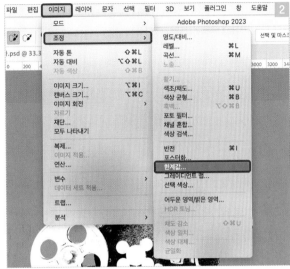

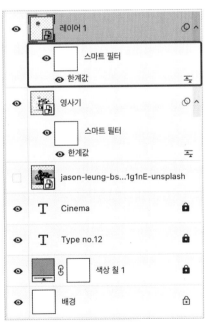

08 위의 (3)~(7)을 반복하며 한계값 연출을 다듬어 줍니다.

　1 다듬고 싶은 부분을 확인
　2 원본 사진의 한계값 효과를 끄기
　3 다듬을 부분 누끼 따기
　4 누끼 레이어를 스마트 오브젝트로 변환하기
　5 원본 사진의 한계값 효과를 켜기
　6 누끼 레이어에 한계값 효과 입히기

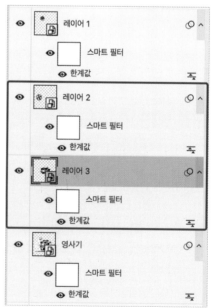

tip

한계값 그래프가 사진과 같이 비어 있고, 아무리 레벨 값을 조정해도 연출에 변화가 없나요? 그렇다면 우선 누끼 레이어를 지운 다음, 사진의 한계값 효과를 끄고 다시 누끼를 따 주세요. 새로 딴 누끼에 한계값 효과를 입히면 다시 그래프가 정상적으로 보이고 연출을 원하는 대로 다듬을 수 있을 거예요.

한계값 효과를 켠 채로 누끼를 따면 효과를 입힌 모습 그대로 누끼 레이어가 만들어집니다. 이렇게 되면 누끼 레이어에 다시 효과를 입혀도 잘 작동하지 않아요. 그러므로 이번 작업처럼 사진을 쪼개어 효과를 다르게 입히는 경우, 꼭 효과를 보이지 않게 끈 다음 누끼를 따 주세요.

09 한계값 연출에 쓰인 레이어들을 그룹으로 묶어 줍니다.

1 Ctrl 을 누른 채로 한계값 연출에 쓰인 레이어들을 클릭

2 Ctrl + G 를 눌러 그룹으로 묶기

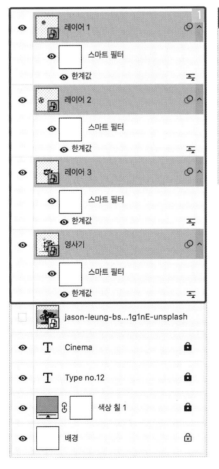

10 그룹 레이어에 테두리를 입힙니다.

  1 그룹 레이어의 이름 옆 빈 곳을 더블 클릭

  2 레이어 스타일 창 왼쪽에서 '획' 메뉴 이름을 클릭

  3 획의 위치를 '바깥쪽'으로 설정

  4 획의 크기와 색을 설정

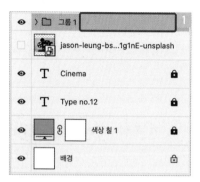

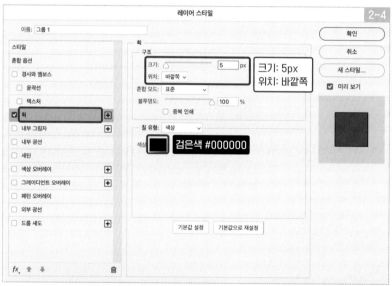

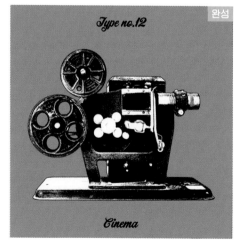

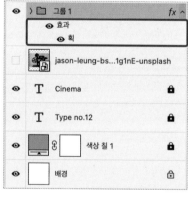

11 노이즈 질감을 넣기 위해 새 레이어를 만듭니다.

1 레이어 창 하단에서 '새 레이어 만들기' 버튼 클릭
2 레이어 창에서 새 레이어를 맨 위에 놓기

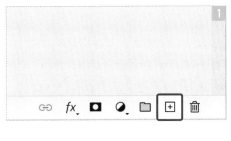
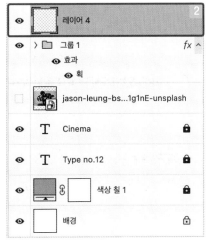

12 새 레이어에 흰색을 칠합니다.

1 툴바 하단의 전경색을 더블 클릭
2 흰색으로 설정
3 [Alt] + [Back Space] 를 눌러 새 레이어에 흰색 칠하기

흰색
#ffffff

13 흰색 레이어에 노이즈를 추가합니다.

1 [필터 - 노이즈 - 노이즈 추가] 메뉴를 클릭

2 노이즈의 양을 설정

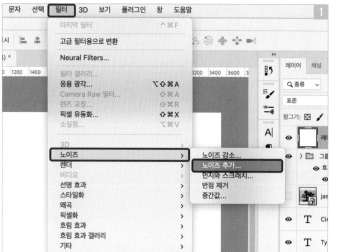

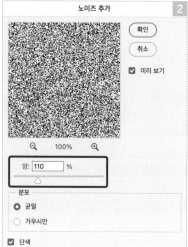

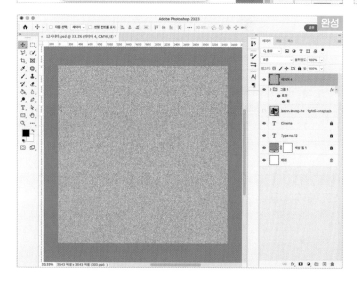

14 블렌딩 모드를 이용하여 디자인에 노이즈 레이어를 섞어 줍니다.

1 노이즈 레이어 위쪽의 '표준'을 클릭
2 '색상 번' 모드를 선택

15 불투명도를 조절하여 노이즈 레이어를 부드럽게 눌러 줍니다.

작업노트

✦ 색 입히기

이미지에 한계값 효과를 입히면 이미지가 흑백이 됩니다. 이때 특이한 점은 회색 없이 오로지 검은색과 흰색만 쓰인다는 점입니다. 그래서 이미지의 대비가 아주 강해지죠.

여기에 매핑 기법을 더하면 깔끔한 듀오톤의 이미지를 만들 수 있습니다. 어떻게 한계값 연출에 매핑 효과를 입히는지 알아볼까요? 〈만들기〉 (11)번 작업에 이어집니다.

▶ 매핑의 원리와 자세한 활용 방법은 〈11.매핑〉에서 확인할 수 있습니다.

01 매핑 조정 레이어를 만듭니다.

1 레이어 창 하단에서 [조정 레이어 - 그레이디언트 맵] 메뉴를 클릭

02 매핑할 색을 지정합니다.

　1 속성 창에 보이는 그라데이션 띠 클릭

　2 왼쪽의 컬러칩을 더블 클릭한 뒤 미역색으로 지정

　3 오른쪽의 컬러칩을 더블 클릭한 뒤 베이지색으로 지정

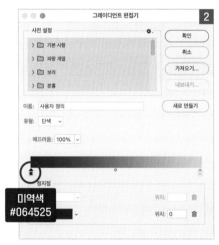

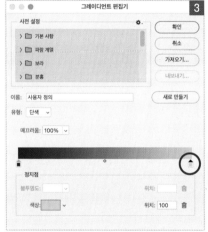

tip

이 과정에서 색을 고르는 팁이 있습니다. 먼저, 오른쪽 컬러칩의 색을 배경색의 밝고 연한 버전으로 세팅합니다. 배경과의 연결 고리를 만들어서 디자인에 통일감을 주는 과정이죠. 취향에 따라 좀 더 붉은 색감이나 노란 색감도 괜찮습니다.

1 작업 화면의 주황색 배경을 클릭

2 색상 판 안에서 밝고 연한 쪽의 색을 선택

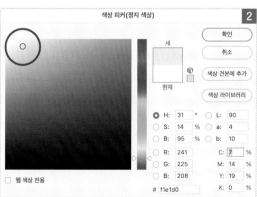

다음으로 왼쪽 컬러칩의 색을 진하고 어두운 색으로 자유롭게 고릅니다. 이미지가 잘 보이도록 색 대비를 크게 하는 과정입니다. 가독성을 높이는 거죠.

1 색상 판 안에서 어둡고 진한 영역을 선택
2 색상 창 중간의 세로 선을 드래그하며 원하는 색감을 선택

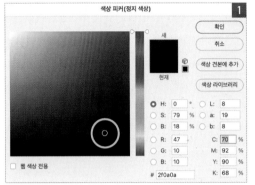
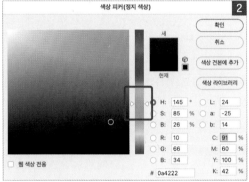

예시 이미지처럼 꼭 어두운 초록색이 아니어도 괜찮습니다. 이미 색의 통일성과 가독성이 잡혔기 때문에, 왼쪽 컬러칩의 색감을 자유롭게 골라도 전체적인 디자인과 잘 어우러지는 것이죠.

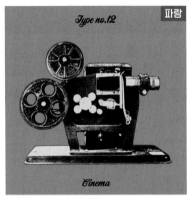
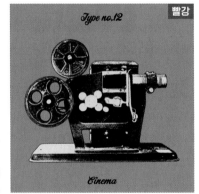

03 그룹 레이어에만 매핑이 적용되도록 클리핑 마스크를 씌웁니다.

1 레이어 창에서 매핑 레이어를 그룹 레이어 위에 두기

2 매핑 레이어의 썸네일을 더블 클릭

3 속성 창의 '클리핑 마스크' 버튼 클릭

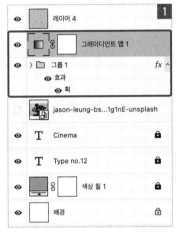

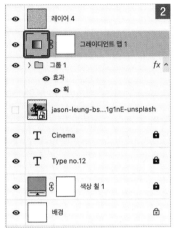

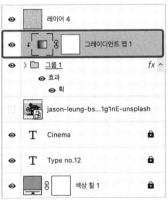

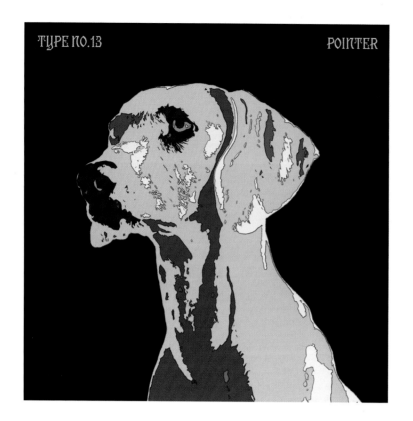

그림체

사진을 그림처럼 변형하기

필터 갤러리를 이용하여 사진을 그림처럼 변형하는 방법을 알아봅니다. 먼저 변형할 레이어를 선택하고, 필터 갤러리 효과를 입힙니다. 그런 다음 필터 갤러리의 여러 기능을 조합하고 수치를 조절하며 사진을 그림처럼 변형합니다. 필터 작업이 끝나면, 마지막으로 조정 기능을 이용하여 이미지의 대비와 색감을 다듬어 줍니다.

스킬 필터 갤러리, 레벨, 색조/채도
폰트 Pentz Regular (어도비 폰트)
색상 검은색 #000000 / 밝은 회색 #c7c7c7
난이도 ★★☆☆☆
예제파일 13포인터.psd, 왕관.psd

만들기

01 '13포인터.psd' 파일을 엽니다.

02 사진 레이어에 필터 갤러리 효과를 입힙니다.

1 레이어 창에서 사진 레이어를 선택

2 [필터 - 필터 갤러리] 메뉴를 클릭

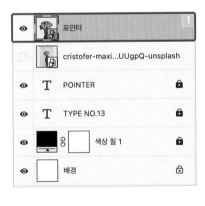

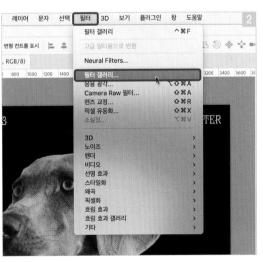

필터 갤러리 효과는 RGB 색상 모드에서만 사용할 수 있습니다.

03 오려내기 필터를 통해 사진을 그림처럼 변형합니다.

　1 [예술 효과 - 오려내기] 필터를 선택

　2 오려내기 수치를 조정

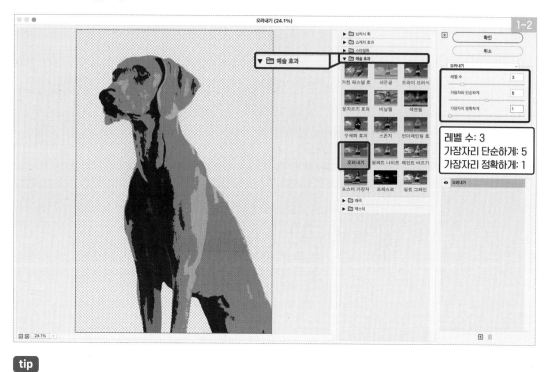

tip

Ctrl + 0 을 누르면 미리보기 화면에 이미지 전체가 보이도록 세팅됩니다.

04 효과를 덧씌우기 위해, '새 효과 레이어' 버튼을 누릅니다.

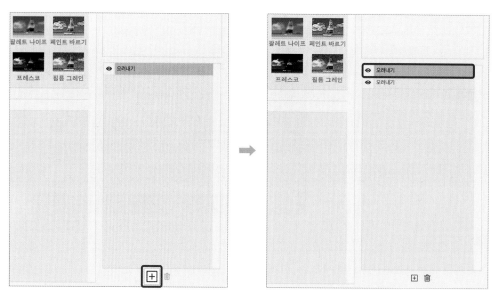

05 포스터 가장자리 필터를 통해 색 영역마다 테두리를 입힙니다.

1 [예술 효과 - 포스터 가장자리] 필터를 선택

2 포스터 가장자리 수치를 조정

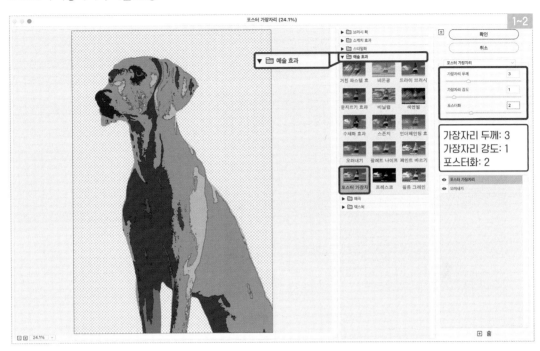

06 조정이 끝나면 '확인' 버튼을 눌러 창을 닫아 줍니다.

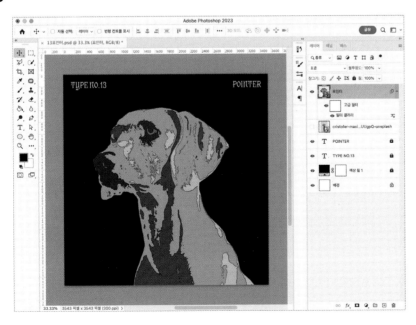

07 '레벨' 기능으로 이미지의 대비를 다듬어 줍니다.

1 레이어 창 하단에서 [조정 레이어 - 레벨] 메뉴를 클릭

2 검은색, 회색, 흰색 칩을 움직여서 대비 다듬기

3 효과가 사진에만 적용되도록 '클리핑 마스크' 버튼 클릭

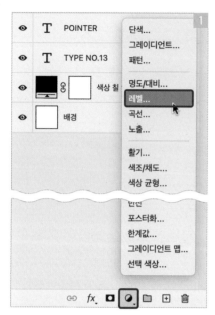

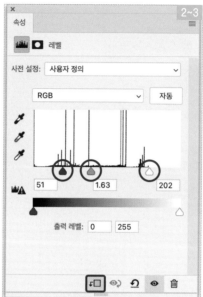

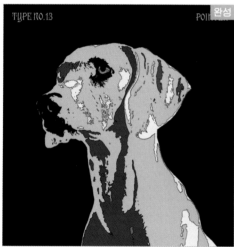

08 '색조/채도' 기능으로 이미지의 색감을 다듬어 줍니다.

1 레이어 창 하단에서 [조정 레이어 – 색조/채도] 메뉴를 클릭

2 수치를 조정하며 색감 다듬기

3 효과가 사진에만 적용되도록 '클리핑 마스크' 버튼 클릭

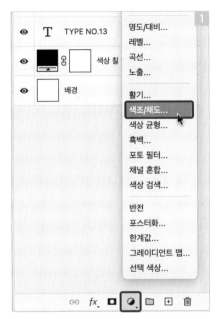

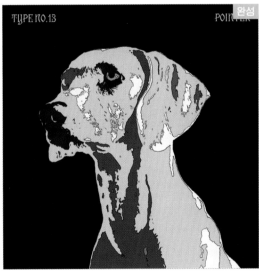

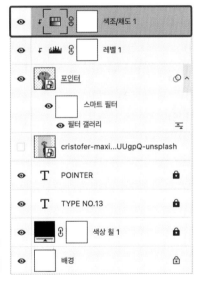

작업노트

✦ 필터 갤러리의 다양한 활용

필터 갤러리는 사진을 그림처럼 변형하는 작업뿐 아니라 사진에 독특한 질감을 주는 등 다양한 작업이 가능합니다. 그중 가장 자주 활용하는 하프톤 패턴과 그레인 질감에 대해 간단하게 알아보겠습니다.

이미지에 하프톤 패턴 필터를 입히면 오래된 텔레비전처럼 이미지가 망점으로 표현됩니다. 이때 이미지가 전경색, 배경색에 맞춰 바뀌기 때문에, 이미지의 기존 색을 살리고 싶은 경우 직접 하프톤 패턴을 만들어서 활용하는 방법도 있습니다.

▶ 하프톤에 대한 자세한 내용은 〈15.하프톤〉에서 확인할 수 있습니다.

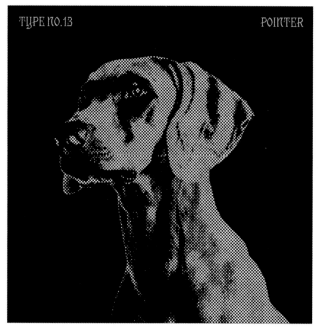

이미지에 그레인 필터를 입히면 옛날 필름 사진처럼 지직거리는 듯한 질감이 추가됩니다. 모래처럼 작은 알갱이들이 보이는 스타일의 질감이며, 이미지가 밋밋해 보일 때 그레인 질감을 추가하여 시각적인 즐거움을 줄 수 있습니다.

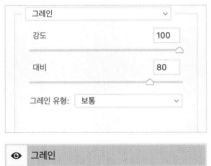

✦ 또 다른 그림체 필터

포토샵 CC 2022 이상 버전의 경우, 필터 갤러리 외에 또 다른 그림체 필터를 활용할 수 있습니다. 바로 AI 기술을 활용한 뉴럴 필터입니다. 사진에 뉴럴 필터를 씌우면 마치 실제로 그린 그림처럼 사진을 변형할 수 있습니다. '왕관.psd' 파일을 통해 어떻게 뉴럴 필터를 사용하는지 알아볼까요?

사용 방법은 매우 간단합니다. 우선 레이어 창에서 그림체를 입힐 사진 레이어를 선택합니다.

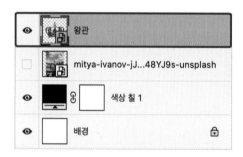

그런 다음, [필터 - 뉴럴 필터] 메뉴를 클릭합니다.

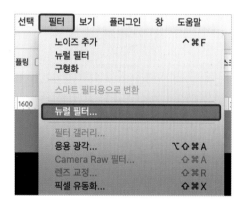

뉴럴 필터 창이 나오면 가운데 메뉴에서 '스타일 변환'을 활성화한 다음, 원하는 스타일의 그림을 클릭해서 이미지에 그림체를 적용시킵니다. 마지막으로 스타일 하단에 있는 설정 값을 조정하며 그림체를 다듬어 줍니다.

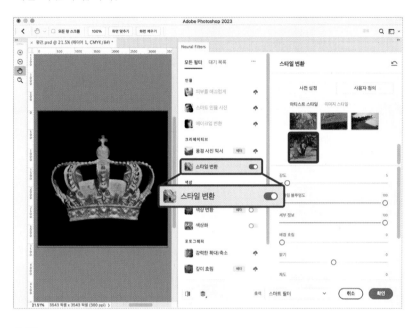

tip

뉴럴 필터를 입힌 이미지가 부자연스럽게 느껴진다면 '강도' 값을 낮춰 보세요. 훨씬 자연스러운 결과를 만들 수 있습니다.

설정이 모두 끝나면 '확인' 버튼을 눌러 작업 창으로 돌아옵니다. 그럼 뉴럴 필터를 통해 이미지가 그림처럼 변형된 것을 볼 수 있죠.

비트맵

이미지를 픽셀로 깨뜨리기

모드를 변경하여 이미지를 비트맵화하는 방법을 알아봅니다. 먼저 이미지의 모드를 회색 음영 모드로 바꿉니다. 그런 다음 이미지의 모드를 비트맵 모드로 바꿉니다. 이 과정에서 해상도를 크게 낮추어 이미지를 픽셀 모양으로 깨뜨립니다. 원하는 연출이 나왔다면 이미지의 모드를 원래대로 되돌립니다. 마지막으로 이미지 크기 기능을 이용하여 해상도를 원래대로 되돌립니다.

스킬 스마트 오브젝트, 회색 음영 모드, 비트맵 모드, 이미지 크기
폰트 Mighty Slab (어도비 폰트)
색상 흰색 #ffffff / 빨간색 #d72c29
난이도 ★★★★☆
예제파일 14자동차.psd

만들기

01 '14자동차.psd' 파일을
엽니다.

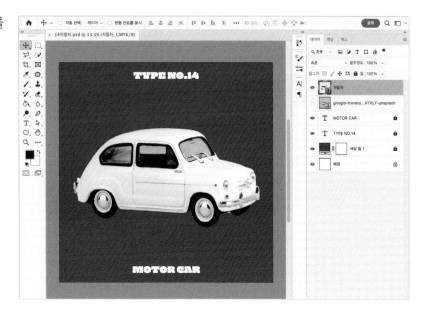

02 스마트 오브젝트를 복사하여 새 스마트 오브젝트 레이어를 만듭니다.

1 스마트 오브젝트 레이어를 우클릭

2 '복사를 통해 새 스마트 오브젝트 만들기' 클릭

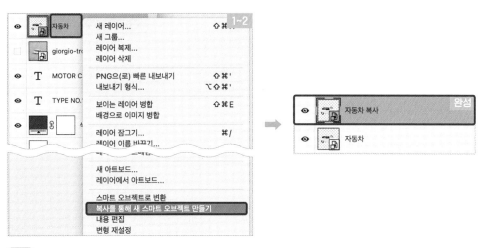

tip

Ctrl + J 를 눌러 스마트 오브젝트를 복사하면, 원본과 복사본의 내부가 연결됩니다. 원본 스마트 오브젝트의 내부를 수정하면, 복사한 다른 개체의 내부도 함께 바뀌는 것이죠. 때문에 개체를 따로따로 수정하고 싶다면 Ctrl + J 가 아니라 '복사를 통해 새 스마트 오브젝트 만들기' 메뉴를 통해 복사해야 합니다. 이렇게 하면 원본과 복사본의 내부가 연결되지 않고, 복사본을 비트맵 이미지로 변환해도 원본은 그대로 남아 있게 됩니다.

03 복사한 스마트 오브젝트의 내부로 들어갑니다.

1 레이어 창에서 복사한 스마트 오브젝트의 썸네일을 더블 클릭

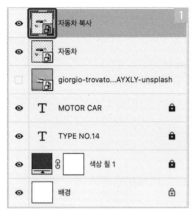

04 이미지를 회색 음영 모드로 바꿉니다.

1 [이미지 - 모드 - 회색 음영] 메뉴 선택
2 색상 정보에 대한 안내창이 나오면 '확인' 선택

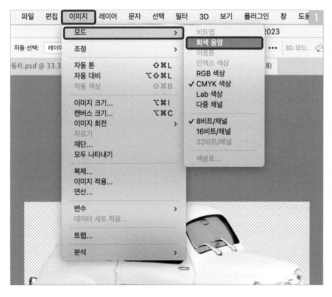

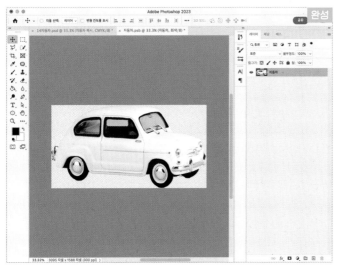

tip

비트맵 모드는 흰색과 검은색만 다룰 수 있기 때문에, 비트맵 모드로 들어가려면 반드시 회색 음영 모드를 거치며 색상 정보를 버려야 합니다.

05 이미지를 비트맵 모드로 바꿉니다.

1 [이미지 - 모드 - 비트맵] 메뉴 선택
2 배경 병합에 대한 안내창이 나오면 '확인' 선택
3 해상도 출력 값과 '사용' 옵션을 설정
4 선 수와 각도, 모양을 설정

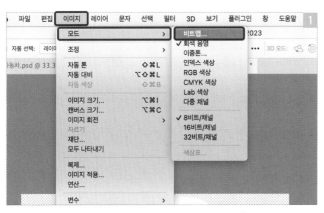

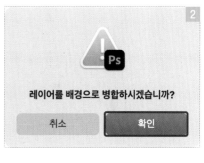

tip

비트맵 모드는 단 하나의 레이어만 다룰 수 있기 때문에, 반드시 배경으로 모든 레이어를 병합해야 합니다.

06 Ctrl + O 을 눌러 화면을 확대하여 비트맵 효과가 어떻게 적용되었는지 확인합니다.

168

07 이미지를 기존의 해상도로 되돌립니다.

1 [이미지 - 이미지 크기] 메뉴 선택

2 기존 작업 파일의 해상도 값을 입력

3 리샘플링 옵션을 '최단입점(명확한 가장자리)'로 설정

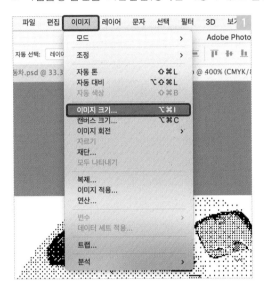

tip

이 과정에서 리샘플링 옵션을 다른 항목으로 설정할 경우 이미지가 뿌옇게 흐려집니다. 억지로 해상도를 올리는 과정에서 이미지가 깨지는 것이죠. 하지만 '최단입점(명확한 가장자리)' 옵션을 고를 경우 이미지가 깨지지 않습니다. 비트맵 연출은 흰색과 검은색만 쓰기에 일반적인 사진과 달리 픽셀 가장자리의 구분이 명확합니다. 그래서 해당 옵션을 통해 '명확한 가장자리'를 인식하여 현재의 모양 그대로 해상도를 높일 수 있죠.

08 기존의 작업 창으로 돌아갑니다.

1 [Ctrl]+[S]를 눌러 스마트 오브젝트의 변경 사항 저장
2 스마트 오브젝트 창 닫기

09 모양을 정리하기 위해, 비트맵 레이어를 원본 레이어로 클리핑 마스크를 씌웁니다.

1 [Alt]를 누른 채로 두 레이어의 경계선을 클릭

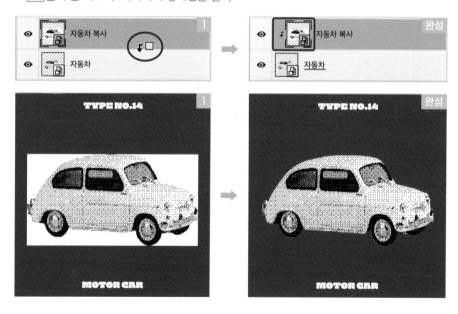

10 비트맵 레이어의 블렌딩 모드를 변경하여 원본 레이어와 섞어 줍니다.

1 비트맵 레이어 위쪽의 '표준'을 클릭
2 '선형 번' 모드를 선택

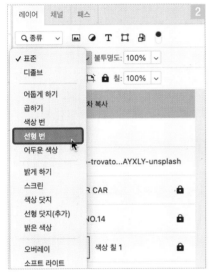

작업노트

✦ 다양한 비트맵의 모양

이미지를 비트맵 모드로 변경할 때, 해상도와 '사용' 옵션을 어떻게 설정하느냐에 따라 비트맵 연출이 달라집니다.

먼저 해상도의 경우, 1처럼 너무 낮은 해상도는 이미지의 형체를 알아볼 수 없게 만들기 때문에 추천하지 않습니다. 최소한 10 이상의 해상도를 추천합니다. 반대로 이미지를 거의 깨뜨리지 않고 비트맵 특유의 질감만 입히고 싶다면 기존의 해상도 값을 그대로 입력합니다.

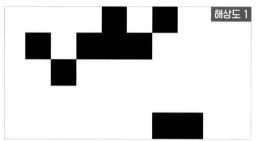

다음은 '사용' 옵션입니다. 해상도가 이미지를 얼마나 깨뜨릴지를 정한다면, '사용' 옵션은 어떤 모양의 입자를 사용해서 이미지를 깨뜨릴지를 정합니다. 각 옵션마다 개성이 뚜렷하기 때문에 취향에 따라 자유롭게 설정해 주세요(다음 예시 이미지들의 해상도는 30ppi입니다).

50% 한계값

패턴 디더

확산 디더

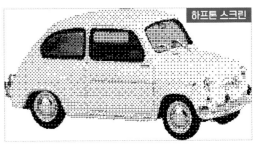

하프톤 스크린

하프톤

색의 변화를 망점으로 표현하기

하프톤은 작은 점을 통해 색의 변화를 표현하는 기법을 의미합니다. 필터 갤러리 기능으로 이미지에 하프톤을 입히고 활용하는 방법을 알아봅니다. 먼저 이미지를 복사하고, 필터 갤러리 기능으로 이미지에 하프톤 필터를 입힙니다. 필터 작업이 끝나면, 선택 도구를 이용하여 하프톤의 검은색 영역의 누끼를 땁니다. 마지막으로 원본 이미지에 단색을 칠하고, 하프톤 누끼를 엇갈리게 배치합니다.

스킬 필터 갤러리, 자동 선택 도구, 클리핑 마스크
폰트 Dystopian Black (어도비 폰트)
색상 청록색 #048b73 / 흰색 #ffffff / 검은색 #000000
난이도 ★★★★☆
예제파일 15아프로.psd, 수프캔.psd

▌ 만들기

01 '15아프로.psd' 파일을
엽니다.

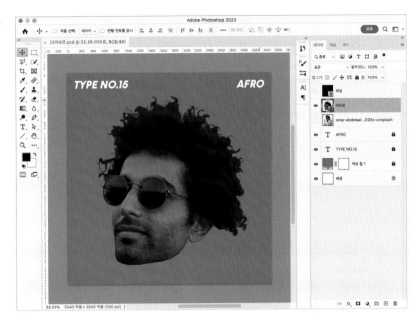

02 사진 레이어를 복사합니다.

1 레이어 창에서 '아프로' 레이어를 선택

2 Ctrl + J 를 눌러 복사

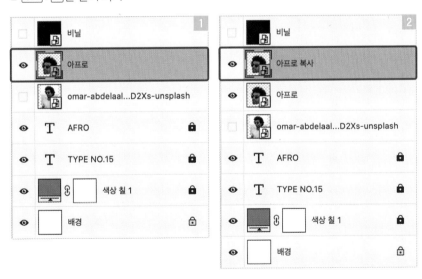

03 조정 기능으로 복사한 레이어의 밝기와 대비를 다듬어 줍니다.

1 [이미지 - 조정 - 레벨] 메뉴를 클릭

2 검은색, 회색, 흰색 칩을 움직여서 밝기와 대비 다듬기

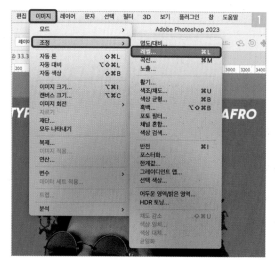

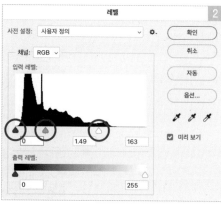

tip

하프톤은 망점으로 색이 변화하는 과정을 표현하는 기법이기 때문에, 이미지가 너무 어둡거나 대비가 강해서 색의 경계선이 뚜렷하다면 하프톤이 잘 표현되지 않습니다. 때문에 하프톤이 잘 보이게 하려면, 이미지의 색감이 밝고 대비가 낮아서 색의 변화가 부드럽게 이어지는 구성이어야 좋습니다.

04 복사한 레이어에 필터 갤러리 효과를 줍니다.

1 [필터 - 필터 갤러리] 메뉴를 클릭

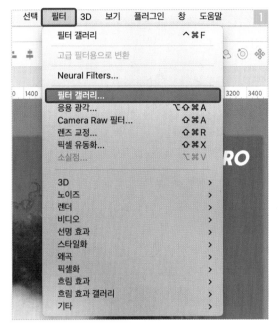

tip

필터 갤러리 효과는 RGB 색상 모드에서만 사용할 수 있습니다.

05 사진에 하프톤 필터를 입힙니다.

1 [스케치 효과 - 하프톤 패턴] 필터를 선택
2 패턴 유형을 '점'으로 설정
3 크기와 대비 값을 조정

06 조정이 끝나면 '확인'을 눌러 창을 닫아 줍니다.

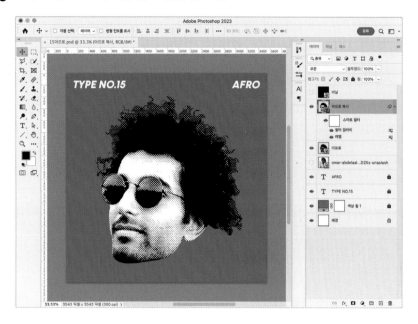

07 하프톤 레이어에서 검은색 영역의 누끼를 땁니다.

1 툴바에서 [자동 선택 도구] 선택
2 옵션바 '인접' 체크를 해제
3 작업 화면에서 검은색 영역을 클릭
4 Ctrl+J를 눌러 누끼 따기
5 레이어 창에서 하프톤 레이어의 눈 끄기

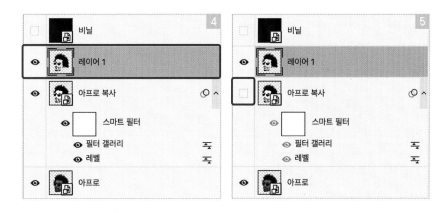

08 원본 사진 레이어를 칠하기 위해, 흰색 조정 레이어를 만듭니다.

1 레이어 창 하단에서 [조정 레이어 - 단색] 메뉴를 클릭

2 흰색으로 지정

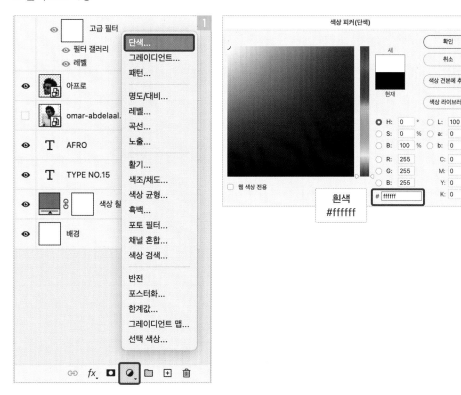

흰색
#ffffff

09 흰색 조정 레이어를 원본 사진 레이어로 클리핑 마스크를 씌웁니다.

1 흰색 조정 레이어를 원본 사진 레이어의 위에 두기
2 [Alt]를 누른 채로 두 레이어의 경계선을 클릭

10 하프톤 누끼와 원본 사진이 엇갈리도록 위치를 조정합니다.

1 툴바에서 [이동 도구] 선택
2 레이어 창에서 하프톤 누끼 레이어를 선택
3 방향키를 눌러 누끼를 왼쪽 위로 이동

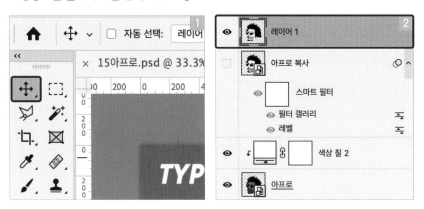

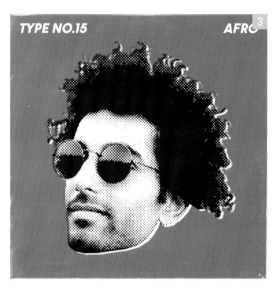

TYPE NO.15   AFRO³

tip

이처럼 하프톤 레이어의 누끼를 딴 다음 원본 이미지와 엇갈리도록 배치하면 레트로한 느낌을 줄 수 있습니다. 오래된 프린터에서 이미지의 실루엣과 색이 살짝 어긋나게 인쇄된 것처럼 보이기 때문이죠.

11 비닐 레이어의 눈을 켜 줍니다.

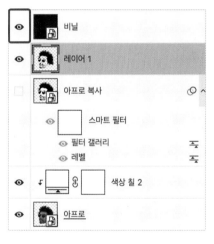

12 '비닐' 레이어의 블렌딩 모드를 변경하여 디자인에 질감을 입힙니다.

1 레이어 창에서 비닐 레이어를 선택
2 비닐 질감 레이어 위의 '표준' 클릭
3 '스크린' 모드를 선택

작업노트

✦ 디자인 전체에 하프톤 입히기

디자인 전체에 하프톤을 입히려면 어떻게 해야 할까요? 레이어 병합과 블렌딩 모드를 활용하면 배경과 이미지에 동시에 하프톤 효과를 입힐 수 있습니다. '수프캔.psd' 파일을 통해 구체적인 과정을 살펴보겠습니다.

먼저 배경과 이미지를 병합합니다.

1 [Ctrl]을 누른 채로 그레이디언트 칠 레이어와 사진 레이어를 선택
2 [Ctrl]+[J]를 눌러 레이어를 복사
3 [Ctrl]+[E]를 눌러 레이어를 병합

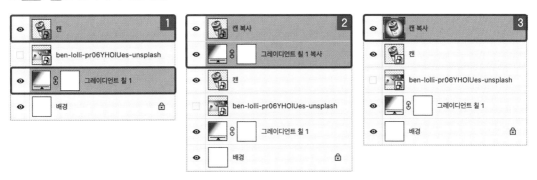

다음으로, 병합한 이미지를 스마트 오브젝트로 변환합니다.

1 병합한 레이어를 우클릭
2 '스마트 오브젝트로 변환'을 클릭

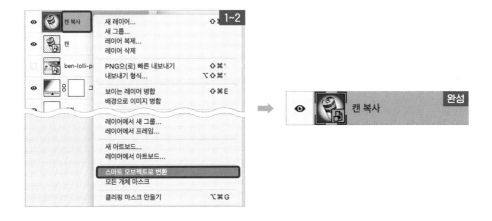

이제 레이어에 하프톤 필터를 입힐 준비가 끝났습니다. 스마트 오브젝트 레이어에 필터 갤러리 효과
를 입힙니다.

1 [필터 - 필터 갤러리] 메뉴를 클릭

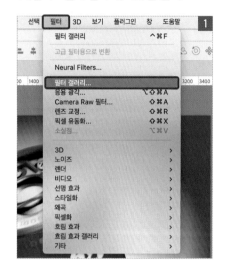

필터 폴더에서 하프톤 패턴 필터를 선택하고, 옵션을 다듬어 줍니다.

1 [스케치 효과 - 하프톤 패턴] 필터를 선택
2 패턴 유형을 '점'으로 설정
3 크기와 대비 수치를 조정

tip

 을 누르면 미리보기 화
면에 이미지 전체가 보이도록
세팅됩니다.

조정이 끝나면 '확인' 버튼을 눌러 창을 닫아 줍니다.

[필터 갤러리 - 하프톤 패턴] 효과를 사용하기 전, 툴바 하단에 있는 사각형(전경색/배경색)의 색을 기본값으로 세팅해 주세요. 왼쪽 아래의 작은 아이콘을 누르면 사각형의 색을 검은색, 흰색으로 세팅할 수 있습니다.

필터 갤러리에는 하프톤 패턴처럼 예시 이미지가 흑백으로 보이는 필터들이 있습니다. 이 필터들은 툴바 하단의 사각형, 즉 전경색과 배경색의 영향을 받습니다. 배경색이 노란색이면 필터를 입힌 이미지의 배경도 노란색이 되는 식이지요.

하지만 이렇게 되면 나중에 이미지의 색을 자유롭게 다루기가 어렵습니다. 때문에 전경색과 배경색을 기본값으로 세팅하여 필터를 입힌 결과물이 흑백 이미지가 되도록 만들고, 여기에 매핑 효과를 활용하여 색을 입히는 것을 권장합니다.

▶ 매핑의 원리와 자세한 활용 방법은 〈11.매핑〉에서 확인할 수 있습니다.

이제 마지막 과정입니다. 하프톤 레이어의 블렌딩 모드를 변경하여 기존 디자인과 섞어 줍니다.

1 하프톤 레이어 위쪽의 '표준'을 클릭
2 '오버레이' 모드를 선택

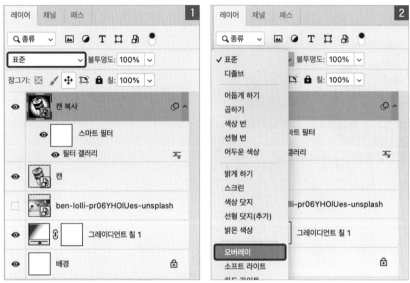

✦ 색상 하프톤

필터 갤러리 외에도 이미지에 하프톤을 입히는 방법이 있습니다. 바로 '색상 하프톤' 필터를 이용하는 것이죠. 작업 방식은 필터 갤러리와 같습니다. 스마트 오브젝트 레이어에 필터 갤러리 대신 [필터 – 픽셀화 – 색상 하프톤] 메뉴를 클릭한다는 점만 다릅니다.

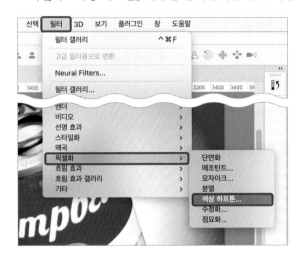

필터를 입힌 이후에 블렌딩 모드를 바꾸는 작업까지 마무리하면, 아래와 같은 이미지가 완성됩니다. 필터 갤러리의 결과물과 비슷하죠?

색상 하프톤을 다루는 팁이 있습니다. 4가지 색의 하프톤이 같은 각도로 정렬될 수 있도록 스크린 각도를 통일하는 것입니다. 45도, 60도, 90도 등 원하는 각도로 스크린 각도를 동일하게 설정하고, 최대 반경 값을 통해 하프톤의 입자 크기를 조절해 주세요.

TYPE NO.16 열기구

단색
흑백 이미지에 포인트 색 입히기

흑백 이미지에 한 가지 색을 입히는 단색 연출에 대해 알아봅니다. 먼저 사진에 흑백 효과를 입힙니다. 그런 다음 포인트 색을 입히고 싶은 부분을 확인합니다. 확인이 끝나면 원하는 부분의 누끼를 따고, 색조/채도 기능으로 누끼 레이어의 색감을 다듬어 줍니다. 같은 방법으로 흑백 연출을 다듬고 싶은 부분을 확인한 뒤, 누끼를 따서 흑백 효과를 새로 입힙니다.

스킬 흑백, 빠른 선택 도구, 스마트 오브젝트, 색조/채도
폰트 Noh 소리체 (어도비 폰트)
색상 파란색 #0a70b7 / 흰색 #ffffff
난이도 ★★★☆
예제파일 16열기구.psd, 산.jpg

만들기

01 '16열기구.psd' 파일을
엽니다.

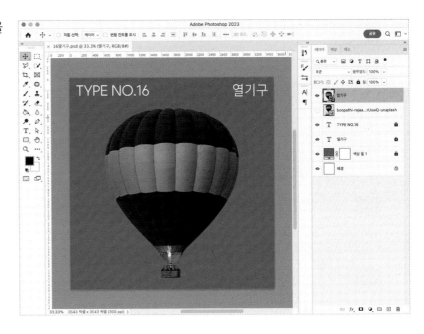

02 사진 레이어에 흑백 효과를 입힙니다.

1 [이미지 - 조정 - 흑백] 메뉴 클릭
2 빨강, 노랑 계열의 수치를 조정

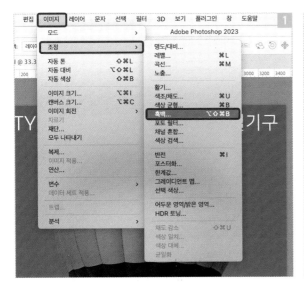

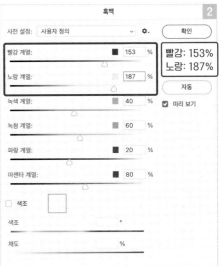

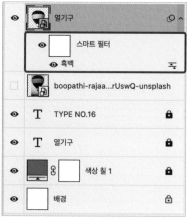

'빨강 계열' 수치를 조절하면 이미지의 빨간 부분이 밝아지거나 어두워집니다. 이미지의 색에 맞춰 각 색상 수치를 조절하며 원하는 느낌의 흑백 이미지를 만들어 보세요.

흑백 효과는 RGB 모드에서만 사용할 수 있습니다. CMYK 모드에서 이미지를 흑백으로 만들고 싶을 경우, '그레이디언트 맵' 효과를 활용해 보세요.

1 [이미지 – 조정 – 그레이디언트 맵] 메뉴 클릭
2 그라데이션 띠 클릭
3 그라데이션 띠의 양 끝 컬러칩을 더블 클릭
4 각각 검은색, 흰색으로 지정
5 컬러칩의 위치를 조절하며 흑백 연출 다듬기

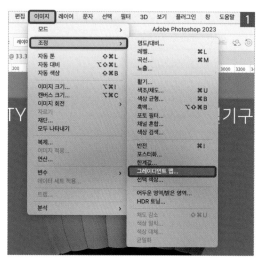

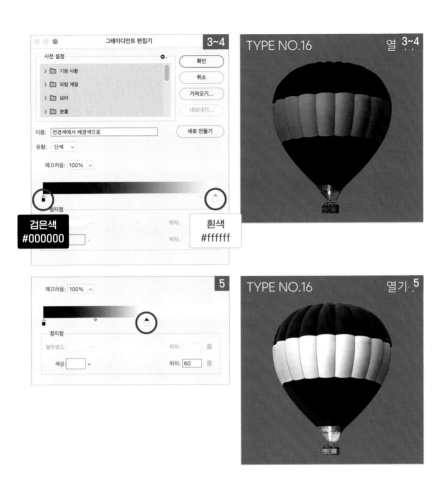

03 색을 입히고 싶은 부분을 확인한 다음, 사진 레이어의 흑백 효과를 꺼 줍니다.

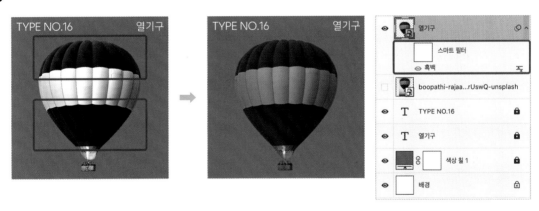

04 색을 입힐 부분의 누끼를 땁니다.

1 툴바에서 [빠른 선택 도구]를 선택

2 색을 입힐 부분을 클릭해서 선택 영역 잡기

3 Ctrl + J 를 눌러서 누끼 따기

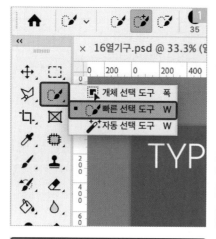

<hr>

툴바에서 [빠른 선택 도구] 아이콘이 보이지 않는다면 사진 속 아이콘 위치를 우클릭해 주세요. 숨어 있는 선택 도구들을 찾을 수 있습니다.

05 누끼 레이어를 스마트 오브젝트로 변환합니다.

1 레이어 창에서 누끼 레이어를 우클릭
2 '스마트 오브젝트로 변환'을 클릭

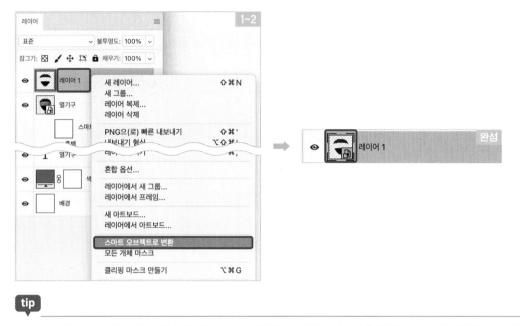

tip

스마트 오브젝트가 아닌 일반 레이어인 상태로 색조/채도 효과를 입히면 작업이 여러 단계 진행된 후에 효과를 되돌리거나 수치를 다듬어 줄 수 없습니다.

06 원본 사진 레이어의 흑백 효과를 켜 줍니다.

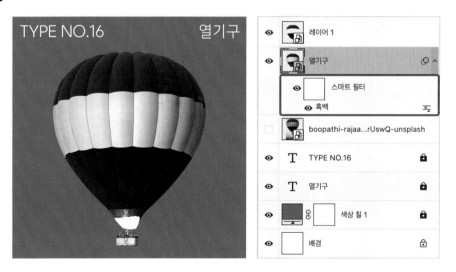

07 누끼 레이어를 원하는 색감으로 다듬어 줍니다.

1 레이어 창에서 누끼 레이어 선택

2 [이미지 - 조정 - 색조/채도] 메뉴 클릭

3 색상화 체크

4 수치를 조정하며 원하는 색감 찾기

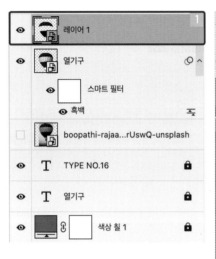

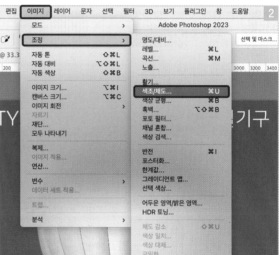

색조: 28
채도: 86
밝기: 36

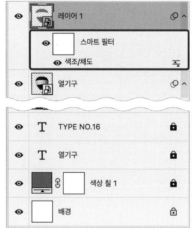

08 흑백 연출을 다듬고 싶은 부분을 확인한 다음, 원본 레이어의 흑백 효과와 누끼 레이어를 꺼 줍니다.

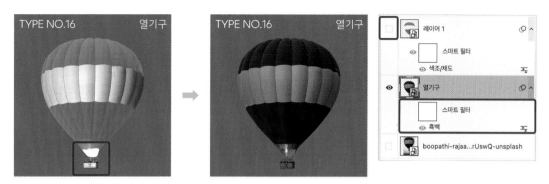

09 다듬고 싶은 부분의 누끼를 땁니다.

1 툴바에서 [빠른 선택 도구] 선택
2 연출을 다듬고 싶은 부분을 클릭
3 Ctrl + J 를 눌러 누끼 따기

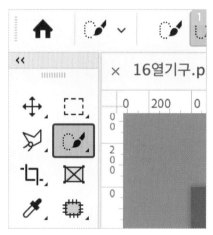

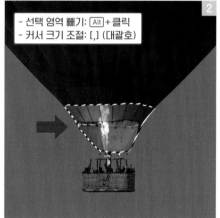

- 선택 영역 빼기: Alt + 클릭
- 커서 크기 조절: [,] (대괄호)

10 누끼 레이어를 스마트 오브젝트로 변환합니다.

1 레이어 창에서 누끼 레이어를 우클릭

2 '스마트 오브젝트로 변환'을 클릭

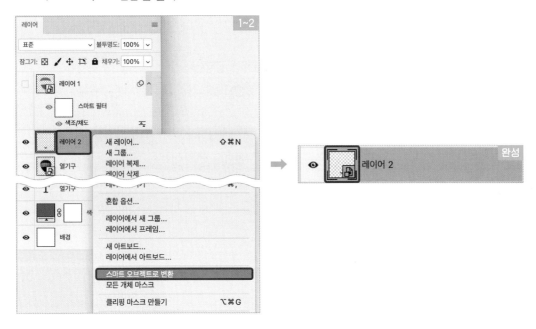

11 원본 레이어의 흑백 효과와 누끼 레이어를 켜 줍니다.

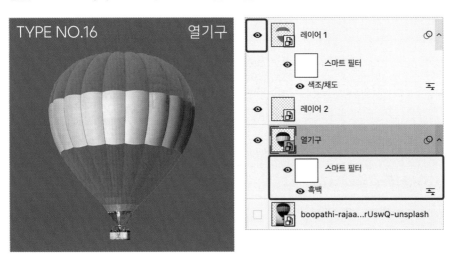

12 두 번째 누끼 레이어를 맨 위로 올립니다.

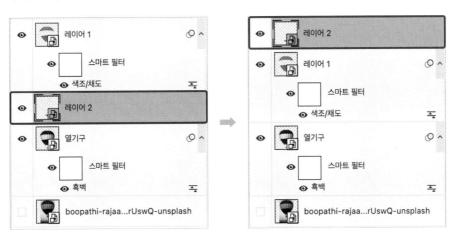

13 두 번째 누끼 레이어에 흑백 효과를 입힙니다.

1 [이미지 - 조정 - 흑백] 메뉴 클릭
2 빨강, 노랑 계열의 비율 조정

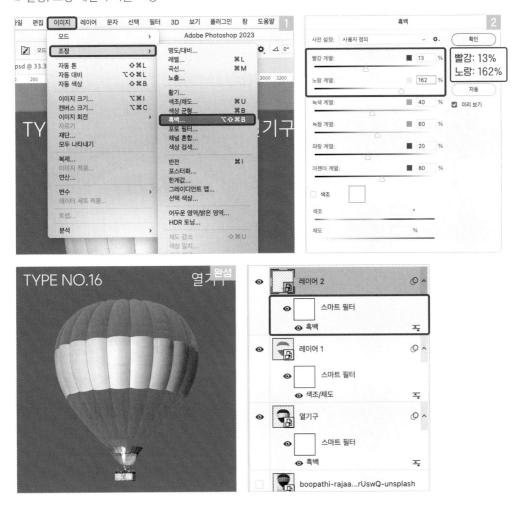

14 단색 연출에 쓰인 레이어들을 그룹으로 묶어 줍니다.

1 Ctrl을 누른 채로 연출에 쓰인 레이어들을 클릭
2 Ctrl + G를 눌러 그룹으로 묶기

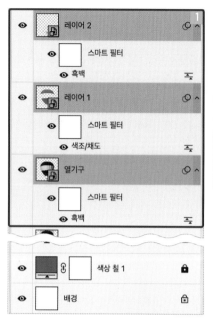

15 조정 레이어로 이미지의 대비를 다듬어 줍니다.

1 레이어 창 하단에서 [조정 레이어 - 레벨] 메뉴를 클릭
2 검은색, 회색, 흰색 슬라이더를 조정하며 대비 다듬기
3 속성 창 하단에서 '클리핑 마스크' 버튼 클릭

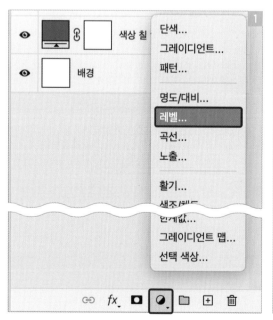
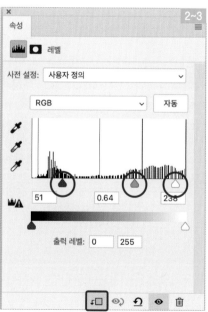

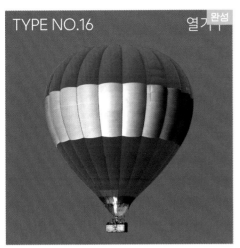

16 조정 레이어로 이미지의 색감을 다듬어 줍니다.

1 레이어 창 하단에서 [조정 레이어 - 색조/채도] 메뉴를 클릭

2 수치를 조정하며 색감 다듬기

3 속성 창 하단에서 '클리핑 마스크' 버튼 클릭

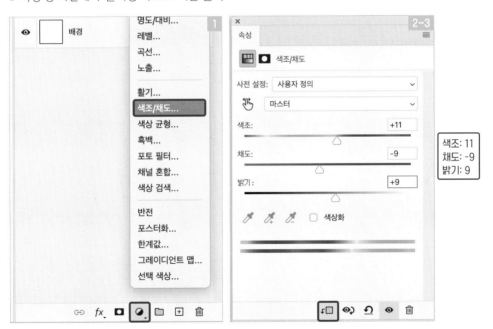

색조: 11
채도: -9
밝기: 9

TYPE NO.16

열기구

완성

			색조/채도 1
👁	↳ 📊 🔗 ⬜		레벨 1
👁	↳ 📈 🔗 ⬜		
👁	› 📁 그룹 1		
☐	🎈	boopathi-rajaa...rUswQ-unsplash	
👁	T	TYPE NO.16	🔒
👁	T	열기구	🔒
👁	⬛ 🔗 ⬜	색상 칠 1	🔒
👁	⬜	배경	🔒

작업노트

✦ 색상 범위

'색상 범위' 기능을 이용하면 이미지의 특정 색 영역의 누끼를 딸 수 있습니다. 이렇게 하면 '빠른 선택 도구'로는 잡기 어려운 누끼를 따서 부드러운 느낌의 단색 이미지를 연출할 수 있죠. 산 이미지를 예시로 색상 범위 기능을 이용한 단색 연출을 알아보겠습니다.

전체적인 과정은 앞서 알아본 〈만들기〉 내용과 같지만, [빠른 선택 도구]가 아닌 [색상 범위] 메뉴를 이용해서 누끼를 딴다는 점이 다릅니다.

tip

[파일 - 열기] 메뉴를 누르고 '산.jpg' 이미지를 선택하면 사진의 사이즈 그대로 새 작업 창을 만들 수 있습니다.

우선 [선택 – 색상 범위] 메뉴를 클릭해서 색상 범위 창을 열어 줍니다.

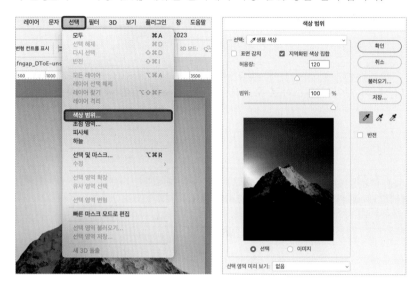

그런 다음, 작업 화면에서 선택 영역으로 잡고 싶은 색을 클릭합니다. 그러면 '색상 범위' 창에 내가 클릭한 곳과 유사한 색들이 흰색으로 표시되죠. 흰색 영역은 '이만큼 선택 영역으로 잡을까요?'라는 의미입니다.

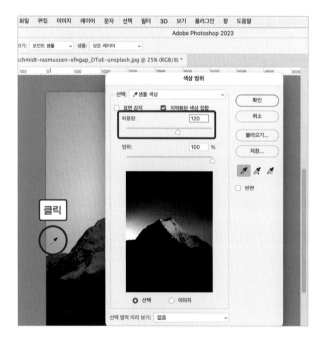

다음으로 '허용량'을 조절합니다. 허용량은 클릭한 곳과 비슷한 색을 허용해서 너그럽게 잡을지, 엄격하게 같은 색만 잡을지를 정하는 수치입니다. 허용량을 늘렸다 줄였다 하며 내가 원하는 선택 영역을 찾아 나갑니다.

확인을 누르면 아래와 같이 선택 영역이 잡힙니다. [Ctrl]+[J]를 눌러서 누끼를 따고 나면, 〈만들기〉 (5)번과 똑같이 작업합니다. 누끼 레이어를 스마트 오브젝트로 변환하고, '색조/채도' 기능으로 색감을 다듬어 주는 거죠.

작업 과정을 마치면 흑백 이미지에 분홍색으로 포인트 컬러를 입힌 단색 연출이 완성됩니다.

✦ 두 가지 단색 연출

'색조/채도'의 '색상화' 버튼을 이용하면 이미지에 일괄적으로 색이 입혀집니다. 흑백과 단색이 공존하는 것이 아닌, 이미지 전체가 한 가지 색상으로 칠해지는 것이죠. 한 가지 톤으로 이미지 전체를 정리하고 싶을 때 쓰기 좋은 방법입니다.

'색조/채도'만 활용한
단색 연출

'흑백', 누끼를 활용한
단색 연출

이에 비해 '흑백' 기능과 누끼를 활용하면 흑백과 단색이 공존하는 연출을 만들 수 있습니다. 색상화를 이용한 단색 연출과 달리 특정 색이 더욱 도드라져 보이죠. 이러한 방법은 흑백을 기반으로 확실하게 포인트 색을 강조하고 싶을 때 사용하기 좋습니다.

이중노출

한 프레임 안에 두 이미지 노출시키기

레이어 마스크를 이용하여 한 프레임 안에 두 개의 이미지가 동시에 보이는 이중노출 기법에 대해 알아봅니다. 먼저 메인 이미지와 그 속에 넣을 서브 이미지를 준비합니다. 그런 다음 서브 이미지를 메인 이미지로 클리핑 마스크를 씌워 줍니다. 마지막으로 레이어 마스크를 통해 서브 이미지의 일부를 지워 두 이미지가 한 프레임 안에 함께 보이도록 합니다.

스킬 클리핑 마스크, 레이어 마스크, 브러시
폰트 Rough Love (어도비 폰트)
색상 노란색 #ebaf26 / 검은색 #000000
난이도 ★★★☆☆
예제파일 17네이처.psd

만들기

01 '17네이처.psd' 파일을
엽니다.

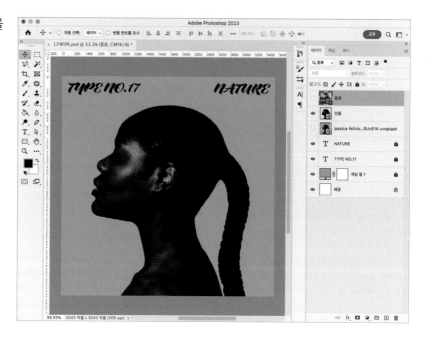

02 풍경 레이어를 인물 레이어로 클리핑 마스크를 씌웁니다.

   1 풍경 레이어의 눈 켜기

   2 `Alt`를 누른 채로, 두 레이어의 경계선을 클릭

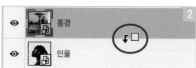

03 풍경 레이어에 레이어 마스크를 씌웁니다.

  1 레이어 창에서 풍경 레이어를 선택

  2 레이어 창 하단에서 '레이어 마스크 만들기' 버튼 클릭

04 인물의 얼굴 앞 부분이 보이도록, 풍경 레이어의 마스크에 검은색 브러시를 칠합니다.

  1 레이어 창에서 '풍경' 레이어의 마스크 선택

  2 툴바에서 [브러시 도구] 선택

  3 전경색을 검은색으로 설정

  4 작업 화면에 우클릭

  5 브러시 종류를 '부드러운 원'으로 설정

  6 브러시로 얼굴 앞 부분을 칠하기

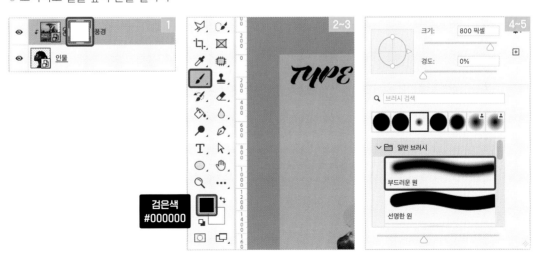

▶ 이해를 돕기 위한 이미지로, 실제 작업에서는 브러시 칠이 보이지 않습니다.

이 과정에서 브러시가 선명하게 칠해지지 않는다면 두 가지를 확인해 주세요. 첫 번째로, 브러시의 색이 완전한 검은색(#000000)이 맞는지 코드를 체크합니다. 색을 고르는 창에서 색의 정확한 코드를 볼 수 있습니다.

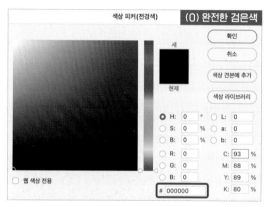

두 번째로, 옵션바에서 브러시의 불투명도가 100%인지 확인해 주세요. 브러시 작업 중에 실수로 숫자 키를 누르면 브러시가 투명해집니다. 예를 들어, 숫자 5를 누르면 불투명도가 50%로 설정됩니다.

05 조정 기능을 이용하여 인물 이미지의 대비를 다듬어 줍니다.

1 레이어 창에서 인물 레이어를 선택

2 [이미지 - 조정 - 밝기/대비] 메뉴를 클릭

3 수치를 조정하여 대비 다듬기

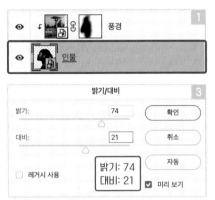

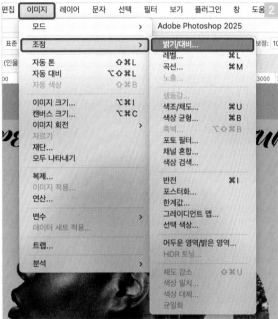

06 같은 방법으로 풍경 이미지의 대비를 다듬어 줍니다.

1 레이어 창에서 풍경 레이어를 선택

2 [이미지 - 조정 - 밝기/대비] 메뉴를 클릭

3 수치를 조정하여 대비 다듬기

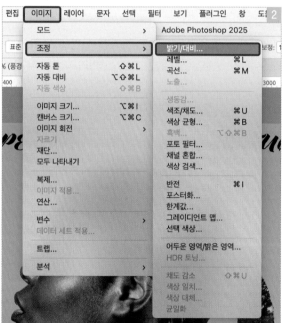

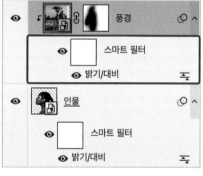

작업노트

✦ 비파괴적 편집

레이어의 일부를 지우고 싶을 때 두 가지 방법을 사용할 수 있습니다. 첫 번째는 레이어를 래스터화한 다음, 지우개 도구로 일부를 지우는 방법입니다. 두 번째는 레이어에 마스크를 씌운 다음, 검은색 브러시를 칠하는 방법이죠.

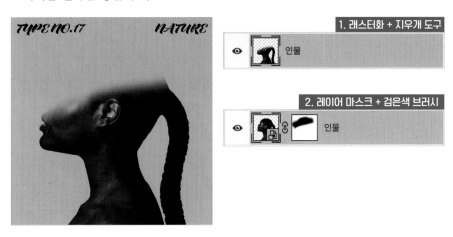

두 가지 방법의 가장 큰 차이는 언제든 수정이 가능한지의 여부입니다. 레이어를 래스터화한 다음에 지우개 도구를 사용하면 작업이 쌓인 이후에 레이어를 원상복구할 수 없습니다. 레이어의 썸네일을 보면 원본 레이어 자체가 지워진 것을 볼 수 있죠.

이에 비해 레이어 마스크를 사용하면 언제든 레이어를 원래대로 되돌리거나 수정할 수 있습니다. 텍스트 레이어의 경우 텍스트의 내용이나 폰트를 수정할 수도 있습니다. 레이어의 썸네일을 보면 원본 레이어가 지워지지 않고 그대로 보존된 것을 볼 수 있죠.

이처럼 언제든 수정이 가능하도록 작업하는 것을 '비파괴적 편집'이라고 부릅니다. 레이어에 효과를 입히기 전에 스마트 오브젝트로 포장하거나, 레이어를 지우기 전에 마스크를 씌워서 언제든 원본으로 되돌릴 수 있도록 하는 작업 방식이 모두 비파괴적 편집의 일종이죠. 래스터화나 병합을 하기 전에 원본을 하나 복사해 두는 습관 역시 마찬가지입니다.

포토샵은 글자나 사진, 도형 등의 요소들을 변형하고 편집하는 데에 특화되어 있습니다. 그래서 포토샵으로 다채로운 작업을 하려면 비파괴적 편집 방식을 통해 수정이 가능하도록 작업하는 것이 중요합니다. 레이어를 자르고, 뒤틀고, 효과를 입히며 자유롭게 연출을 실험하고, 마음에 들지 않을 때는 언제든 원상태로 레이어를 되돌리며 나만의 스타일을 찾아가는 것이죠.

팝 아웃

프레임에서 사진이 튀어나오는 연출

레이어 마스크를 이용하여 사진이 프레임 밖으로 튀어나오는 연출을 만듭니다. 먼저 사진을 넣을 프레임과 튀어나올 사진을 배치합니다. 그런 다음 프레임의 선택 영역을 활성화하고, 사진에 레이어 마스크를 씌웁니다. 이렇게 사진을 프레임 모양에 맞춰 자른 뒤, 마지막으로 레이어 마스크에서 튀어나오게 할 부분을 흰색 브러시로 칠합니다.

스킬 선택 영역, 레이어 마스크, 브러시
폰트 Proxima Nova Extrabold (어도비 폰트)
색상 하늘색 #1d81ac / 흰색 #ffffff
난이도 ★★★★☆
예제파일 18매직.psd

만들기

01 '18매직.psd' 파일을 엽니다.

02 모자 입구의 누끼를 땁니다.

1 레이어 창에서 모자 레이어 선택
2 툴바에서 [빠른 선택 도구]를 선택
3 작업 화면을 클릭해서 선택 영역 잡기
4 Ctrl + J 를 눌러서 누끼 따기

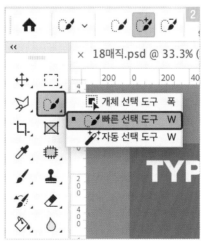

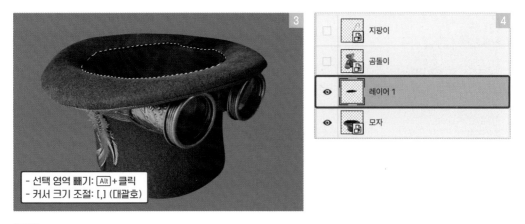

- 선택 영역 빼기: Alt + 클릭
- 커서 크기 조절: [,] (대괄호)

툴바에서 [빠른 선택 도구] 아이콘이 보이지 않는다면 사진 속 아이콘 위치를 우클릭해 보세요. 숨어 있는 선택 도구들을 찾을 수 있습니다.

03 누끼 레이어의 선택 영역을 활성화합니다.

1 Ctrl 을 누른 채로 누끼 레이어의 썸네일 클릭

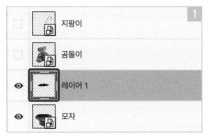

04 곰돌이 레이어에 레이어 마스크를 씌웁니다.

1 레이어 창에서 곰돌이 레이어의 눈 켜기
2 곰돌이 레이어 선택
3 레이어 창 하단에서 '레이어 마스크 만들기' 버튼 클릭

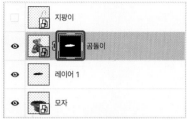

tip

선택 영역이 잡힌 상태에서 레이어 마스크를 만들면, 레이어가 선택 영역 모양으로 잘립니다.

05 곰돌이의 윗부분이 보이도록, 레이어 마스크에 흰색 브러시를 칠합니다.

1 레이어 창에서 '곰돌이' 레이어의 마스크 선택

2 툴바에서 [브러시 도구] 선택

3 전경색을 흰색으로 지정

4 작업 화면에 우클릭

5 브러시의 종류를 '선명한 원'으로 설정

6 브러시로 곰돌이의 윗부분을 칠하기

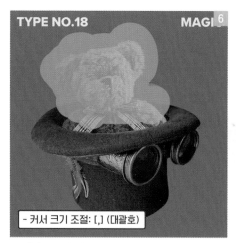

▶ 이해를 돕기 위한 이미지로, 실제 작업에서는 브러시 칠이 보이지 않습니다.

이 과정에서 브러시가 선명하게 칠해지지 않는다면 두 가지를 확인해 주세요. 첫 번째로, 브러시의 색이 완전한 흰색(#ffffff)이 맞는지 코드를 체크합니다. 색을 고르는 창에서 색의 정확한 코드를 볼 수 있습니다.

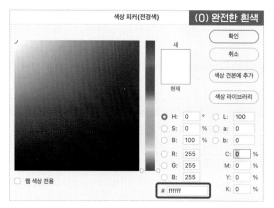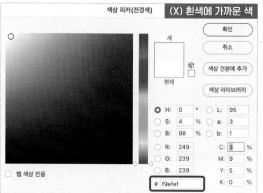

두 번째로, 옵션바에서 브러시의 불투명도가 100%인지 확인해 주세요. 브러시 작업 중에 실수로 숫자 키를 누르면 브러시가 투명해집니다. 예를 들어, 숫자 5를 누르면 불투명도가 50%로 설정됩니다.

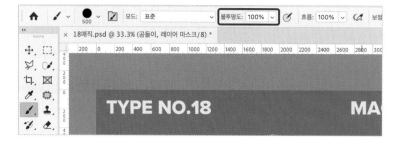

06 위의 (3)~(5)를 반복하며 지팡이가 모자 속에서 튀어 나오도록 만듭니다.

1 Ctrl을 누른 채로 누끼 레이어의 썸네일 클릭

2 지팡이 레이어를 켠 뒤, 레이어 마스크 씌우기

3 흰색 브러시로 지팡이의 윗부분을 칠하기

▶ 이해를 돕기 위한 이미지로, 실제 작업에서는 브러시 칠이 보이지 않습니다.

07 그림자를 그리기 위해 새 레이어를 만듭니다.

1 레이어 창 하단에서 '새 레이어 만들기' 버튼을 클릭

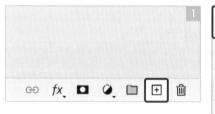

08 새 레이어를 곰돌이 레이어로 클리핑 마스크를 씌웁니다.

1 새 레이어를 곰돌이 레이어 위에 배치
2 Alt 를 누른 채로, 두 레이어의 경계선을 클릭

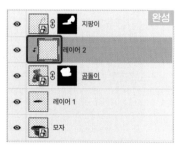

09 검은색 브러시로 그림자를 그립니다.

1 툴바에서 [브러시 도구] 선택
2 전경색을 검은색으로 지정
3 작업 화면에 우클릭
4 브러시의 종류를 '부드러운 원'으로 설정
5 브러시를 포물선으로 드래그하여 그림자 그리기

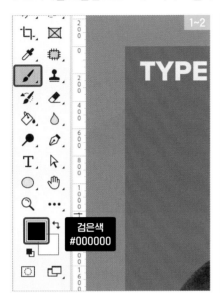

10 그림자 레이어의 블렌딩 모드를 바꿔서 사진에 자연스럽게 섞어 줍니다.

1 그림자 레이어 위쪽의 '표준'을 클릭
2 '곱하기' 모드를 선택

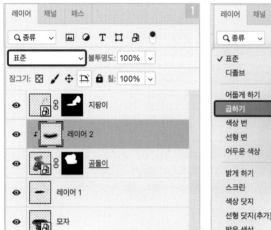
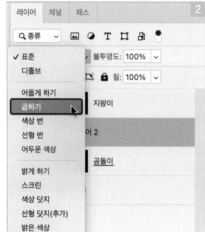

11 그림자 레이어의 불투명도를 조절하여 그림자를 부드럽게 만듭니다.

12 완성한 그림자를 복사해서 지팡이로 클리핑 마스크를 씌웁니다.

1 Ctrl+J를 눌러서 그림자 레이어를 복사
2 복사한 레이어를 지팡이 레이어 위에 배치
3 Alt를 누른 채로, 두 레이어의 경계선을 클릭

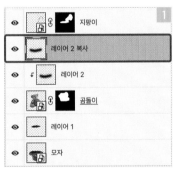  

13 조정 레이어로 디자인 전체의 대비를 다듬어 줍니다.

1 레이어 창 하단에서 [조정 레이어 - 밝기/대비] 메뉴를 클릭
2 수치를 조정하며 대비 다듬기

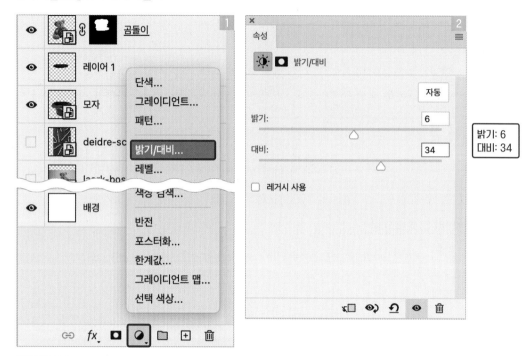

밝기: 6
대비: 34

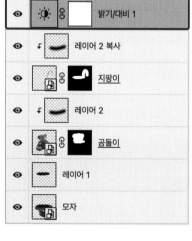

작업노트

✦ 선택 영역

선택 영역은 레이어에 종속되지 않습니다. 모자 레이어에서 잡은 선택 영역은 곰돌이를 다듬을 때도 쓸 수 있고, 지팡이를 다듬을 때도 쓸 수 있죠. 이 점을 이해하면 선택 영역을 다양한 작업에 활용할 수 있습니다.

곰돌이의 몸통을 모자 안으로 넣을 때, 지우개를 써서 곰돌이의 몸통을 지우면 손의 흔들림 때문에 단면이 울퉁불퉁해질 수 있습니다. 이때 지우개 대신 모자 구멍의 선택 영역을 활용하면 경계선을 깔끔하게 정리할 수 있습니다.

선택 영역은 브러시 작업에도 유용하게 쓰입니다. 선택 영역이 잡힌 상태에서 브러시를 칠하면 브러시가 영역 안에만 칠해집니다. 브러시로 어떤 모양의 그림자를 그리고 싶다면 선택 영역을 활용해 보세요.

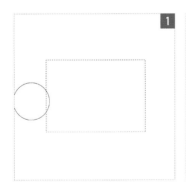

겹치기
여러 이미지의 색을 겹치기

블렌딩 모드를 이용하여 이미지의 색을 겹치게 만드는 방법에 대해 알아봅니다. 먼저 이미지를 흑백 처리한 후, 색상 오버레이 기능으로 원하는 색을 입힙니다. 같은 방법으로 단색 처리한 이미지를 여러 개 만든다음, 완성한 레이어들을 서로 겹치도록 배치합니다. 마지막으로 각 레이어의 블렌딩 모드를 변경하여 이미지의 색이 겹치도록 합니다.

스킬 색상 오버레이, 블렌딩 모드
폰트 Mudstone Sans Black (어도비 폰트)
색상 베이지색 #eee5d3 / 주황색 #f08520 / 하늘색 #20ade1 / 초록색 #60a832 / 검은색 #000000
난이도 ★★★☆☆
예제파일 19고스트.psd, 19고스트(BLACK).psd, 정렬연습.psd

만들기

01 '19고스트.psd' 파일을
엽니다.

02 '고스트1' 레이어에 한계값 효과를 입힙니다.

1 레이어 창에서 '고스트1' 레이어 선택
2 [이미지 - 조정 - 한계값] 메뉴를 클릭
3 한계값 레벨 수치를 조정

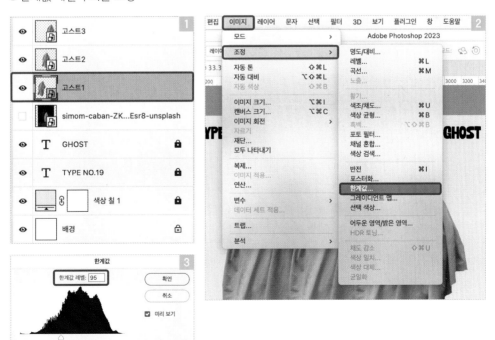

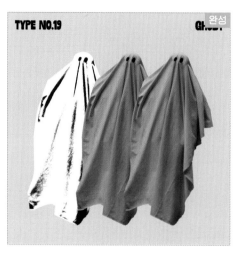

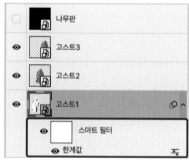

03 색상 오버레이 기능으로 '고스트1' 레이어에 색을 입힙니다.

1 '고스트1' 레이어의 이름 옆 빈 곳을 더블 클릭

2 레이어 스타일 창 왼쪽에서 '색상 오버레이' 메뉴 이름을 클릭

3 색상 박스를 클릭하여 원하는 색으로 설정

4 혼합 모드를 '곱하기'로 변경

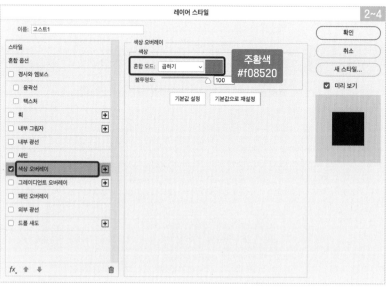

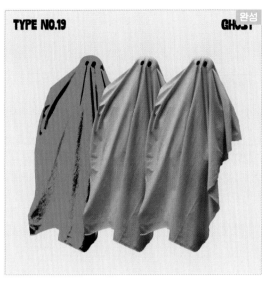

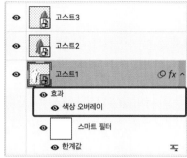

04 '고스트2' 레이어에 한계값 효과를 입힙니다.

1 Alt 를 누른 채로, '한계값' 효과를 '고스트2' 레이어로 드래그

2 Alt 를 누른 채로, '색상 오버레이' 효과를 '고스트2' 레이어로 드래그

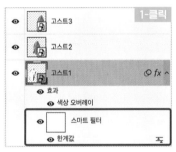

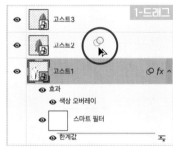

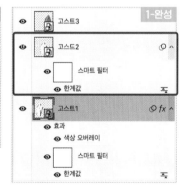

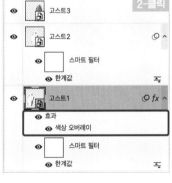

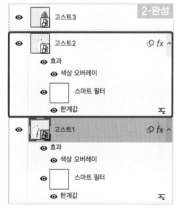

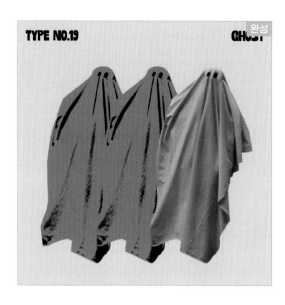

05 같은 방법으로 두 효과를 '고스트3' 레이어에 복사합니다.

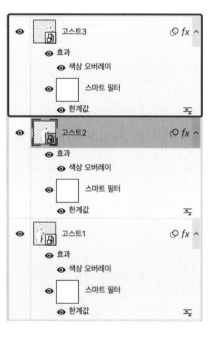

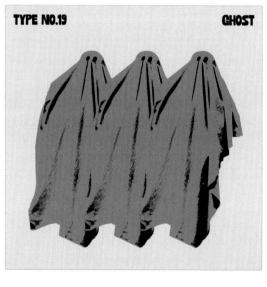

06 '고스트2' 레이어의 색을 바꿉니다.

1 '고스트2' 레이어의 색상 오버레이 효과를 더블 클릭
2 색상 박스 클릭하여 원하는 색으로 설정

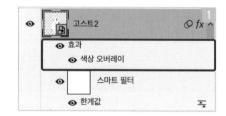

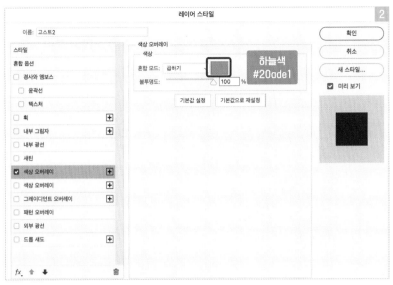

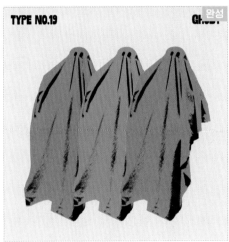

07 같은 방법으로 '고스트3' 레이어의 색을 바꿉니다.

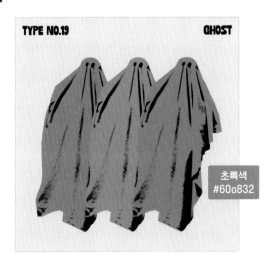

08 고스트 레이어 3개의 블렌딩 모드를 변경하여 색이 겹치도록 만듭니다.

1 Ctrl를 누른 채로, 고스트 레이어를 모두 선택
2 나무판 레이어 위쪽의 '표준'을 클릭
3 '곱하기' 모드를 선택

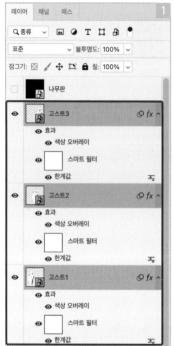 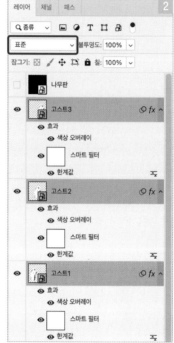 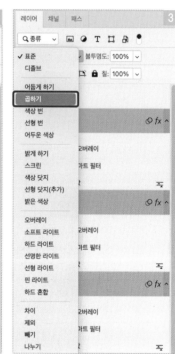

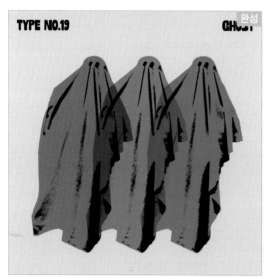

09 '나무판' 레이어의 눈을 켭니다.

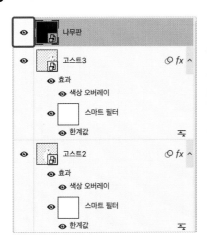 

10 '나무판' 레이어의 블렌딩 모드를 변경하여 디자인에 질감을 입힙니다.

1 레이어 창에서 나무판 레이어를 선택
2 나무판 레이어 위쪽의 '표준' 클릭
3 '스크린' 모드를 선택

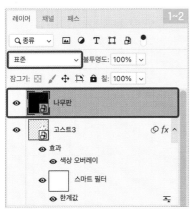 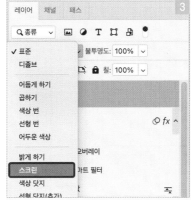

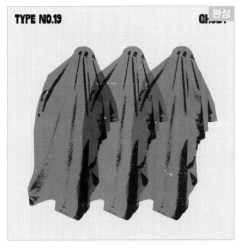

11 '나무판' 레이어의 불투명도를 낮춰 질감을 연하게 만듭니다.

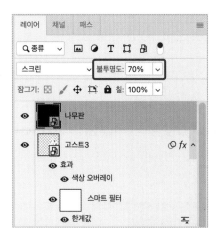

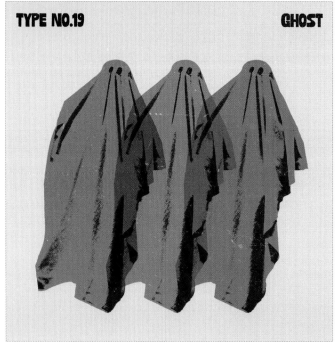

작업노트

✦ 어두운 배경

겹치기 연출을 만들 때 어두운 배경을 사용하면 이미지들이 배경색에 먹혀 보이지 않게 됩니다. '곱하기' 블렌딩 모드를 사용하면 겹친 색들 중에 어두운 색을 우선해서 보여 주기 때문이죠. 이럴 때는 레이어들을 병합해 주면 색을 겹친 연출을 모양 그대로 살릴 수 있습니다. '19고스트(BLACK).psd' 파일을 통해 함께 살펴볼까요?

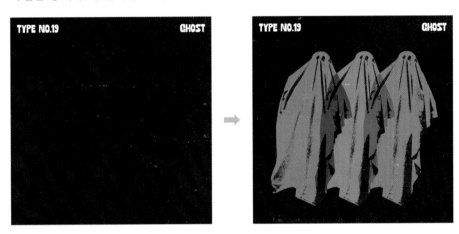

먼저 겹친 레이어들을 모두 복사합니다. 레이어들을 병합하기 전에, 언제든 연출을 수정할 수 있도록 원본을 남겨 두는 것이죠.

1 Ctrl 을 누른 채로 고스트 레이어들을 모두 선택

2 Ctrl + J 를 눌러 레이어 복사

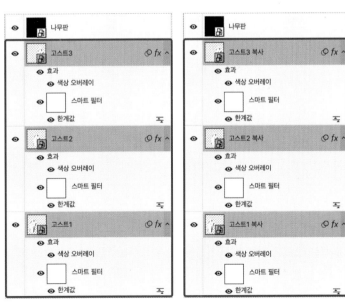

그런 다음 Ctrl+E를 눌러 레이어들을 병합합니다. 그러면 어두운 배경에 먹혀서 보이지 않던 연출이 다시 보이게 되죠. 블렌딩 모드를 바꾸면 연출 자체가 달라지게 되니, 어두운 배경 위에 색을 겹치게 할 때는 이처럼 레이어를 병합하는 방식을 사용하면 좋습니다.

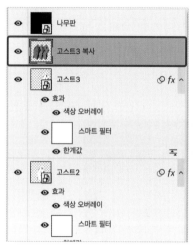

✦ 레이어 정렬하기

겹치기 연출의 핵심은 레이어를 두 개 이상 배치하는 것입니다. 그렇기 때문에 레이어를 일정한 간격으로 나란히 정렬하는 것이 중요합니다. '정렬 연습.psd' 파일을 통해 레이어 3개를 어떻게 정렬하는지 자세히 알아볼까요?

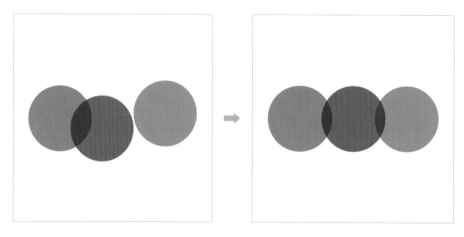

우선 Ctrl 을 누른 채로 정렬할 레이어들을 모두 선택합니다.

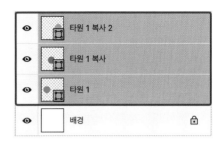

다음으로 툴바에서 [이동 도구]를 선택합니다.

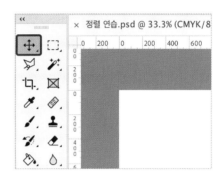

이제 레이어를 정렬할 준비가 끝났습니다. 가장 먼저 세 원이 같은 신상에 놓이도록 해 봅시다. 옵션 바에서 '위쪽 가장자리 맞춤' 버튼을 눌러 주세요. 그러면 들쭉날쭉 배치되어 있던 레이어가 한 줄로 나란히 정렬됩니다.

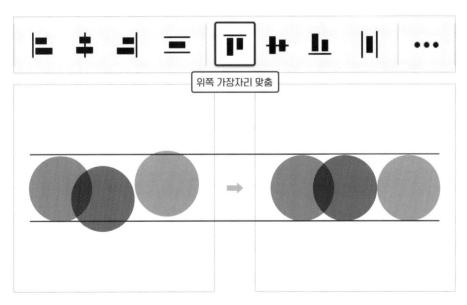

다음으로 레이어의 간격을 일정하게 만들어볼까요? 옵션바에서 '가로로 분포' 버튼을 누르면 원 세 개가 같은 간격으로 정렬됩니다.

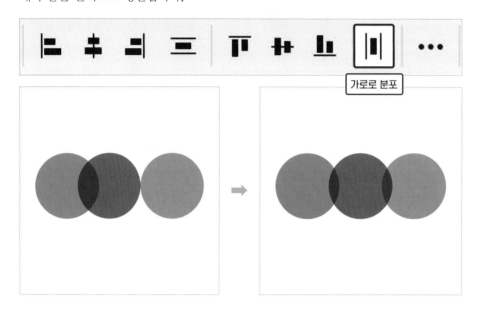

마지막으로 세 원을 화면의 가운데에 놓아 봅시다. 이번 정렬은 앞서 알아본 방법들과 조금 다릅니다. 만약 지금 상태에서 '가운데 정렬' 버튼을 누르면 세 원이 모두 화면의 가운데로 모이게 됩니다. 이렇게 되면 원 세 개가 한데 섞여서 의도하지 않은 모양이 나오죠.

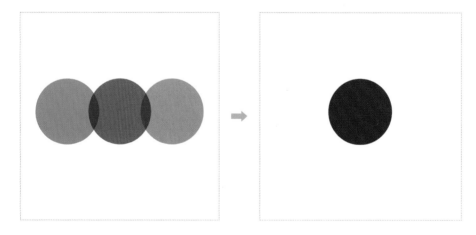

그럼 원 3개가 겹친 모양 그대로 화면 가운데에 정렬하려면 어떻게 해야 할까요? 바로 레이어를 그룹으로 묶어 주는 것입니다. 레이어들이 선택된 상태 그대로 Ctrl + G 를 눌러서 정렬할 레이어들을 그룹으로 묶습니다.

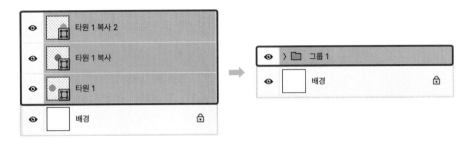

다음으로 Ctrl 을 누른 채로 배경 레이어를 선택합니다. 배경 레이어를 기준으로 원을 가운데에 놓기 위해, 기준이 될 레이어를 추가로 선택하는 작업입니다.

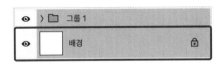

이제 모든 준비가 끝났습니다. 마지막으로 '가로, 세로 가운데 정렬' 버튼을 누르면 세 원이 서로 겹친 모양 그대로 화면 가운데로 정렬이 됩니다. 여러 개의 레이어를 모양 그대로 정렬할 때는 이처럼 레이어 그룹화를 활용하면 좋습니다.

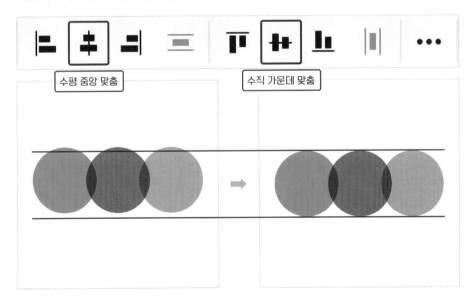

찢기

이미지의 일부를 종이처럼 찢기

브러시를 이용하여 찢어진 종이처럼 만드는 방법을 알아봅니다. 먼저 이미지에 레이어 마스크를 씌웁니다. 그런 다음 찢어진 종이 모양의 브러시를 이용하여 이미지의 일부가 찢어진 것처럼 지워 줍니다. 다음으로 이미지의 찢어진 단면 뒤에 종이 질감 이미지를 덧댑니다.

스킬 레이어 마스크, 브러시, 개체 선택 도구, 색상 범위
폰트 Cadogan regular (어도비 폰트)
색상 검은색 #000000 / 흰색 #ffffff
난이도 ★★★★☆
예제파일 20밤바다psd, TornPaperBrushes.abr, 강아지.psd

만들기

01 '20밤바다.psd' 파일을 엽니다.

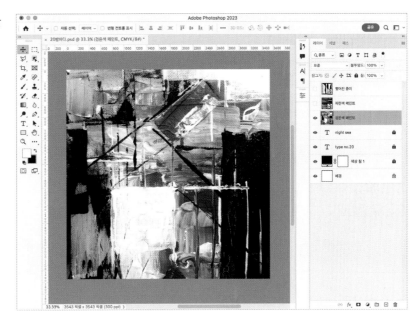

02 '검은색 페인트' 레이어에 레이어 마스크를 씌웁니다.

1 레이어 창에서 '검은색 페인트' 레이어 선택
2 레이어 창 맨 아래에서 '레이어 마스크 만들기' 버튼 클릭

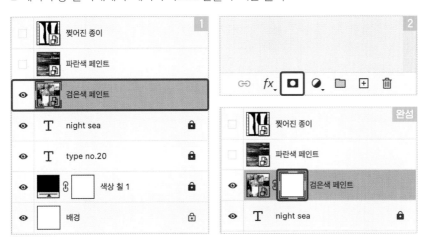

03 'Torn Paper' 브러시를 새로 불러옵니다.

1 툴바에서 [브러시 도구] 선택
2 옵션바에서 '브러시 설정' 버튼 클릭
3 오른쪽 위 톱니바퀴 버튼을 누른 뒤, '브러시 가져오기' 클릭
4 'Torn Paper Brushes' 파일을 선택

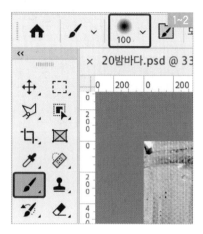

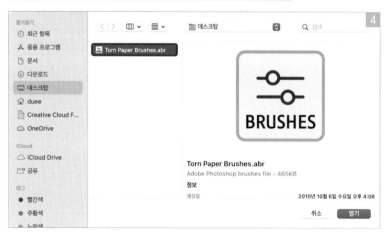

04 'Torn Paper' 1번 브러시를 선택합니다.

1 'Torn Paper Brushes' 폴더 왼쪽의 화살표를 클릭해서 폴더 열기
2 '01.psd' 브러시를 선택

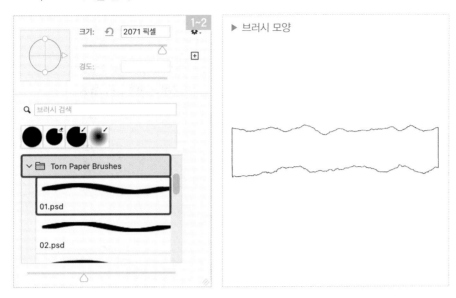

05 브러시를 검은색으로 설정합니다.

1 툴바 하단의 전경색을 더블 클릭
2 검은색으로 설정

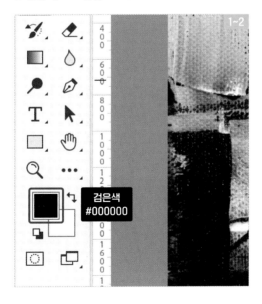

06 이미지가 찢어진 것처럼 보이도록, 레이어 마스크에 검은색 브러시를 찍어 줍니다.

　1　레이어 창에서 '검은색 페인트' 레이어의 마스크를 선택

　2　옵션바에서 각도를 15도로 설정

　3　브러시의 크기를 조정한 다음, 작업 화면을 클릭

　▶ 브러시 크기 조정: [,] (대괄호)

07 브러시를 칠한 곳의 아래를 검은색으로 마저 칠해 줍니다.

08 '파란색 페인트' 레이어에 레이어 마스크를 씌웁니다.

   1 레이어 창에서 '파란색 페인트' 레이어를 켠 뒤 선택

   2 레이어 창 맨 아래에서 '레이어 마스크 만들기' 버튼 클릭

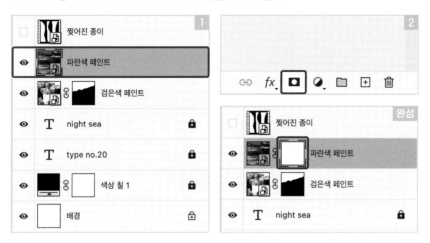

09 '파란색 페인트' 레이어의 마스크 전체에 검은색을 칠합니다.

   1 레이어 창에서 '파란색 페인트' 레이어의 마스크를 선택

   2 Alt + Back Space 를 눌러서 검은색 칠하기

tip

Alt + Back Space 를 누르면 빈 레이어에 전경색을 칠할 수 있습니다.

10 'Torn Paper' 6번 브러시를 선택합니다.

1 작업 화면에 우클릭

2 '06.psd' 브러시를 선택

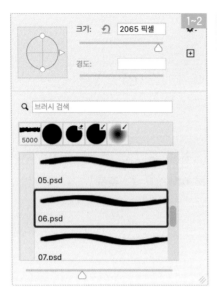
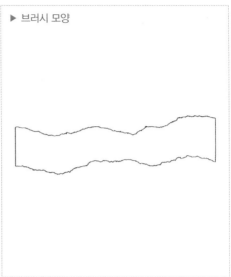

11 브러시를 흰색으로 설정합니다.

1 툴바 하단의 전경색을 더블 클릭

2 흰색으로 설정

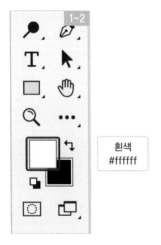

흰색
#ffffff

12 찢어진 모양이 나타나도록, 레이어 마스크에 흰색 브러시를 찍어 줍니다.

1 레이어 창에서 '파란색 페인트' 레이어의 마스크를 선택

2 옵션바에서 각도를 9도로 설정

3 브러시의 크기를 조정한 다음, 작업 화면을 클릭

▶ 브러시 크기 조정: [,] (대괄호)

13 브러시를 칠한 곳의 아래를 흰색으로 마저 칠해 줍니다.

14 오른쪽 아래가 찢어진 것처럼 보이도록, 레이어 마스크에 검은색 브러시를 찍어 줍니다.

1 전경색을 검은색으로 설정

2 옵션바에서 각도를 22도로 설정

3 브러시의 크기를 조정한 다음, 작업 화면을 클릭

▶ 브러시 크기 조정: [,] (대괄호)

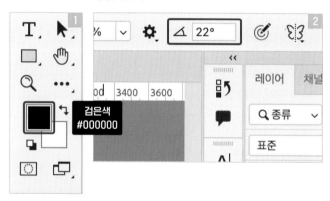

15 '찢어진 종이' 레이어에서, 첫 번째 종이의 누끼를 땁니다.

1 레이어 창에서 '찢어진 종이' 사진 레이어를 켠 뒤 선택

2 툴바에서 [개체 선택 도구]를 클릭

3 첫 번째 종이를 클릭해서 선택 영역 잡기

4 [Ctrl]+[J]를 눌러 누끼 따기

5 다시 레이어 창에서 '찢어진 종이' 사진 레이어 끄기

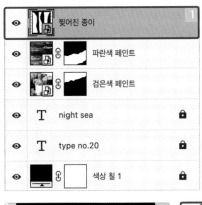 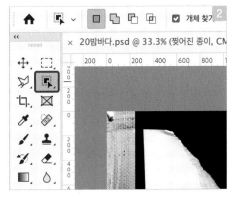

 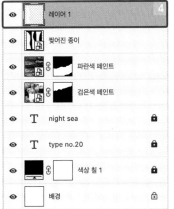 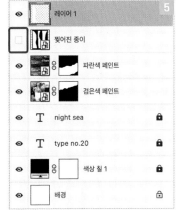

 tip

툴바에서 [개체 선택 도구] 아이콘이 보이지 않는다면 사진 속 아이콘 위치를 우클릭해 보세요. 숨어 있는 선택 도구를 찾을 수 있습니다.

tip

예시 이미지처럼 개체가 자동으로 인식되지 않는다면 옵션바의 '개체 찾기 도구' 옵션이 켜져 있는지 확인해 주세요.

16 누끼 레이어를 '검은색 페인트'의 밑부분에 덧댑니다.

1 누끼 레이어를 '검은색 페인트' 아래로 내리기
2 Ctrl + T 눌러서 변형 컨트롤 표시
3 컨트롤 바깥을 드래그하여 레이어 회전시키기
4 원하는 크기로 커다랗게 키우기

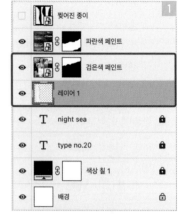

17 누끼 레이어를 복사해서 '파란색 페인트'의 윗부분에 덧댑니다.

1 Ctrl + J 를 눌러서 누끼 레이어를 복사
2 Ctrl + T 를 눌러서 변형 컨트롤 표시
3 컨트롤 바깥을 드래그하여 레이어 회전시키기
4 원하는 크기로 커다랗게 키우기

18 '찢어진 종이' 레이어에서, 세 번째 종이의 누끼를 땁니다.

1 레이어 창에서 '찢어진 종이' 사진 레이어를 켠 뒤 선택

2 툴바에서 [개체 선택 도구]를 클릭

3 세 번째 종이를 클릭해서 선택 영역 잡기

4 Ctrl + J 를 눌러 누끼 따기

5 다시 레이어 창에서 '찢어진 종이' 사진 레이어 끄기

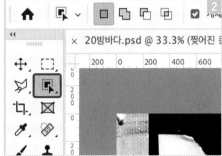

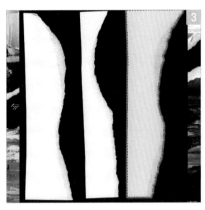

19 누끼 레이어를 '파란색 페인트' 레이어의 밑부분에 덧댑니다.

1 누끼 레이어를 '검은색 페인트' 아래로 내리기

2 Ctrl+T를 눌러서 변형 컨트롤 표시

3 컨트롤 바깥을 드래그하여 레이어 회전시키기

4 원하는 크기로 커다랗게 키우기

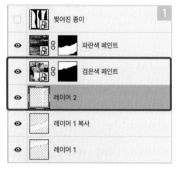

20 '검은색 페인트' 레이어를 복사한 뒤, 종이 누끼 레이어의 아래로 내립니다.

1 레이어 창에서 '검은색 페인트' 레이어를 클릭

2 Ctrl+J를 눌러서 복사

3 복사한 레이어를 종이 누끼 레이어 아래로 내리기

21 'Torn Paper' 1번 브러시를 선택합니다.

1 툴바에서 [브러시 도구] 선택

2 옵션바에서 '브러시 설정' 버튼 클릭

3 '01.psd' 브러시를 선택

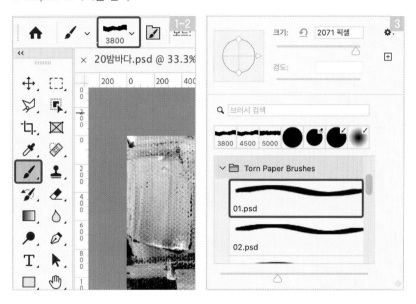

22 복사한 레이어의 모양이 나타나도록, 레이어 마스크에 흰색 브러시를 찍어 줍니다.

1 레이어 창에서 '검은색 페인트 복사' 레이어의 마스크를 선택

2 전경색을 흰색으로 설정

3 브러시의 크기를 조정한 다음, 작업 화면을 클릭

▶ 브러시 크기 조정: [,] (대괄호)

23 원본 레이어와 연속된 이미지로 보이지 않도록, 복사한 레이어의 크기를 키웁니다.

1 '검은색 페인트 복사' 레이어의 고리를 클릭하여 마스크 연결 끊기

2 '검은색 페인트 복사' 레이어의 썸네일을 클릭

3 Ctrl + T 를 눌러 변형 컨트롤 표시

4 레이어의 크기와 위치를 조정

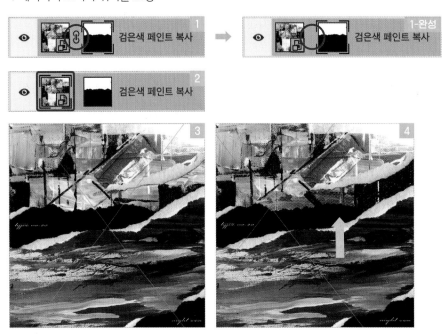

tip

과정 (24)부터는 종이 누끼 레이어의 검은색 잔상을 다듬는 작업입니다. 이미지를 찢은 단면에 덧댄 종이를 자세히 보면, 원본 이미지의 검은색 배경이 남아 있는 것을 볼 수 있습니다.

24 '레이어1'과 배경 레이어만 남기고, 나머지 레이어의 눈을 끕니다.

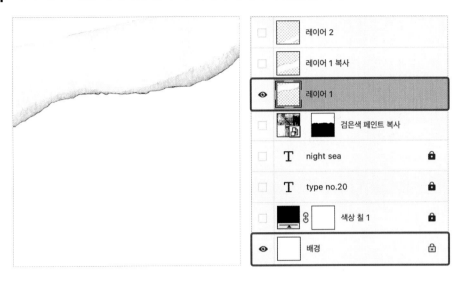

25 '레이어1'에 마스크를 씌워 줍니다.

1 레이어 창에서 '레이어1'을 선택

2 레이어 창 맨 아래에서 '레이어 마스크 만들기' 버튼 클릭

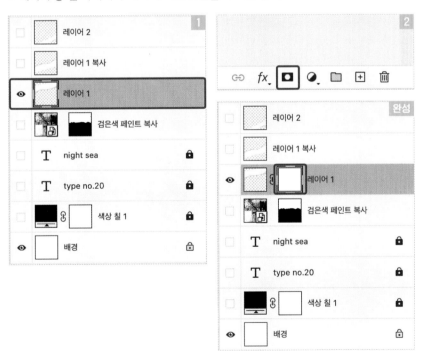

26 '색상 범위' 기능으로 검은색 잔상을 지웁니다.

1 레이어 창에서 '레이어 1'의 마스크 선택

2 [선택 - 색상 범위] 메뉴 선택

3 '반전' 항목에 체크

4 검은색 잔상을 클릭

5 미리보기 화면을 보며 허용량을 조절

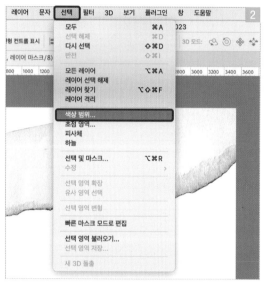

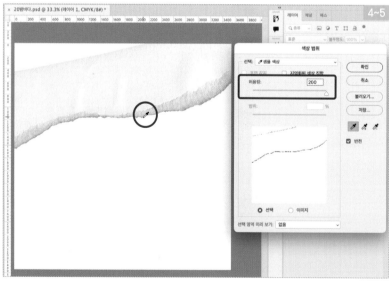

tip

레이어 마스크가 선택된 상태에서 '색상 범위' 기능을 사용하면 클릭한 색
상만 보이도록 세팅됩니다. '반전' 버튼을 누르면 클릭한 색상만 보이지 않
게 세팅됩니다.

27 누끼 정리가 끝나면 연출에 쓰인 레이어들을 다시 켜 줍니다.

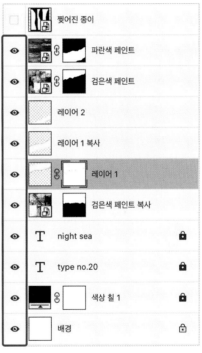

작업노트

✦ 레이어와 마스크의 연결

레이어와 마스크는 기본적으로 서로 연결되어 있습니다. 레이어를 이동시키면 마스크도 함께 이동합니다. 때문에 마스크는 그대로 둔 채 레이어만 조정하고 싶다면, 레이어와 마스크 사이의 고리 버튼을 눌러 연결을 해제해 주어야 합니다.

예를 들어, 아래 이미지 속 원 모양의 연출은 그대로 유지한 채로, 강아지의 전체 모습이 아니라 발을 강조하려면 어떻게 해야 할까요? 레이어와 마스크의 연결을 끊고 사진의 크기를 조정하면 됩니다. '강아지.psd' 파일을 통해 구체적인 과정을 알아보겠습니다.

먼저, 레이어의 썸네일과 마스크 사이에 있는 고리 모양을 클릭합니다. 이렇게 하면 본 레이어와 마스크의 연결을 끊을 수 있습니다.

다음으로 강아지의 발만 보이도록 레이어의 크기와 위치를 조정합니다. 이때 실수로 레이어 대신 마스크를 조정하지 않도록 유의합니다.

1 레이어 창에서 '강아지 사진'의 썸네일 클릭
2 Ctrl+T를 눌러 변형 컨트롤 표시
3 원하는 크기와 위치로 조절

21 상자

22 패스

23 회전

24 씨디

25 밴드

26 구부리기

27 그리기

28 고리

29 패턴

30 픽셀

3

SHAPE

대부분의 도형 작업은 일러스트레이터에서 작업하는 것이 유용합니다. 하지만 스킬을 적절하게 활용하면 포토샵만의 독특한 도형 작업이 가능하죠. 직접 디자인의 주인공이 되거나 조연으로서 다른 요소를 꾸미는 등, 다방면으로 활용할 수 있는 셰이프를 만들어 봅니다.

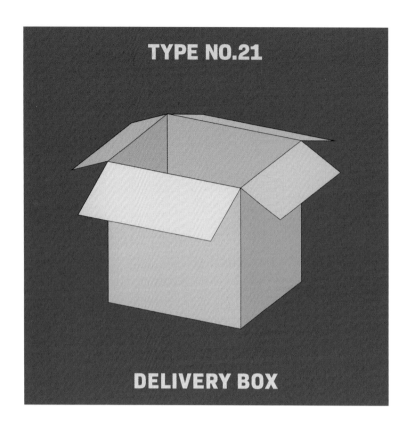

상자

사각형으로 육면체 만들기

사각형으로 육면체 모양의 상자를 만들어 봅니다. 먼저 사각형 하나를 스마트 오브젝트로 변환합니다. 그런 다음 사각형을 기울여서 육면체의 앞면이 되도록 배치합니다. 이 앞면을 복사하고 기울여서 육면체의 옆면을 만듭니다. 같은 방식으로 뒷면, 윗면을 만듭니다. 이렇게 면을 모두 완성하면 각 면에 원하는 색을 칠하며 마무리합니다.

스킬 스마트 오브젝트, 자유 변형, 스냅
폰트 Bio Sans Extrabold(어도비 폰트)
색상 연노랑색 #ffe8a5 / 바다색 #166183
난이도 ★★★☆☆
예제파일 21택배상자.psd

만들기

01 '21택배상자.psd' 파일을 엽니다.

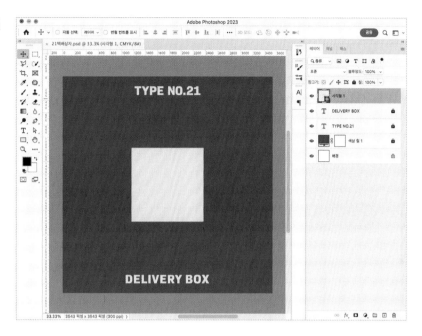

02 사각형 레이어를 스마트 오브젝트로 변환합니다.

1 레이어 창에서 사각형 레이어를 우클릭
2 '스마트 오브젝트로 변환'을 클릭

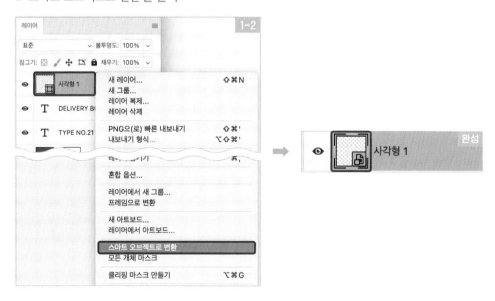

일반적인 레이어는 모양을 조정할 때 변형 컨트롤이 무조건 직사각형으로 표시됩니다. 레이어를 기울이면 레이어와 변형 컨트롤의 모양이 어긋나게 되고, 정확한 조정을 하기 어려워지죠. 사각형을 기울이기 전에 미리 스마트 오브젝트로 변환해 주면 이러한 문제를 해결할 수 있습니다. 스마트 오브젝트 레이어는 원근감을 주거나 기울일 때 변형 컨트롤의 모양이 레이어의 모양에 맞춰 표시되기 때문입니다.

03 사각형에 테두리를 입힙니다.

1 사각형 레이어 이름 옆의 빈 곳을 더블 클릭
2 레이어 스타일 창 왼쪽에서 '획' 메뉴 이름을 클릭
3 획의 위치를 '안쪽'으로 설정
4 획의 크기와 색을 설정

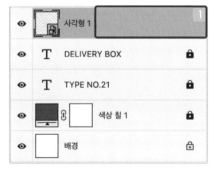

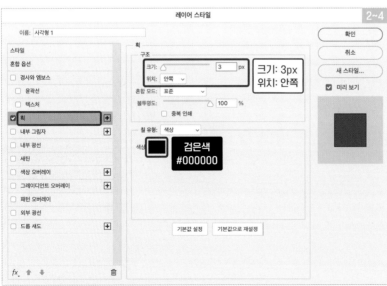

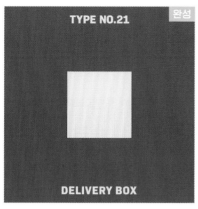

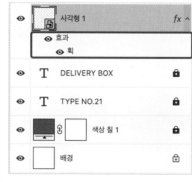

04 사각형을 기울여서 상자의 앞면을 만듭니다.

1 Ctrl + T 를 눌러 변형 컨트롤 표시
2 Ctrl 을 누른 채로, 오른쪽 가운데 점을 드래그

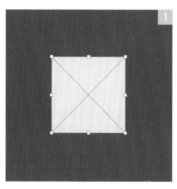

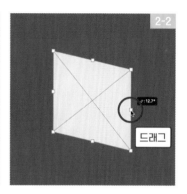

05 앞면을 복사해서 상자의 오른쪽 면을 만듭니다.

1 Ctrl + J 를 눌러 앞면 레이어를 복사
2 Ctrl + T 를 눌러 변형 컨트롤 표시
3 Ctrl 을 누른 채로, 왼쪽 가운데 점을 드래그

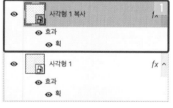

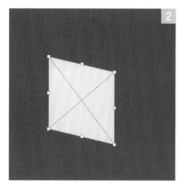

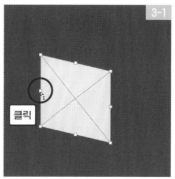

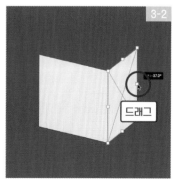

06 상자가 가운데에 오도록 위치를 조정합니다.

1 Ctrl을 누른 채로 사각형 레이어를 모두 선택
2 툴바에서 [이동 도구]를 선택
3 상자를 가운데로 드래그

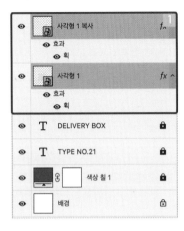

07 오른쪽 면을 복사해서 상자의 왼쪽 면을 만듭니다.

1 Ctrl+J를 눌러 오른쪽 면 레이어를 복사
2 복사한 레이어를 앞면의 왼쪽 변에 붙이기

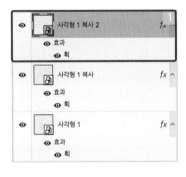

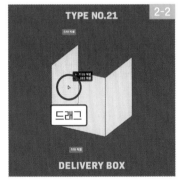

tip

복사한 레이어가 왼쪽 변에 자석처럼 달라 붙지 않는다면 [보기 – 스냅] 메뉴가 체크되어 있는지, [보기 – 스냅 옵션]의 항목이 사진처럼 체크되어 있는지 확인해 주세요.

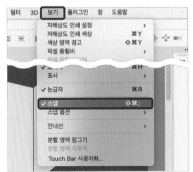
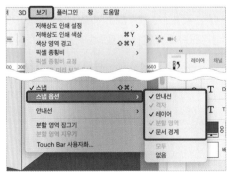

08 왼쪽 면과 앞면의 꼭짓점이 이어지도록 위치를 조정합니다.

　1 Ctrl+ + 를 눌러 화면을 확대

　2 방향키로 아래 꼭짓점이 이어지도록 왼쪽 면을 이동

　3 조정이 끝나면 Ctrl+ − 를 눌러 화면을 축소

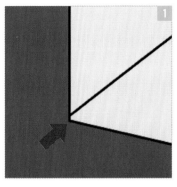
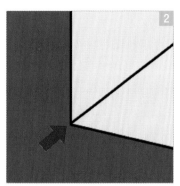

09 왼쪽 면이 뒤로 가도록 레이어 순서를 내립니다.

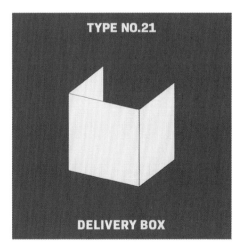
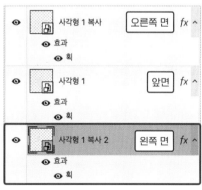

10 앞면을 복사해서 상자의 뒷면을 만듭니다.

1 레이어 창에서 앞면 레이어를 선택

2 [Ctrl]+[J]를 눌러 앞면 레이어를 복사

3 복사한 레이어를 왼쪽 면의 오른쪽 변에 붙이기

4 면이 뒤로 가도록 레이어 순서를 내리기

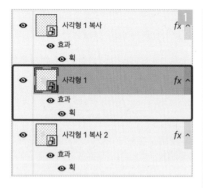

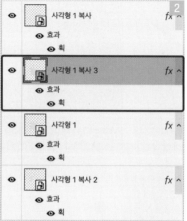

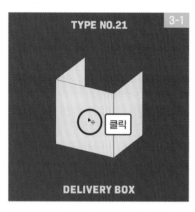

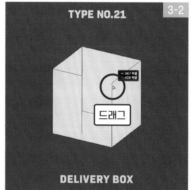

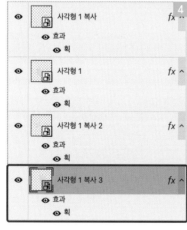

11 방향키로 뒷면을 움직여서, 두 개의 면이 닿으며 테두리가 두꺼워진 부분을 정리합니다.

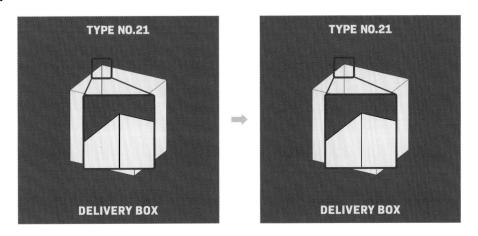

12 앞면을 복사해서 상자의 앞 뚜껑을 만듭니다.

1 레이어 창에서 앞면 레이어를 선택

2 Ctrl + J 를 눌러 앞면 레이어를 복사

3 Ctrl + T 를 눌러 변형 컨트롤 표시

4 Ctrl 을 누른 채로, 아래쪽 가운데 점을 드래그

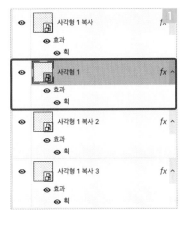

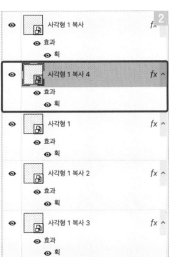

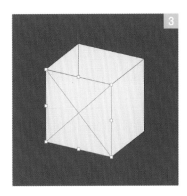

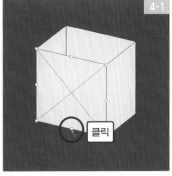

13 같은 방법으로 왼쪽 면, 오른쪽 면, 뒷면을 복사해서 상자의 뚜껑을 완성합니다.

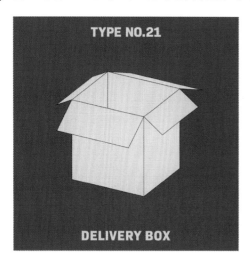

14 모든 사각형을 그룹으로 묶어 줍니다.

1 레이어 창에서 맨 위에 있는 사각형 레이어를 선택

2 Shift 를 누른 채로, 맨 아래에 있는 사각형 레이어를 선택

3 Ctrl + G 를 눌러 그룹으로 묶기

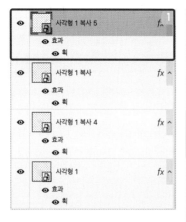

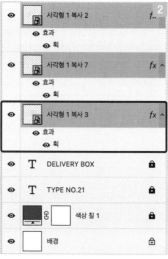

15 그룹 레이어를 복사한 뒤 병합합니다.

1 Ctrl+J를 눌러 그룹 레이어를 복사

2 원본 그룹 레이어의 눈 끄기

3 Ctrl+E를 눌러 복사한 그룹 레이어를 병합

16 상자의 각 면에 색을 칠합니다.

1 툴바에서 [페인트 통 도구] 선택

2 툴바 하단의 전경색을 클릭 후, 원하는 색을 지정

3 작업 화면에서 칠하고 싶은 면을 클릭해서 색칠

4 2~3을 반복하며 모든 면에 색 입히기

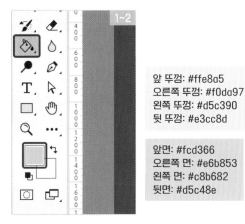

앞 뚜껑: #ffe8a5
오른쪽 뚜껑: #f0da97
왼쪽 뚜껑: #d5c390
뒷 뚜껑: #e3cc8d

앞면: #fcd366
오른쪽 면: #e6b853
왼쪽 면: #c8b682
뒷면: #d5c48e

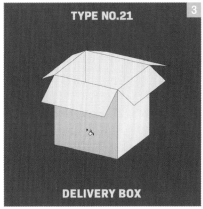
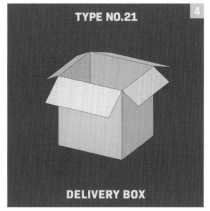

면의 경계선이 없다면 [페인트 통 도구]로 면을 따로따로 칠할 수 없습니다. 그렇기 때문에 테두리가 없는 육면체를 만들 때는 레이어를 병합하지 않고 그대로 둔 채로, 클리핑 마스크로 각 면에 단색 조정 레이어를 씌워 주는 방식으로 색을 칠합니다.

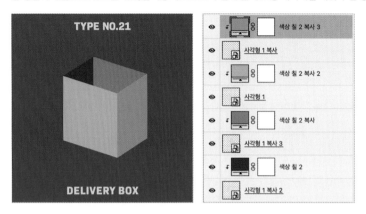

17 색칠이 끝나면, 병합한 레이어를 스마트 오브젝트로 변환합니다.

1 레이어 창에서 병합한 레이어를 우클릭

2 '스마트 오브젝트로 변환'을 클릭

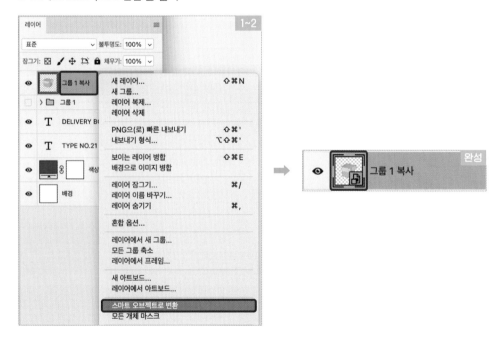

18 상자의 크기와 비율을 조정합니다.

1 Ctrl + T 를 눌러 변형 컨트롤 표시
2 Alt 를 누른 채로 모서리 점을 드래그하여 크기 조정
3 Alt + Shift 를 누른 채로 가운데 점들을 드래그하여 비율 조정

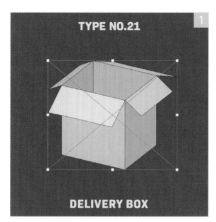

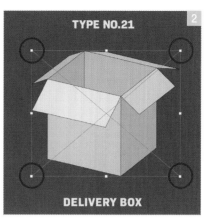

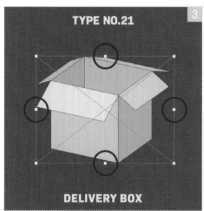

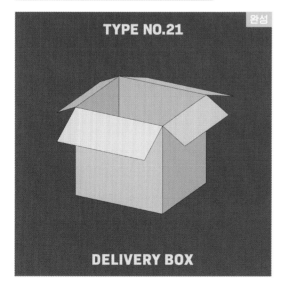

레이어의 크기를 조정할 때 Alt 를 누르면 가운데가 고정되고, Shift 를 누르면 레이어의 가로 세로 비율을 자유롭게 조정할 수 있습니다. 이 둘을 합쳐서 Alt + Shift 를 누르면, 가운데를 고정시킨 채로 레이어의 가로 세로 비율을 조정할 수 있죠.

작업노트

✦ 윗면 만들기

〈택배상자〉 아트워크를 통해 뚜껑이 열린 상자 모양을 만들어 보았습니다. 그렇다면 반대로 뚜껑이 닫힌 상자 모양을 만들려면 어떻게 해야 할까요?

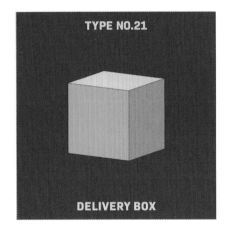

〈만들기〉 (6)번 과정에서 시작해보겠습니다. 앞면, 옆면을 완성한 모습입니다. 이 상태에서 Ctrl + J 를 눌러서 앞면을 복사합니다.

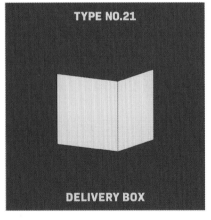
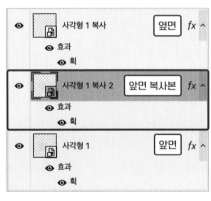

그런 다음, 복사한 앞면을 들어 올려서 상자의 윗면으로 만듭니다.

1 Ctrl + T 를 눌러 변형 컨트롤을 표시
2 Ctrl 을 누른 채로, 아래쪽 가운데 점을 드래그

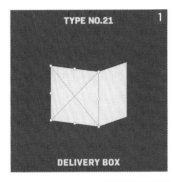

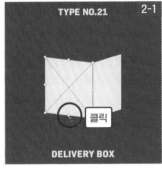 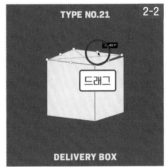

포토샵은 아쉽게도 대각선으로는 스냅이 되지 않습니다. 그렇기 때문에 화면을 확대한 다음 눈으로
보면서 꼭짓점이 닿도록 섬세하게 드래그해 줍니다.

1 Ctrl + + 를 눌러 화면 확대
2 Ctrl 을 누른 채로, 위쪽 가운데 점을 드래그

 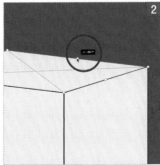

모양을 완성했다면, 레이어 창에서 윗면 레이어가 첫 번째 순서로 오도록 올립니다. 이렇게 하면 앞면, 옆면과의 경계선이 더 깔끔하게 정리됩니다.

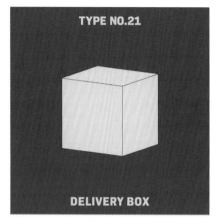
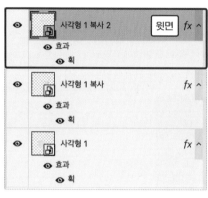

마지막으로 〈만들기〉 (14)~(16)번 과정처럼 면에 색을 칠합니다. 레이어를 복사하고 병합한 다음, [페인트 통 도구]로 색을 칠하는 거지요. 만약 테두리가 없는 육면체를 만든다면, (16)번 과정의 tip과 같이 클리핑 마스크로 단색 조정 레이어를 씌워 줍니다.

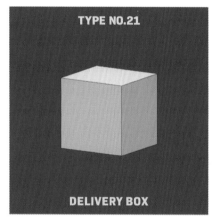
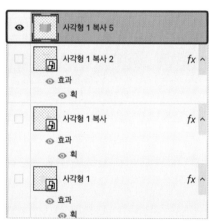

TYPE NO.22

SPADE

패스

도형을 합치거나 자르기

패스를 변형하여 스페이드 카드를 만드는 방법을 알아봅니다. 먼저 원두 개와 사각형 하나를 합쳐서 스페이드의 머리를 만듭니다. 그런 다음, 사각형에서 타원 모양을 잘라내는 방식으로 스페이드의 기둥을 만듭니다. 이렇게 만든 머리와 기둥을 병합해서 스페이드 모양을 완성합니다. 마지막으로 사각형 배경 위에 텍스트와 모양을 적절하게 배치해서 카드를 완성합니다.

스킬 도형 병합, 펜 도구, 패스 작업
폰트 Domus Titling Regular (어도비 폰트)
색상 초록색 #66bb6d / 보라색 #763690 / 검은색 #000000 / 흰색 #ffffff
난이도 ★★★★★
예제파일 22스페이드.psd

만들기

01 '22스페이드.psd' 파일을 엽니다.

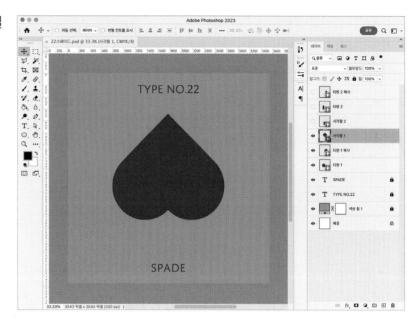

02 사각형과 원 두 개를 병합해서 스페이드의 머리를 만듭니다.

  1 `Ctrl`을 누른 채로 도형 레이어 세 개를 모두 선택

  2 `Ctrl`+`E`를 눌러 도형 병합

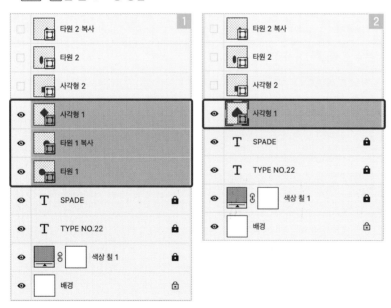

03 병합한 도형의 패스를 하나로 합칩니다.

1 툴바에서 [펜 도구]를 선택
2 옵션바에서 '패스 작업' 버튼을 클릭
3 '모양 병합 구성 요소' 메뉴를 선택
4 보통 패스 안내문이 뜨면 '예' 선택

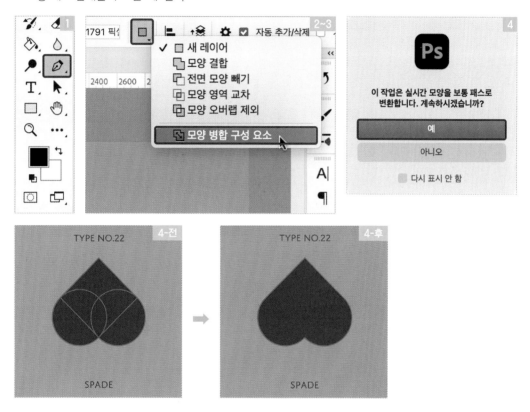

04 병합한 도형을 반으로 자릅니다.

1 Ctrl 을 누른 채로, 오른쪽의 튀어나온 부분을 드래그
2 Back Space 를 눌러 고정점 삭제

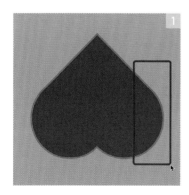
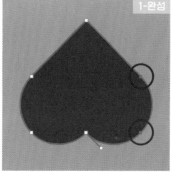

05 고정점을 추가해서 패스가 안으로 휘어지게 합니다.

   1 마우스로 위쪽 변을 클릭해서 고정점 추가

   2 방향키를 눌러 고정점을 안쪽으로 이동시키기

   3 조정이 끝나면 [Enter]를 눌러 패스 작업 끄기

 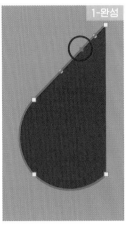 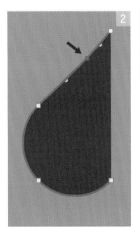 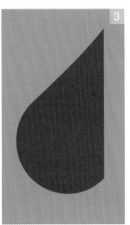

06 완성한 모양을 복사하고 가로로 뒤집어 줍니다.

   1 [Ctrl]+[J]를 눌러 모양 레이어를 복사

   2 [Ctrl]+[T]를 눌러 변형 컨트롤 표시

   3 작업 화면에 우클릭

   4 '가로로 뒤집기' 선택

 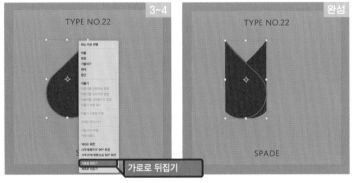

07 두 모양이 균열 없이 이어지도록 배치합니다.

1 툴바에서 [이동 도구]를 선택

2 Shift 를 누른 채로 복사한 모양을 오른쪽으로 드래그

3 Ctrl + + 를 눌러 화면 확대

4 방향키를 눌러 균열이 없어지도록 모양을 움직이기

5 세팅이 끝나면 Ctrl + - 를 눌러 화면 축소

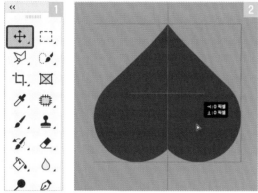

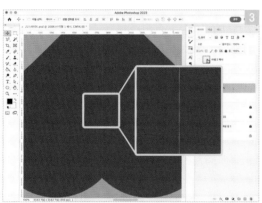

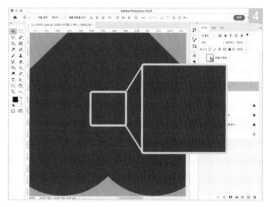

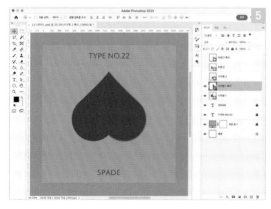

08 두 모양을 하나로 병합합니다.

1 Ctrl 을 누른 채로 모양 레이어 두 개를 모두 선택
2 Ctrl + E 를 눌러 모양 병합

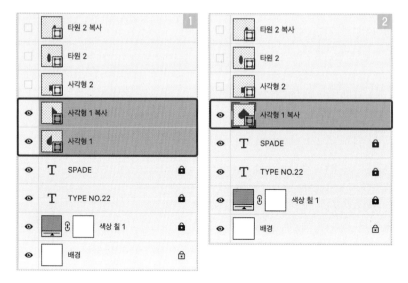

09 스페이드의 기둥을 구성할 모양 레이어 3개가 보이도록 세팅합니다.

1 머리 레이어의 눈 끄기
2 머리 레이어 위의 도형 레이어 3개의 눈 켜기

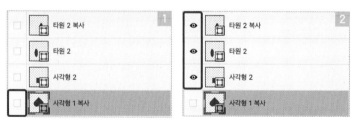

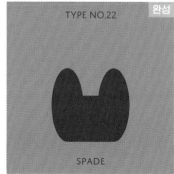

10 사각형에서 타원 모양을 잘라내어 스페이드의 기둥을 만듭니다.

1 Ctrl 을 누른 채로 모양 레이어 3개를 모두 선택
2 툴바에서 [펜 도구]를 선택
3 Ctrl 을 누른 채로, 두 원의 윗부분이 포함되도록 드래그
4 옵션바에서 '패스 작업' 버튼을 클릭
5 '전면 모양 빼기' 메뉴를 선택
6 Ctrl + E 를 눌러 도형 병합

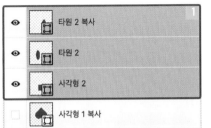

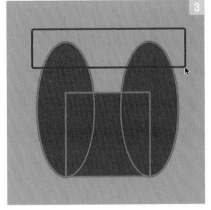

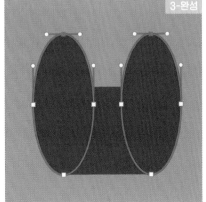

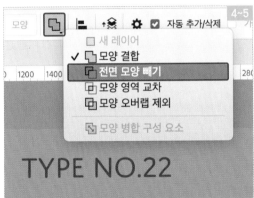

TYPE NO.22

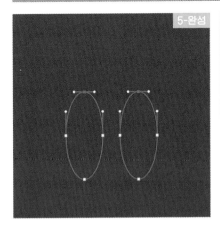

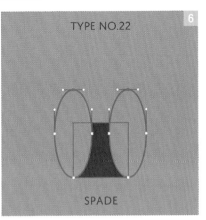

tip

'전면 모양 빼기' 메뉴는 뒷 레이어에서 앞 레이어 모양을 빼는 기능입니다.

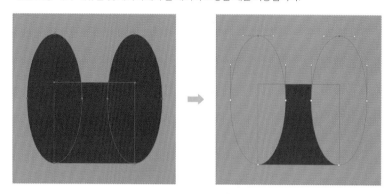

때문에 의도한 모양을 얻으려면 기능을 쓰기 전에 레이어의 순서를 꼭 확인해야 합니다. 모양의 베이스가 될 레이어를 가장 아래에 두고, 그 위에 빼고 싶은 모양을 얹어야 하죠.

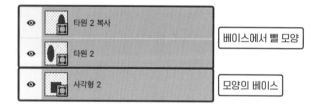

베이스에서 뺄 모양

모양의 베이스

11 병합한 도형의 패스를 하나로 합칩니다.

1 Ctrl 을 누른 채 기둥에 쓰인 모든 도형이 포함되도록 드래그
2 옵션바에서 '패스 작업' 버튼을 클릭
3 '모양 병합 구성 요소' 메뉴를 선택
4 보통 패스 안내문이 뜨면 '예' 선택

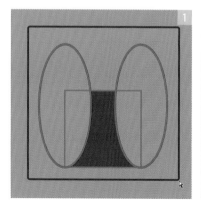
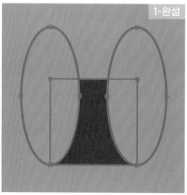

282

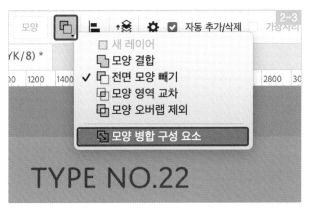

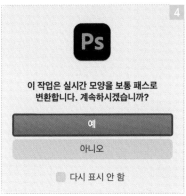

12 머리 레이어의 눈을 켭니다.

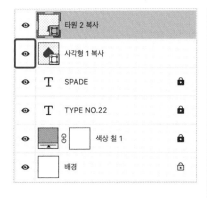

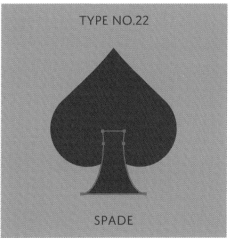

13 기둥의 모양을 다듬어 줍니다.

1 툴바에서 [이동 도구] 선택

2 레이어 창에서 기둥 레이어 선택

3 Ctrl+T를 눌러 변형 컨트롤 표시

4 Alt+Shift를 누른 채로 가운데 점을 드래그하여 비율 조절

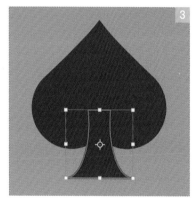
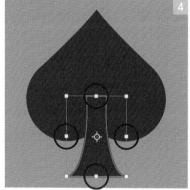

14 기둥과 머리를 병합합니다.

1 Ctrl을 누른 채로 기둥과 머리 레이어 모두 선택

2 Ctrl+E를 눌러 도형 병합

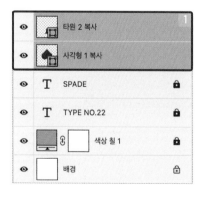
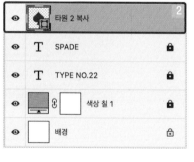

15 완성한 모양을 활용하여 카드를 만드는 작업을 시작합니다. 카드 모양의 직사각형을 만듭니다.

1 툴바에서 [사각형 도구] 선택

2 작업 화면에 드래그해서 직사각형 만들기

3 레이어 창에서 사각형 레이어의 썸네일을 더블 클릭

4 흰색으로 지정

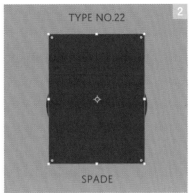

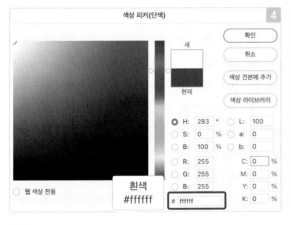

tip

툴바에서 [사각형 도구] 아이콘이 보이지 않는다면 사진 속 아이콘 위치를 우클릭해 보세요. 숨어 있는 도형 도구들을 찾을 수 있습니다.

16 스페이드 모양을 카드 가운데에 배치합니다.

1 레이어 창에서 스페이드 레이어를 사각형 위로 올리기
2 툴바에서 [이동 도구] 선택
3 [Ctrl]을 누른 채로 스페이드와 사각형 레이어 모두 선택
4 옵션바에서 '수평 중앙 맞춤', '수직 가운데 맞춤' 버튼 클릭

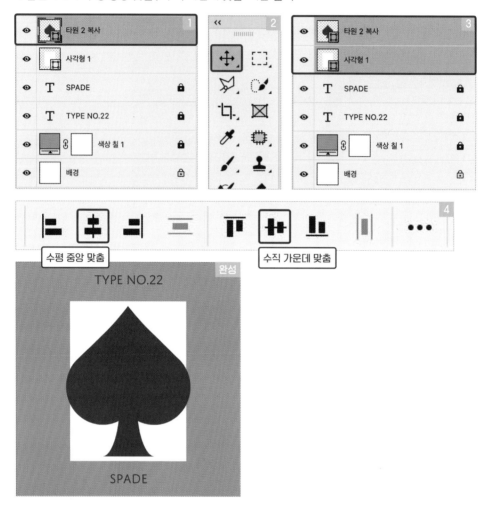

17 스페이드의 크기를 조절합니다.

1 레이어 창에서 스페이드 레이어를 선택
2 [Ctrl]+[T]를 눌러 변형 컨트롤 표시
3 [Alt]를 누른 채로 점을 드래그해서 크기 줄이기

18 카드 왼쪽 위에 'A' 텍스트를 배치합니다.

1 툴바에서 [가로쓰기 문자 도구] 선택

2 옵션바에서 폰트의 종류와 굵기, 색상 설정

3 작업 화면을 클릭

4 텍스트 'A' 입력

5 입력을 마치면 툴바에서 [이동 도구] 클릭

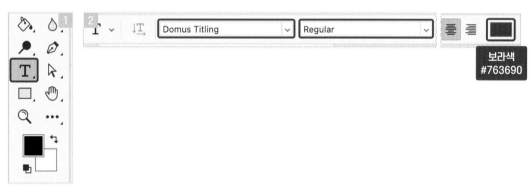

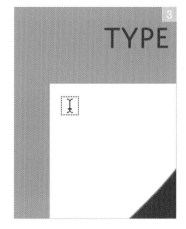

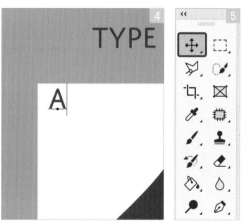

19 'A' 텍스트의 크기와 위치를 조절합니다.

1 Ctrl+T를 눌러 변형 컨트롤 표시
2 원하는 크기로 조절
3 방향키로 텍스트의 위치 조절

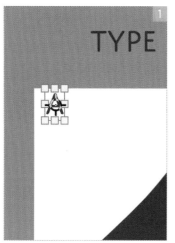
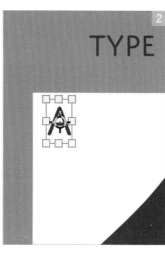
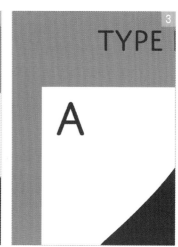

20 스페이드 모양을 복사해서 'A' 텍스트 아래에 배치합니다.

1 레이어 창에서 스페이드 레이어 선택
2 Ctrl+J를 눌러 레이어를 복사
3 Ctrl+T를 눌러 변형 컨트롤 표시
4 'A' 텍스트 아래로 드래그
5 원하는 크기로 줄이기

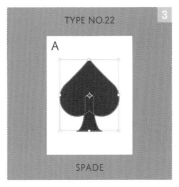 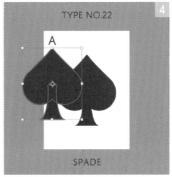 

21 카드의 오른쪽 아래에도 'A' 텍스트와 스페이드 모양을 배치합니다.

1 Ctrl 을 누른 채로 'A' 텍스트와 스페이드 레이어를 선택

2 Ctrl + J 를 눌러 레이어를 복사

3 Ctrl + T 를 눌러 변형 컨트롤 표시

4 텍스트와 모양을 오른쪽 아래로 드래그

5 작업 화면에 우클릭

6 '세로로 뒤집기' 선택

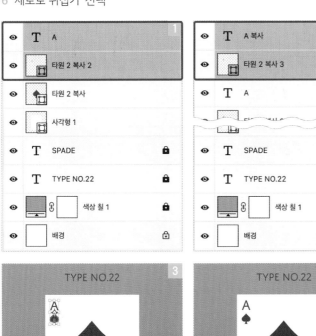

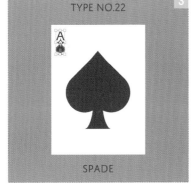 

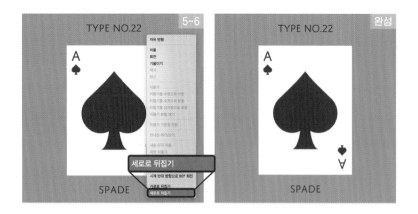

22 카드를 구성하는 모든 레이어를 스마트 오브젝트로 묶어 줍니다.

1 Ctrl을 누른 채로 카드를 구성하는 모든 레이어를 선택

2 선택한 레이어를 우클릭

3 '스마트 오브젝트로 변환' 클릭

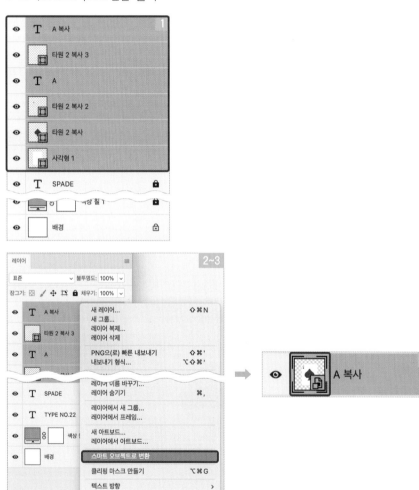

23 카드의 크기와 비율을 조절합니다.

1 Ctrl + T 를 눌러 변형 컨트롤 표시
2 원하는 크기로 조절
3 Alt + Shift 를 누른 채로 중간 점을 드래그하여 비율 조절

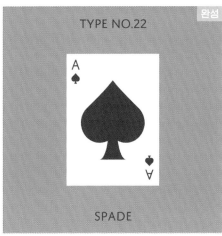

24 카드를 복사하여 총 3장을 만듭니다.

1 Ctrl + J 를 두 번 눌러 복사

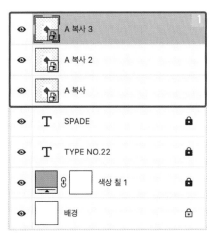

25 맨 앞의 카드를 왼쪽으로 살짝 회전시킵니다.

1 레이어 창에서 첫 번째 카드 레이어를 선택
2 Ctrl + T 를 눌러 변형 컨트롤 표시
3 변형 컨트롤 바깥을 드래그하여 레이어 회전
4 카드를 살짝 왼쪽으로 드래그하여 배치

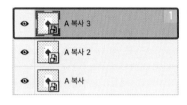

26 같은 방법으로 나머지 카드들을 오른쪽으로 살짝 회전시킵니다.

27 카드에 그림자를 칠하기 위해, 검은색 단색 조정 레이어를 만듭니다.

1 레이어 창 하단에서 [조정 레이어 - 단색] 메뉴 클릭

2 검은색으로 설정

28 검은색 레이어를 두 번째 카드로 클리핑 마스크 씌웁니다.

1 레이어 창에서 검은색 레이어를 두 번째 카드 위로 배치

2 Alt 를 누른 채로 두 레이어의 경계선 클릭

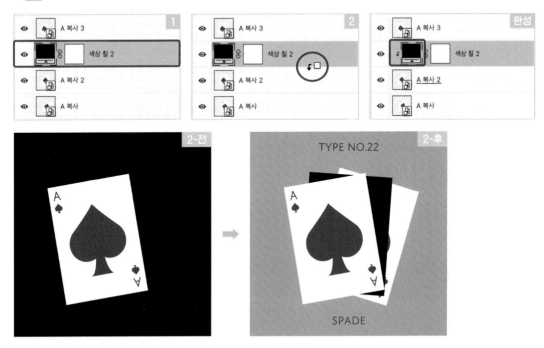

29 검은색 레이어의 불투명도를 내립니다.

30 검은색 레이어를 복사한 뒤, 세 번째 카드로 클리핑 마스크 씌웁니다.

   1 Ctrl + J 를 눌러 검은색 레이어 복사
   2 복사한 레이어를 세 번째 카드 위로 배치
   3 Alt 를 누른 채로 검은색 레이어와 카드 레이어의 경계선 클릭

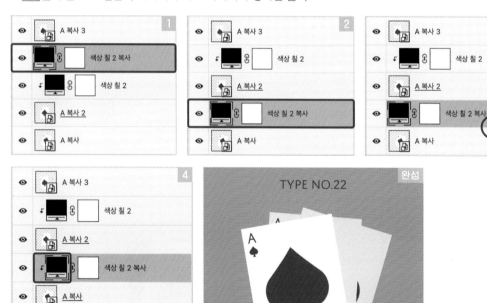

31 복사한 검은색 레이어의 불투명도를 올립니다.

작업노트

✦ 도형 정렬하기

〈만들기〉 본문에서는 미리 세팅된 도형으로 패스파인더 작업을 했지만 실제 작업에서는 도형을 깔끔하게 정렬하는 작업부터 시작해야 합니다. 이를 위해 패스파인더 작업을 하기 전에 어떻게 도형을 정렬할 수 있는지 알아봅니다.

❶ Shift 를 끝까지 누르기

패스파인더 작업을 위해 정사각형, 정원을 만드는 경우 Shift 를 누르고 드래그하는 방식을 씁니다. 그런데 의외로 Shift 키에서 손을 일찍 떼서 모양이 어긋나는 경우가 많습니다. 드래그를 마치고 원을 완성할 때까지 Shift 를 끝까지 꾹 눌러 주세요. 마찬가지로 도형을 평행하게 이동시킬 때에도 평행선이 흐트러지지 않도록 Shift 를 끝까지 누릅니다.

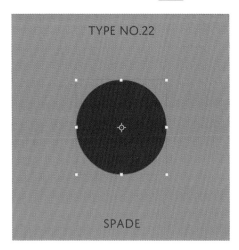

❷ 안내선 만들기

스페이드의 머리, 하트 모양을 만들기 위해서는 정사각형의 변과 원의 지름의 길이가 같아야 합니다. 이때 안내선을 활용하면 더욱 정확한 작업이 가능합니다.

먼저 줄자 기능을 켠 다음, 줄자를 드래그하여 안내선을 만듭니다. 이때 레이어 창에 원이 선택되어 있어야 안내선을 만들 때 원의 가장자리나 가운데에 딱 맞게 스냅시킬 수 있습니다.

1 레이어 창에서 원 레이어 선택
2 Ctrl + R 을 눌러 줄자 켜기
3 위쪽 줄자를 클릭

4 클릭을 유지한 채로 아래로 드래그하여 원의 가운데로 스냅

5 같은 방법으로 원의 양옆 가장자리에 안내선 만들기

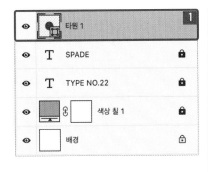

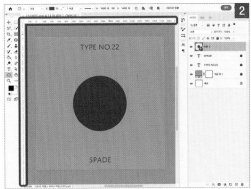

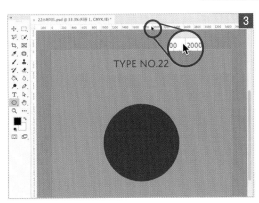

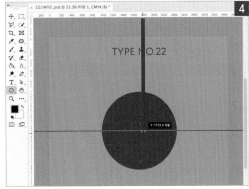

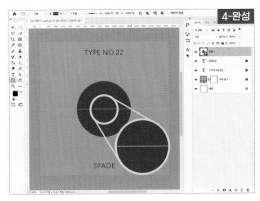

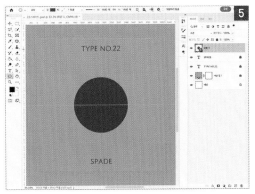

이렇게 안내선을 그었다면, 정사각형을 만든 다음 안내선에 맞춰서 크기를 조절합니다. 이때 정사각형이 직사각형이 되지 않도록 유의합니다.

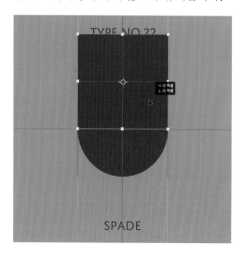

마지막으로 원을 복사해서 사각형의 오른쪽에 배치하면, 스페이드의 머리를 만들기 위한 도형 구성이 끝납니다.

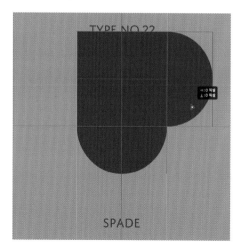

❸ 일정한 간격

스페이드의 기둥은 사각형에 타원 두 개를 배치한 구성에서 시작했습니다. 이때 핵심은 좌우 대칭의 깔끔한 기둥을 만들 수 있도록 세 도형의 간격을 일정하게 맞추는 것입니다.

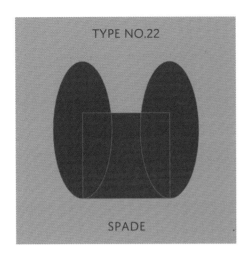

TYPE NO.22

SPADE

도형의 간격을 일정하게 정렬하는 방법은 간단합니다. 정렬할 레이어를 모두 선택한 뒤, [이동 도구]
의 분포 옵션을 누르는 거죠.

1 Ctrl 을 누른 채로, 정렬할 레이어를 모두 선택
2 툴바에서 [이동 도구] 선택
3 옵션바에서 '가로로 분포' 버튼을 클릭

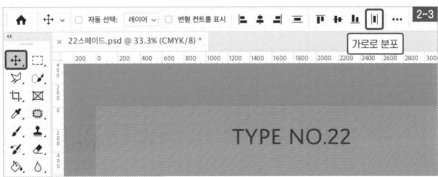

TYPE NO.23

무궁화

회전

레이어를 반복해서 회전시키기

참조점과 변형 반복 기능을 이용해서 꽃을 만드는 방법을 알아봅니다. 먼저 회전시킬 모양, 꽃잎을 만듭니다. 완성한 꽃잎을 복사하고 변형 컨트롤을 켠 뒤, 참조점을 아랫줄 가운데로 옮깁니다. 그런 다음 옵션바에서 원하는 각도를 입력하여 꽃잎을 회전시킵니다. 마지막으로 꽃 모양이 완성될 때까지 복사와 변형 반복 단축키를 번갈아 누릅니다.

스킬 자유 변형, 참조점, 회전, 변형 반복
폰트 둥켈산스v0.7 Expanded (어도비 폰트)
색상 하늘색 #2a9fc3 / 연분홍색 #f5cbd2 / 진분홍색 #db4760 / 주황색 #f5a418 / 흰색 #ffffff
난이도 ★★★★☆
예제파일 23무궁화.psd, 꽃1.psd, 꽃2.psd, 타원문양.psd

300

만들기

01 '23무궁화.psd' 파일을 엽니다.

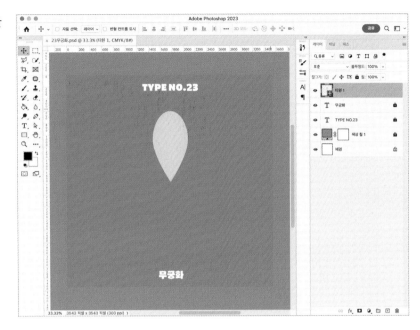

02 꽃잎을 두 번 복사합니다.

1 Ctrl+J를 두 번 눌러 꽃잎 레이어를 복사

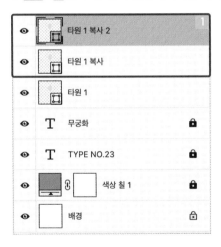

03 꽃잎 하나를 20도 회전시킵니다.

1 [Ctrl]+[T]를 눌러 변형 컨트롤 표시
2 옵션바에서 참조점 위치를 아랫줄 가운데로 변경
3 옵션바에서 회전 각도를 20도로 입력

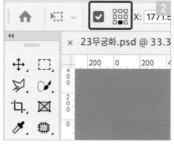
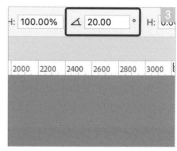

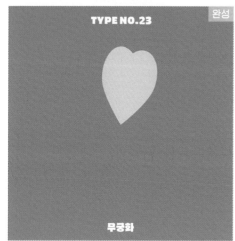

tip

[Ctrl]+[T]를 눌러 변형 컨트롤을 켰을 때, 가운데에 보이는 십자 모양의 눈이 바로 참조점입니다. 참조점은 레이어의 크기를 조절하거나 회전시킬 때 중심이 되는 핀이며, 특히 이번 <무궁화> 아트워크와 같은 회전 작업에서 유용하게 쓰입니다. 참조점을 아랫줄 가운데로 맞추면 레이어를 직접 움직여서 정렬시키지 않아도 손쉽게 둥글게 회전하는 모양을 만들 수 있습니다.

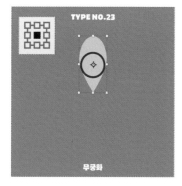
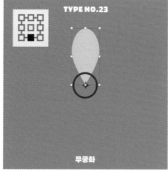

04 나머지 꽃잎 하나를 -20도 회전시킵니다.

1 레이어 창에서 가운데 꽃잎 레이어를 선택

2 Ctrl+T를 눌러 변형 컨트롤 표시

3 옵션바에서 참조점 위치를 아랫줄 가운데로 변경

4 옵션바에서 회전 각도를 -20도로 입력

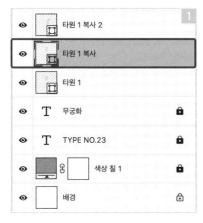
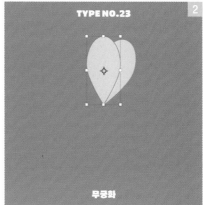

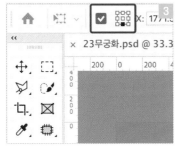
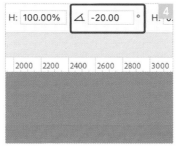

05 세 꽃잎을 하나로 병합합니다.

1 Ctrl을 누른 채로 꽃잎 레이어를 모두 선택

2 Ctrl+E를 눌러 병합

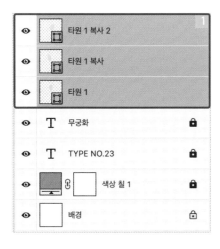
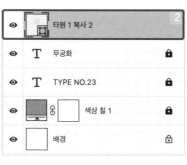

06 완성한 꽃잎을 복사한 뒤 72도 회전시킵니다.

1 Ctrl+J를 눌러 꽃잎을 복사

2 Ctrl+T를 눌러 변형 컨트롤 표시

3 옵션바에서 참조점 위치를 아랫줄 가운데로 변경

4 옵션바에서 회전 각도를 72도로 입력

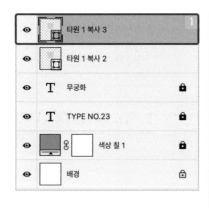 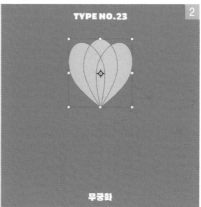

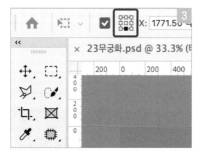 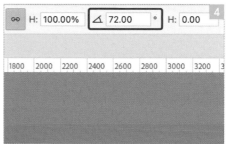

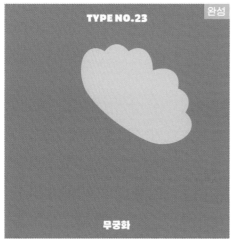

tip

360도를 꽃잎의 개수로 나누면 꽃잎을 회전시킬 각도를 알 수 있습니다. 예를 들어 다섯 개의 꽃잎으로 꽃을 만들고 싶다면, 360도 ÷ 5 개 = 72도라는 값을 얻을 수 있죠. 이를 수식으로 정리하면 다음과 같습니다.

360도 ÷ 꽃잎의 개수 = 꽃잎의 회전 각도

07 회전시킨 꽃잎을 복사한 뒤 변형을 반복하여, 꽃을 완성합니다.

1 Ctrl + J 를 눌러 회전시킨 꽃잎을 복사

2 Ctrl + Shift + T 를 눌러 변형을 반복

3 1~2를 반복하여 나머지 꽃잎 만들기

 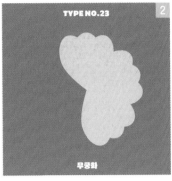 

08 꽃잎들을 하나의 레이어로 병합합니다.

1 Ctrl 을 누른 채로 모든 꽃잎 레이어를 선택

2 Ctrl + E 를 눌러 병합

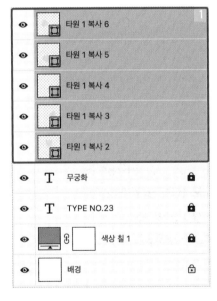 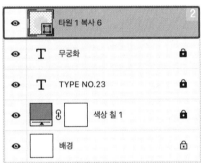

09 병합한 꽃을 복사합니다.

1 Ctrl + J 를 눌러 꽃 레이어를 복사

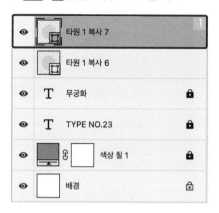

10 복사한 꽃의 색을 진분홍색으로 바꿉니다.

1 복사한 꽃의 썸네일을 더블 클릭
2 진분홍색으로 설정

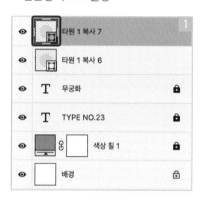
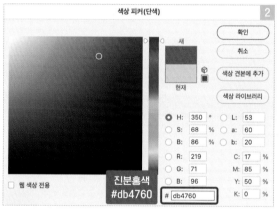

11 진분홍색 꽃을 72도의 절반인 36도 회전시킵니다.

1 Ctrl+T를 눌러 변형 컨트롤 표시
2 옵션바에서 회전 각도를 36도로 입력

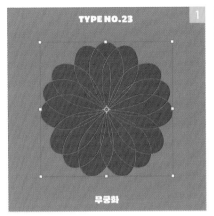

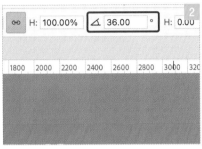

12 진분홍색 꽃의 크기를 줄여 꽃술로 만듭니다.

1 Ctrl+T를 눌러 변형 컨트롤 표시
2 Alt를 누른 채로 점을 드래그해서 크기 줄이기

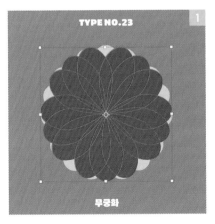

13 꽃술을 꽃의 가운데에 배치합니다.

1 Ctrl을 누른 채로 꽃과 꽃술과 배경 레이어를 모두 선택
2 옵션바에서 '수평 중앙 맞춤' 버튼, '수직 가운데 맞춤' 버튼을 클릭

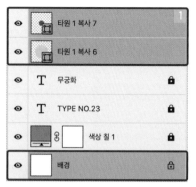

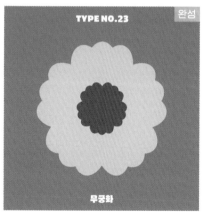

14 작은 주황색 원을 만듭니다.

1 툴바에서 [타원 도구]를 선택
2 Shift를 누른 채로 드래그해서 정원 만들기
3 원 레이어의 썸네일을 더블 클릭
4 주황색으로 변경

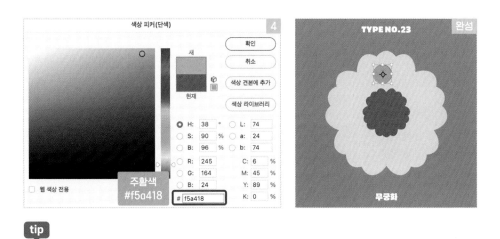

tip

툴바에서 [타원 도구] 아이콘이 보이지 않는다면 사진 속 아이콘 위치를 우클릭해 보세요. 숨어 있는 도형 도구들을 찾을 수 있습니다.

15 주황색 원을 꽃의 가운데에 배치합니다.

1 Ctrl 을 누른 채로 배경 레이어를 선택

2 툴바에서 [이동 도구]를 선택

3 옵션바에서 '수평 중앙 맞춤', '수직 가운데 맞춤' 버튼을 클릭

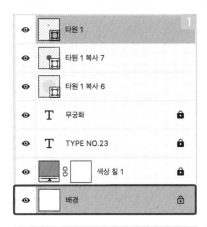

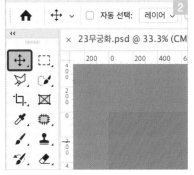

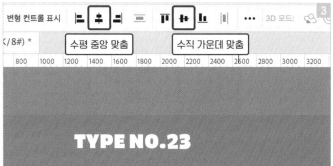

16 주황색 원의 크기를 조절합니다.

1 레이어 창에서 주황색 원 레이어를 선택

2 Ctrl+T를 눌러 변형 컨트롤 표시

3 Alt를 누른 채로 점을 드래그해서 크기 조절

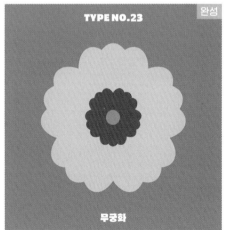

작업노트

✦ 꽃잎 만들기

꽃잎을 만들 때 필요한 두 가지 기술을 알아봅니다. 첫 번째는 타원 모양의 끝을 뾰족하게 만드는 기술입니다. 두 번째는 좌우 대칭의 모양을 만드는 기술이죠. '꽃1.psd' 파일을 통해 첫 번째 기술에 대해 자세히 알아볼까요?

❶ 타원의 끝을 뾰족하게 만들기

먼저 [타원 도구]로 길쭉한 타원 하나를 만든 상태에서 출발합니다.

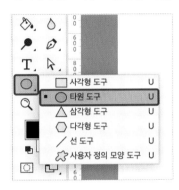

타원의 패스를 조절하기 위해 툴바에서 [펜 도구]를 선택합니다. 이 상태에서 Alt 를 누른 채로 타원의 아래쪽 고정점에 마우스를 가져다 대면, 커서가 뾰족한 모양으로 바뀝니다.

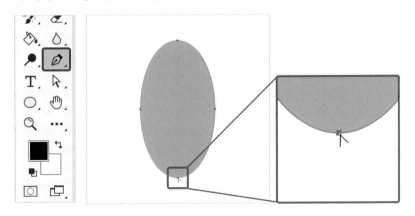

이때 고정점을 클릭하면 원의 아래가 뾰족해집니다. 고정점 주위를 둥근 곡선으로 만들어 주는 양 옆의 핸들이 사라졌기 때문이죠.

이 방법을 응용하면 꽃잎의 윗 부분을 더 둥글게 부풀릴 수 있어요. [Alt]를 누른 채로 고정점을 톡 클릭하면 핸들이 사라지고 끝이 뾰족해지지만, 드래그를 하면 핸들을 새로 만들 수 있습니다. 핸들 양쪽이 평행하게 뻗어가야 하므로 [Shift]도 같이 눌러 줍니다. 정리하면, [Alt]+[Shift]를 누른 채로 타원의 위쪽 고정점을 드래그하여 꽃잎의 둥근 정도를 조절할 수 있습니다.

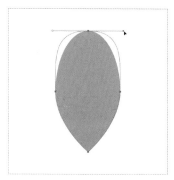 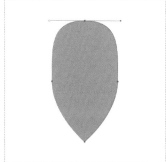

❷ 좌우 대칭의 모양 만들기

다음으로 좌우 대칭의 모양을 만드는 방법입니다. 먼저 꽃잎을 반으로 자릅니다. 그런 다음 고정점과 핸들을 활용하여 곡선의 모양, 굴곡을 조절합니다. 마지막으로 이렇게 만든 모양을 복사한 뒤 이어 붙여서 좌우 대칭의 꽃잎을 완성합니다.

▶ 자세한 과정은 〈22.패스〉의 〈만들기〉 (4)~(8)번을 참고해 주세요.

 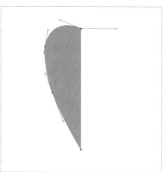 

tip

Ctrl 을 누른 채로 핸들을 드래그하면, 고정점 좌우의 핸들이 함께 일직선으로 움직입니다.

tip

Alt 를 누른 채로 핸들을 드래그하면, 반대쪽의 핸들은 가만히 둔 채로 하나의 핸들만 움직일 수 있습니다.

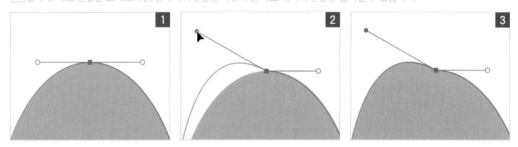

완성한 꽃잎을 회전시키면 아래와 같은 꽃이 완성됩니다. 꽃잎을 만드는 두 가지 스킬을 활용하여 자유롭게 꽃잎을 만들어 보세요.

✦ 겹치는 꽃잎(1)

회전시킨 꽃잎이 서로 겹치는 경우가 있습니다. 다음과 같은 모양처럼요.

이 꽃의 첫 번째 꽃잎을 자세히 보면, 양옆이 꽃잎에 가려진 것을 알 수 있습니다. 꽃이 둥글게 반복되는 모양을 만들려면 이 꽃잎의 왼쪽이 가려지지 않도록 해야 하죠. 이런 경우에는 어떻게 작업해야할까요? '꽃2.psd' 파일을 통해 구체적인 과정을 알아보겠습니다.

우선 레이어 창에서 맨 밑에 있는 꽃잎을 가장 위로 올립니다.

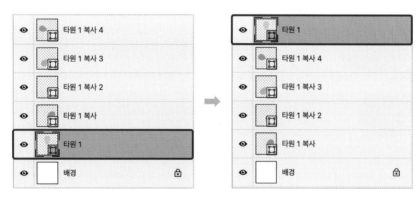

이렇게 올린 꽃잎에 레이어 마스크를 씌워 줍니다.

1 레이어 창 하단에서 '레이어 마스크 만들기' 버튼 클릭

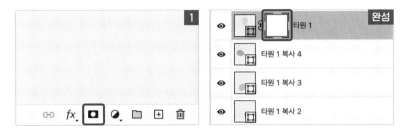

그런 다음, 맨 밑에 있는 꽃잎의 선택 영역을 활성화합니다.

1 `Ctrl` 을 누른 채로 맨 밑에 있는 꽃잎의 썸네일을 클릭

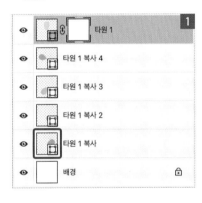

선택 영역이 켜진 채로, 레이어 마스크에 검은색을 칠합니다. 이렇게 하면 첫 번째 꽃잎의 왼쪽이 앞으로 나오게 만들 수 있죠.

1 툴바 하단의 전경색을 더블 클릭
2 검은색으로 설정
3 `Alt` + `Back Space` 를 눌러 색칠

검은색
#000000

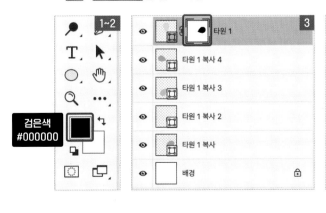

그리고 마지막으로 Ctrl + D 를 눌러 선택 영역을 해제합니다.

두 번째, 세 번째 꽃잎까지 모양이 겹쳐 있는 상황이라면 어떻게 할까요? 맨 아래에 있는 꽃잎을 하나씩 맨 위로 올리면서 차근차근 이 과정을 반복해 주면 됩니다.

✦ 겹치는 꽃잎(2)

아래의 이미지처럼 겹치는 부분이 비어 있는 문양은 어떻게 만들 수 있을까요? 이러한 문양은 보통 어떤 환경에서도 깨지지 않도록 일러스트레이터로 만들어야 합니다만, 포토샵에서 디자인에 활용하는 경우를 위해 어떻게 문양을 만드는지 알아보겠습니다. 핵심은 도형의 테두리와 누끼 따기를 활용하는 것입니다. '타원 문양.psd' 파일을 통해 구체적인 과정을 알아볼까요?

먼저 지름이 같은 원을 60도씩 회전시켜서 다음과 같은 모양을 만듭니다. 모양이 겹치는 부분은 앞에서 알아본 바와 같이, 선택 영역과 레이어 마스크를 활용하여 정리합니다.

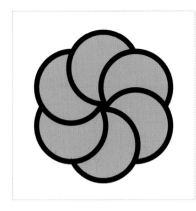
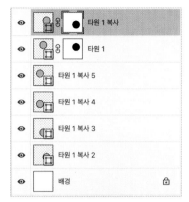

테두리가 있는 도형을 회전시킬 때, 테두리가 도형의 안쪽을 향하도록 세팅해 주세요. 만약 테두리가 도형의 바깥으로 뻗어나간다면, 원의 선택 영역을 활성화할 때 영역과 원의 크기가 어긋나게 됩니다. 이렇게 되면 원이 겹치는 부분을 깔끔하게 정리하기 어려워지죠.

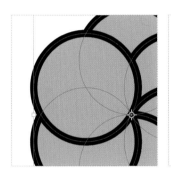
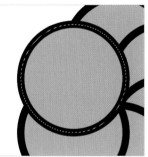

테두리를 안쪽으로 향하도록 세팅하는 방법은 간단합니다. 우선 툴바에서 [타원 도구]를 선택합니다. 그런 다음 옵션바에서 획의 유형을 안쪽으로 세팅하면 되죠.

1 옵션바에서 '획 유형 설정' 버튼을 클릭
2 '맞춤' 메뉴를 클릭
3 첫 번째 옵션을 선택

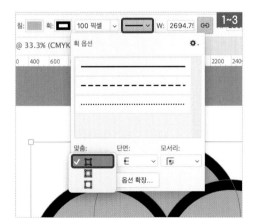

문양을 구성하는 레이어들을 그룹으로 묶고 병합합니다.

1 Ctrl을 누른 채로 모든 원 레이어를 선택
2 Ctrl+G를 눌러 그룹으로 묶기
3 Ctrl+E를 눌러 그룹 레이어를 병합

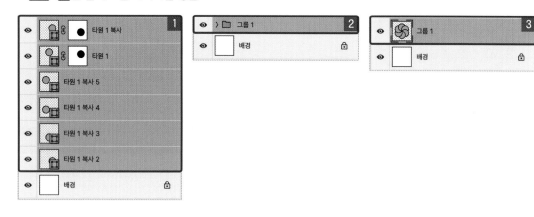

tip

도형 레이어에 마스크를 씌워서 모양을 구성하면, 레이어들을 그룹으로 묶지 않고 그대로 병합했을 때 의도하지 않은 모양이 나올 수 있습니다.

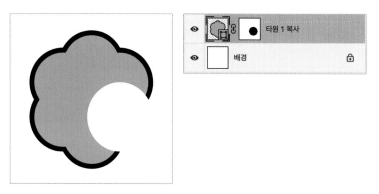

이제 테두리 안쪽 영역의 누끼를 땁니다. 이렇게 하면 도형이 맞닿는 부분이 비어 있는 멋진 문양을 만들 수 있죠.

1 툴바에서 [자동 선택 도구]를 선택
2 옵션바에서 '인접' 항목을 선택 해제
3 작업 화면에서 테두리 안쪽 영역을 클릭
4 Ctrl+J를 눌러 누끼 따기
5 원본 레이어의 눈 끄기

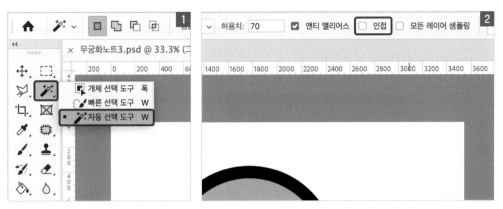

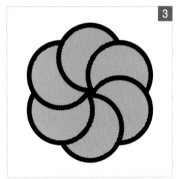

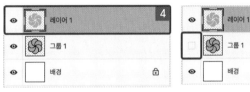

완성

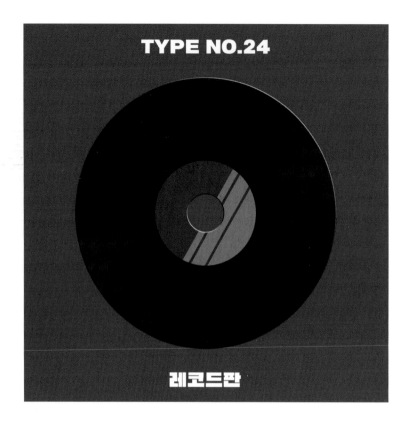

씨디

도형에 구멍을 뚫고 광택 입히기

레이어 마스크를 이용하여 도형에 구멍을 뚫고 광택을 입혀서 씨디 모양을 만들어 봅니다. 먼저 큰 원을 배치한 뒤, 구멍을 낼 위치에 작은 원을 만듭니다. 작은 원의 선택 영역을 활성화하고, 뚫고자 하는 큰 원에 마스크를 씌웁니다. 이 마스크의 영역을 반전시켜서 구멍이 뚫린 원을 완성합니다. 다음으로 씨디 위에 사다리꼴 모양을 그리고, 방사형 흐림 효과를 입혀서 광택으로 만듭니다. 마지막으로 클리핑 마스크를 이용하여 씨디에 광택을 입힙니다.

스킬 선택 영역, 레이어 마스크, 펜 도구, 방사형 흐림 효과, 클리핑 마스크
폰트 Sandoll 프레스 Basic (어도비 폰트)
색상 빨간색 #cb2d28 / 진홍색 #ac2824 / 주황색 #d38018 / 검은색 #000000 / 흰색 #ffffff
난이도 ★★★★☆
예제파일 24레코드판.psd, 광택.psd, 독특한 그라데이션.psd

만들기

01 '24레코드판.psd' 파일을 엽니다.

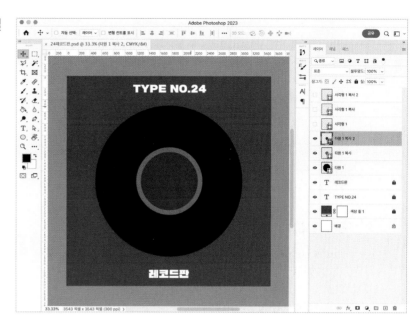

02 구멍을 뚫고 싶은 위치에 작은 원을 만듭니다.

1 Ctrl+J를 눌러 빨간 원 레이어를 복사

2 Ctrl+T를 눌러 변형 컨트롤 표시

3 Alt를 누른 채로 복사한 원의 크기 줄이기

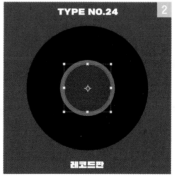

03 작은 원의 선택 영역을 활성화합니다.

1 Ctrl 을 누른 채로 작은 원의 썸네일 클릭

 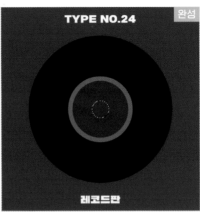

04 선택 영역이 활성화된 상태로 빨간 원 레이어에 레이어 마스크를 씌웁니다.

1 레이어 창에서 구멍을 뚫을 빨간 원 레이어를 선택
2 레이어 창 하단에서 '레이어 마스크 만들기' 버튼 클릭

05 레이어 마스크를 반전시켜서 구멍이 뚫린 원 모양을 완성합니다.

1 Ctrl + I 를 눌러서 레이어 마스크의 영역을 반전

2 작은 원 레이어의 눈 끄기

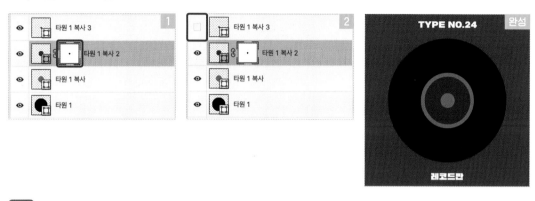

tip

선택 영역이 잡힌 상태에서 레이어 마스크를 만들면, 레이어가 선택 영역 모양으로 잘립니다. Ctrl + I 를 눌러 이를 반전시키면 선택 영역 만큼 구멍을 뚫을 수 있습니다.

06 레이어 마스크를 다른 원 레이어로 복사합니다.

1 Alt 를 누른 채로, 레이어 마스크를 회색 원으로 드래그

2 같은 방식으로 검은색 원으로 마스크 복사

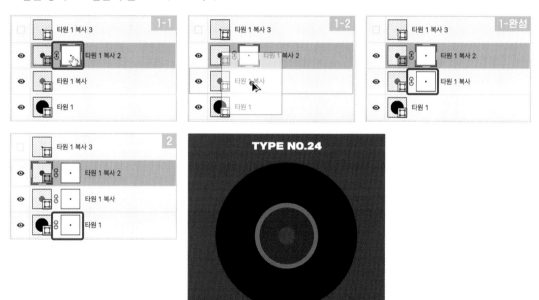

07 씨디를 꾸미기 위해 사각형 레이어 3개의 눈을 켭니다.

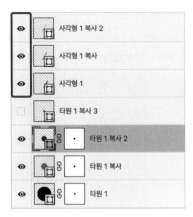
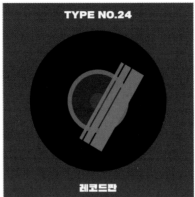

08 주황색 사각형 3개를 빨간 원으로 클리핑 마스크를 씌웁니다.

1 빨간 원 레이어를 '사각형 1' 레이어 아래에 두기
2 Alt 를 누른 채로 두 레이어의 경계선을 클릭
3 Alt 를 누른 채로 위쪽 사각형들의 경계선을 클릭

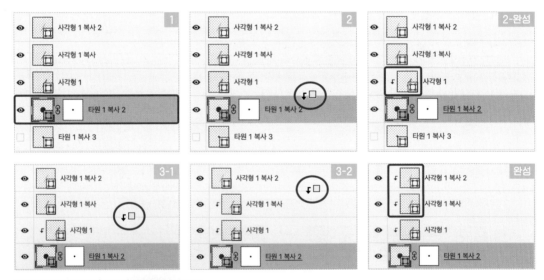

09 씨디에 광택을 입히는 작업을 시작합니다. 검은색 원 레이어를 선택합니다.

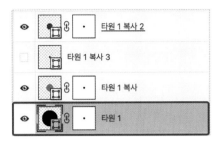

10 광택에 쓸 도형을 만들기 위해 [펜 도구]를 준비합니다.

1 툴바에서 [펜 도구]를 선택

2 옵션바에서 모드를 '모양'으로 설정

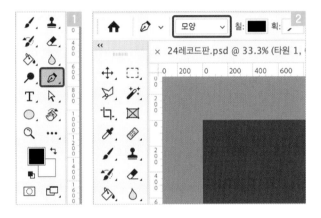

11 모양이 합쳐지지 않도록 Enter 키를 눌러 검은색 원의 패스를 꺼 줍니다.

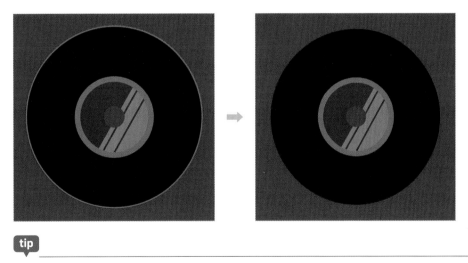

tip

작업 화면에 패스가 표시된 상태에서 새로운 모양을 만들면, 모양들이 하나의 레이어로 합쳐집니다.

12 광택 모양의 사다리꼴 4개를 만듭니다.

1 클릭을 반복하며 사다리꼴 모양 만들기

2 같은 방식으로 좌우에 2개씩 사다리꼴 만들기

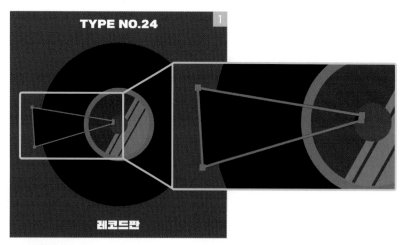

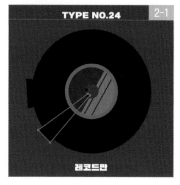
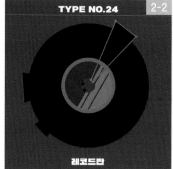
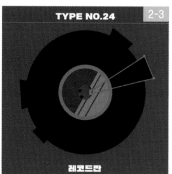

13 사다리꼴의 색을 회색으로 바꿉니다.

1 레이어 창에서 맨 위 사다리꼴 레이어의 썸네일을 더블 클릭

2 어두운 회색으로 지정

3 같은 방법으로 나머지 사다리꼴을 어두운 회색, 밝은 회색으로 지정

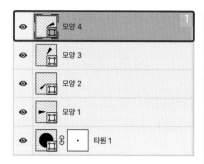

14 4개의 사다리꼴 레이어를 스마트 오브젝트로 묶어 줍니다.

1 Ctrl 을 누른 채로 모든 사다리꼴 레이어를 선택

2 선택한 레이어를 우클릭

3 '스마트 오브젝트로 변환' 클릭

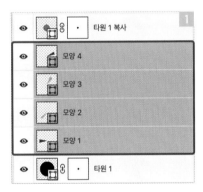

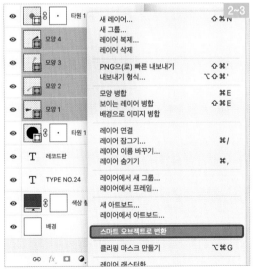

15 스마트 오브젝트 레이어에 '방사형 흐림 효과'를 입혀서 광택을 완성합니다.

1 [필터 - 흐림 효과 - 방사형 흐림 효과] 메뉴를 클릭

2 양을 100으로 설정

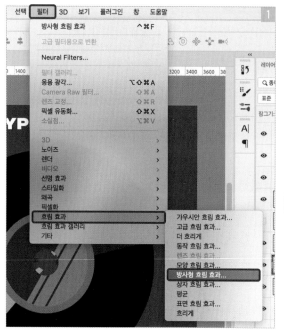

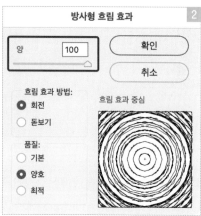

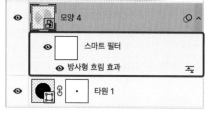

16 완성한 광택 레이어를 검은색 원으로 클리핑 마스크를 씌웁니다.

1 Alt 를 누른 채로 두 레이어의 경계선을 클릭

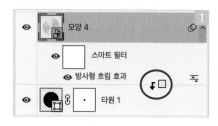

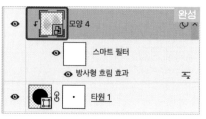

17 회색 원 레이어의 블렌딩 모드를 변경하여 검은색 원과 섞이도록 만듭니다.

1 레이어 창에서 회색 원 레이어를 선택

2 사각형 레이어 위쪽의 '표준'을 클릭

3 '색상 번' 모드를 선택

18 회색 원 레이어의 불투명도를 낮춰 살짝 투명하게 만듭니다.

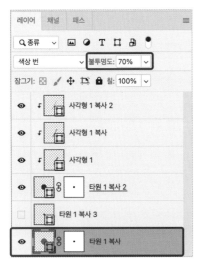

19 완성한 레코드판의 레이어들을 그룹으로 묶어 줍니다.

1 맨 아래의 검은색 원 레이어를 선택

2 Shift 를 누른 채로, 맨 위의 사각형 레이어를 선택

3 Ctrl + G 를 눌러 그룹으로 묶기

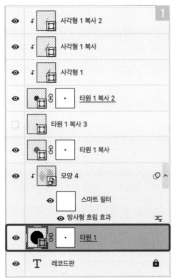

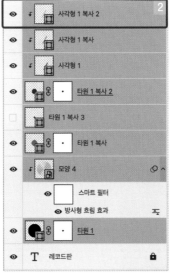

20 '경사와 엠보스' 효과를 통해 씨디 모양에 입체감을 줍니다.

1 그룹 레이어 이름 옆 빈 곳을 더블 클릭

2 레이어 스타일 창 왼쪽에서 '경사와 엠보스' 메뉴 이름을 클릭

3 구조 항목의 설정 값을 다듬기

4 밝은 영역, 그림자 모드의 불투명도를 100%로 올리기

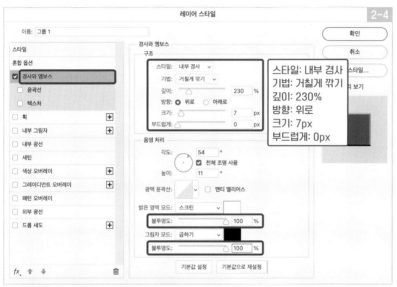

스타일: 내부 경사
기법: 거칠게 깎기
깊이: 230%
방향: 위로
크기: 7px
부드럽게: 0px

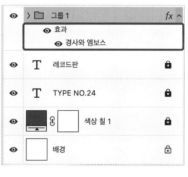

작업노트

✦ 그라데이션

광택을 만들 때의 핵심은 그라데이션을 만드는 것입니다. 씨디 위에 사다리꼴을 그리고 흐림 효과를 입힌 것도 색이 부드럽게 변하는 그라데이션을 만들기 위해서였죠. '광택.psd' 파일을 통해 파란색 원에 광택을 입히는 과정을 살펴보며, 포토샵에서 그라데이션을 만드는 다양한 방법에 대해 알아보겠습니다.

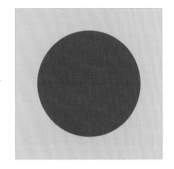

첫 번째로, 방사형 그라데이션을 입히는 방법입니다. 그레이디언트 칠 창이 떠 있는 상태에서 작업 화면을 드래그하면 방사형 그라데이션의 위치를 조정할 수 있어요.

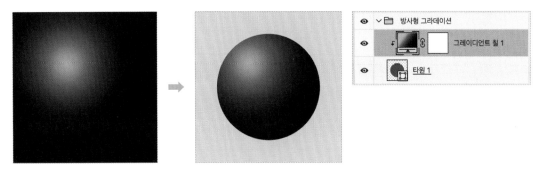

두 번째로, 경도 0%의 부드러운 브러시를 칠하는 방법입니다. 브러시의 경도를 0%로 설정하면 경계가 뚜렷하지 않고 부드럽게 색이 변하는 모양이 됩니다. 브러시 자체를 그라데이션으로 활용할 수 있는 것이죠.

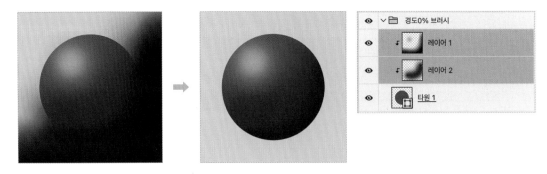

마지막으로, 경도 100%의 단단한 브러시를 칠한 다음, 가우시안 흐림 효과를 입히는 방법입니다. 〈만들기〉 과정에서 사다리꼴 모양을 만들고 방사형 흐림 효과를 입힌 것과 같은 방식입니다.

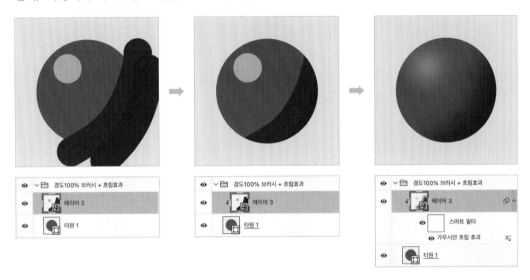

이처럼 모양에 광택을 입히고자 할 때, 그레이디언트 칠, 브러시, 흐림 효과 등의 기능을 활용하면 색이 변하는 그라데이션을 만들 수 있습니다.

이를 응용하면 독특한 구성의 그라데이션을 만들 수 있어요. 브러시로 화면에 색을 자유롭게 칠한 다음, 가우시안 흐림 효과를 입히는 것이죠. 이렇게 만든 그라데이션은 배경으로 쓰거나 텍스트에 입혀서 독특한 색감의 제목을 만드는 등 다양한 곳에 활용할 수 있습니다.

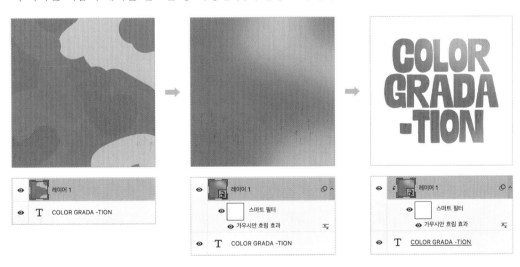

TYPE NO.25

MOEBIUS

밴드

둥글게 이어지는 띠 만들기

뒤틀기 모드를 통해 둥근 밴드를 만드는 방법을 알아봅니다. 먼저 사각형 레이어를 스마트 오브젝트로 변환합니다. 그런 뒤 뒤틀기 모드를 통해 사각형을 아치 모양으로 구부립니다. 이 구부린 모양을 복사하고 뒤집어서 밴드를 구성하는 두 개의 면을 완성합니다. 두 면이 서로 이어지도록 배치한 다음, 위아래 모양을 납작하게 눌러 주면 둥근 밴드 모양이 완성됩니다.

스킬 스마트 오브젝트, 뒤틀기
폰트 뉴트로닉한글 Extrabold (어도비 폰트)
색상 연노랑색 #faf5be / 다홍색 #dd4325 / 진홍색 #933225
난이도 ★★★☆☆
예제파일 25뫼비우스.psd

만들기

01 '25뫼비우스.psd' 파일을 엽니다.

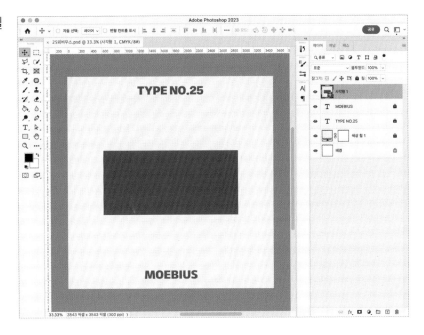

02 사각형 레이어를 스마트 오브젝트로 변환합니다.

1 레이어 창에서 사각형 레이어를 우클릭
2 '스마트 오브젝트로 변환' 클릭

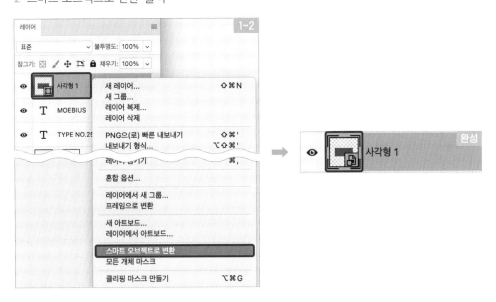

03 '뒤틀기' 모드로 들어갑니다.

1 Ctrl + T 를 눌러 변형 컨트롤 표시
2 작업 화면에 우클릭 후 '뒤틀기' 클릭

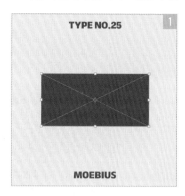 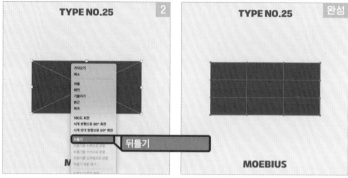

04 뒤틀기 유형을 '아치'로 지정합니다.

1 옵션바에서 '사용자 정의' 옵션을 클릭
2 '아치' 옵션을 선택

 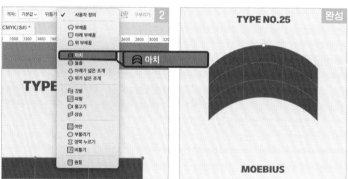

05 조절점을 드래그해서 아치 모양을 최대한 구부립니다.

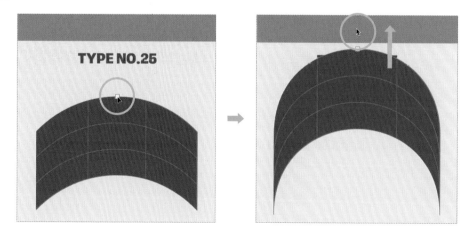

06 구부리는 작업이 끝나면 Enter 를 눌러서 뒤틀기 모드에서 빠져 나옵니다.

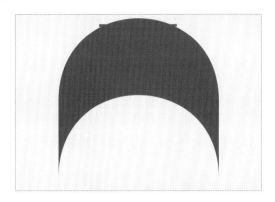

07 구부린 레이어를 복사해서 새 스마트 오브젝트를 만듭니다.

1 레이어 창에서 사각형 레이어를 우클릭
2 '복사를 통해 새 스마트 오브젝트 만들기' 클릭

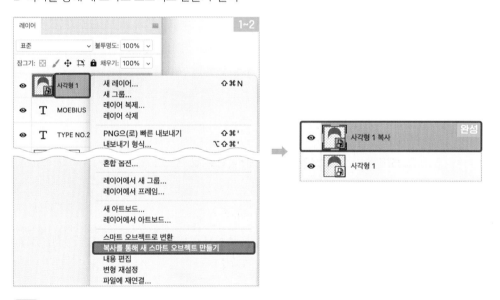

> **tip**
>
> Ctrl + J 를 눌러 스마트 오브젝트를 복사하면, 원본과 복사본의 내부가 연결됩니다. 원본 스마트 오브젝트의 내부를 수정하면, 복사한 다른 개체의 내부도 함께 바뀌는 것이죠. 때문에 개체를 따로따로 수정하고 싶다면 Ctrl + J 가 아니라 '복사를 통해 새 스마트 오브젝트 만들기' 메뉴를 통해 복사해야 합니다. 이렇게 하면 원본과 복사본의 내부가 연결되지 않고, 복사본의 색을 바꿔도 원본의 색은 그대로 남아 있게 됩니다.

08 복사한 면을 세로로 뒤집어 줍니다.

1 [Ctrl]+[T]를 눌러 변형 컨트롤 표시
2 작업 화면에 우클릭 후 '세로로 뒤집기' 클릭

 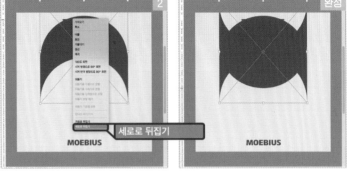

09 뒤집은 면을 아래로 내려서 위쪽 면과 이어 줍니다.

1 [Shift]를 누른 채로, 모양을 아래로 드래그

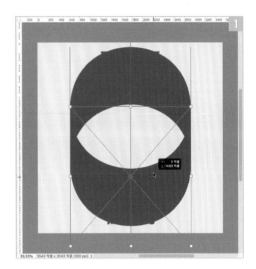

이 과정에서 사진과 같이 분홍색 선이 뜨며 스냅이 되지 않는다면, 스냅 옵션이 모두 켜져 있는지 확인해 주세요.

1 [보기 - 스냅] 항목이 체크되어 있는지 확인
2 [보기 - 스냅 옵션 - 안내선, 레이어, 문서 경계] 항목이 체크되어 있는지
   확인

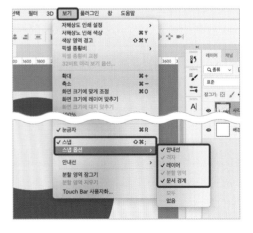

10 스마트 오브젝트 창을 열고, 한쪽 면의 색을 바꿉니다.

1 레이어 창에서 스마트 오브젝트 레이어의 썸네일을 더블 클릭
2 사각형 레이어의 썸네일을 더블 클릭
3 원하는 색으로 지정
4 Ctrl + S 를 눌러 저장
5 스마트 오브젝트 창 닫기

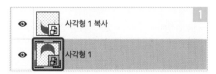

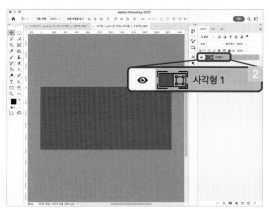

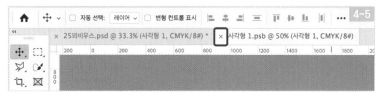

11 두 면의 위 아래를 납작하게 눌러 줍니다.

1 Ctrl을 누른 채로, 두 면 레이어를 모두 선택

2 Ctrl + T를 눌러 변형 컨트롤 표시

3 Alt + Shift를 누른 채로, 위아래의 가운데 점을 드래그

 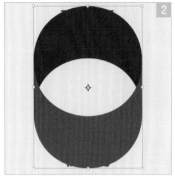 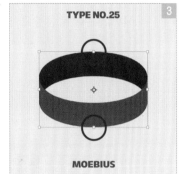

12 밴드의 각도와 크기를 조절합니다.

1 변형 컨트롤 바깥을 드래그해서 각도를 조절

2 조절점을 드래그해서 크기를 조절

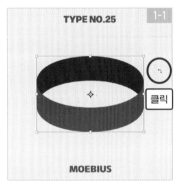 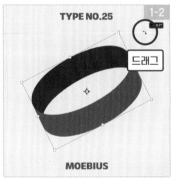 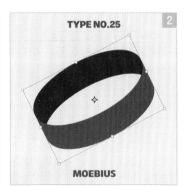

13 앞뒤가 꼬인 뫼비우스의 띠 모양을 만들어 봅니다. 먼저 위쪽 면 레이어에 마스크를 씌웁니다.

1 레이어 창에서 위쪽 면 레이어를 선택

2 레이어 창 하단에서 '레이어 마스크 만들기' 버튼 클릭

14 아래쪽 면의 선택 영역을 활성화합니다.

1 Ctrl을 누른 채로, 마스크가 없는 아래쪽 면 레이어의 썸네일을 클릭

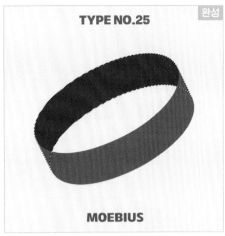

15 두 개의 면이 겹치는 부분 중 한 곳을 지웁니다.

1 레이어 창에서 위쪽 면 레이어의 마스크를 클릭
2 툴바에서 [브러시 도구]를 선택
3 툴바 하단의 전경색을 더블 클릭한 뒤 검은색으로 지정
4 면이 겹치는 곳 중 하나를 브러시로 색칠
5 Ctrl+D를 눌러 선택 영역 해제

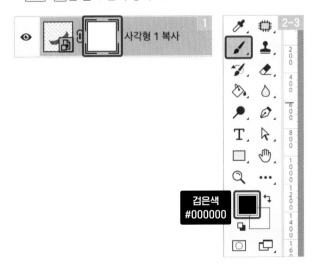

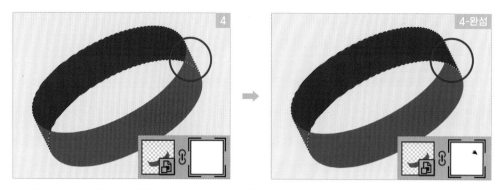

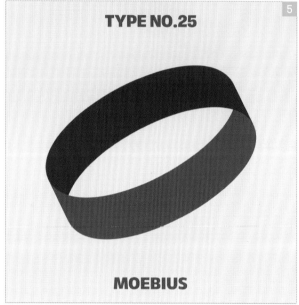

TYPE NO.25

MOEBIUS

작업노트

✦ 밴드의 두께

밴드의 두께를 조절하고 싶을 경우, 뒤틀기 작업을 하기 전 사각형의 모양을 바꾼 후 다시 밴드를 만들어 주세요. 예를 들어 〈뫼비우스〉 아트워크의 밴드보다 얇게 만들고 싶다면 사각형을 더욱 길고 가늘게 만드는 거죠.

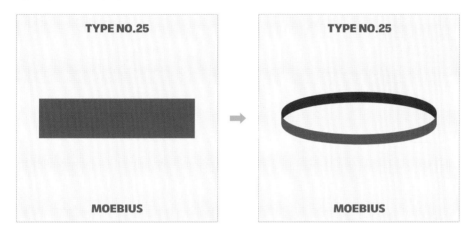

반대로 두꺼운 밴드를 만들고 싶다면 짧고 굵은 사각형으로 작업을 시작해 주세요. 어떤 사각형을 썼을 때 어떤 밴드가 완성되는지 꽤 직관적으로 알 수 있죠?

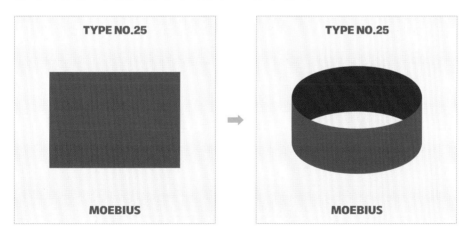

이미 밴드를 완성하고 난 뒤에는 두께를 조절하기 어렵습니다. 때문에 밴드의 두께를 조절하고 싶을 경우, 작업을 처음으로 되돌려서 사각형의 위아래 너비를 바꿔 주세요.

✦ 밴드 위 글자

스마트 오브젝트의 특징을 활용하면 밴드 위에 자연스럽게 글자를 얹을 수 있습니다. 먼저 밴드를 구성하는 면의 스마트 오브젝트 창을 열고, 그 위에 텍스트 레이어를 얹어 줍니다. 그런 다음 스마트 오브젝트 창과 본 작업 창을 왔다 갔다 확인하며 텍스트가 원하는 모양으로 보이도록 조정합니다.

〈만들기〉 작업에 이어서 밴드 위에 글자를 입히는 과정을 알아보겠습니다.

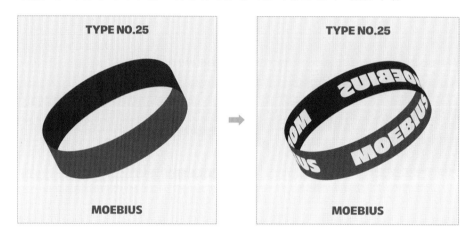

01 한쪽 면의 스마트 오브젝트 창으로 늘어갑니다.

1 스마트 오브젝트 레이어의 썸네일을 더블 클릭

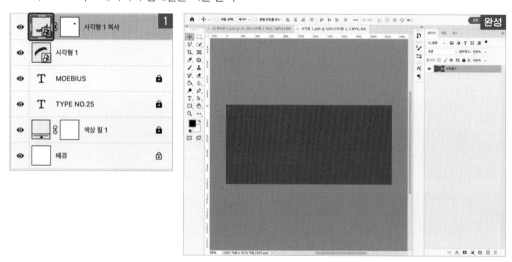

02 텍스트 레이어를 만듭니다.

1 툴바에서 [가로쓰기 문자 도구] 선택

2 옵션바에서 폰트의 종류와 굵기를 설정

3 Enter 키를 눌러 커서를 동그라미에서 사각형으로 변경

4 작업 화면을 클릭한 뒤 텍스트를 입력

5 입력을 마치면, 레이어 창에서 텍스트 레이어를 클릭

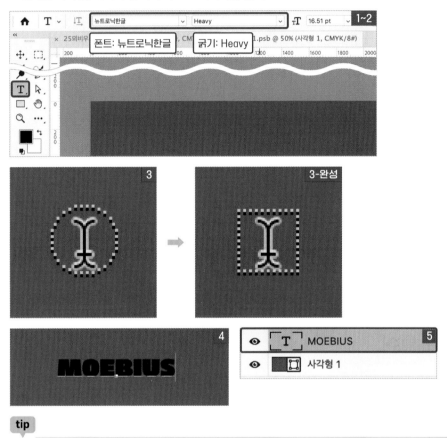

tip

도형 위에 텍스트 입력 커서를 대면, 커서가 동그랗게 표시됩니다. '도형의 모양에 맞춰 텍스트 상자를 새로 만들게요'라는 의미이죠. 이 상태에서 화면을 클릭하고 텍스트를 입력하면 도형의 모양에 맞춘 텍스트 상자가 생깁니다.

이렇게 텍스트 상자가 생기면 텍스트와 텍스트 상자의 크기가 다르기 때문에 작업이 불편할 수 있습니다. 그래서 도형 위에 텍스트를 입력하는 경우에는 Enter 를 쳐서 커서를 사각형으로 바꾸는 게 좋습니다. 사각형 커서를 이용하면 따로 텍스트 상자를 만들지 않고 자유롭게 텍스트를 입력할 수 있기 때문이죠.

03 텍스트의 크기를 조절합니다.

1 Ctrl+T를 눌러 변형 컨트롤 표시
2 조절점을 드래그해서 원하는 크기로 키우기
3 텍스트를 드래그해서 가운데에 배치

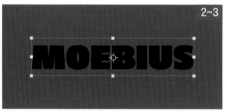

04 텍스트의 색을 설정합니다.

1 옵션바에서 컬러 박스를 더블 클릭
2 원하는 색으로 지정

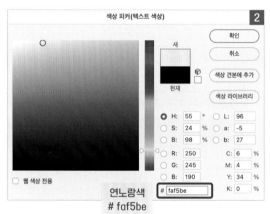

연노랑색
faf5be

05 스마트 오브젝트 창을 저장하고 본 작업 창으로 돌아가서, 텍스트가 어떻게 보이는지 확인합니다.

1 Ctrl + S 를 눌러 저장

2 본 작업 창의 탭을 클릭

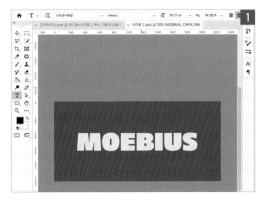
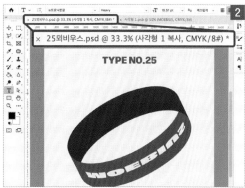

06 스마트 오브젝트 창으로 돌아와서, 텍스트를 뒤집어 줍니다.

1 스마트 오브젝트 창의 탭을 클릭

2 Ctrl + T 를 눌러 변형 컨트롤 표시

3 작업 화면에 우클릭 후 '세로로 뒤집기' 클릭

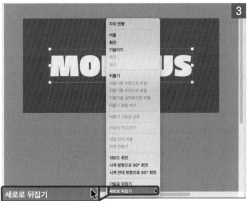

tip

실제 작업에서는 옵션을 하나씩 눌러 보면서 원하는 모양을 찾아가는 방법을 추천합니다. 직접 해 보기 전에는 세로로 뒤집어야 하는지 가로로 뒤집어야 하는지 알기 어려우니까요.

07 텍스트의 가로 폭을 좁혀 줍니다.

1 Ctrl + T 를 눌러 변형 컨트롤 표시
2 Alt + Shift 를 누른 채로, 세로 가운데 점을 안쪽으로 드래그
3 Alt 를 누른 채로, 조절점을 드래그해서 크기를 키우기

08 텍스트가 밴드 위를 빙빙 도는 것처럼 보이도록 배치합니다.

1 툴바에서 [이동 도구]를 선택
2 Shift 를 누른 채로, 텍스트를 옆으로 드래그
3 Ctrl + J 를 눌러 텍스트 레이어를 복사
4 Shift 를 누른 채로, 복사한 텍스트를 옆으로 드래그

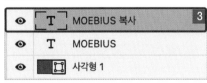

09 텍스트 레이어를 복사해서 머금어 줍니다.

1 Ctrl 을 누른 채로, 텍스트 레이어를 모두 선택
2 Ctrl + C 를 눌러 텍스트 레이어를 복사

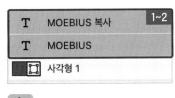

tip

Ctrl + C 는 레이어를 복사해서 머금고 있는 단축키입니다 Ctrl + V 를 눌러야 비로소 머금은 복사본이 화면에 붙여 넣어지죠.

10 다른 면의 스마트 오브젝트 안으로 들어가서, 머금은 텍스트를 붙여 넣어 줍니다.

1 본 작업 창의 탭을 클릭
2 글자가 없는 면의 썸네일을 더블 클릭
3 Ctrl + V 를 눌러 텍스트 레이어를 복사

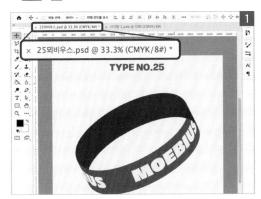

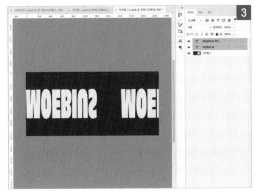

11 스마트 오브젝트 창을 저장하고 본 작업 창으로 돌아가서, 텍스트가 어떻게 보이는지 확인합니다.

1 Ctrl + S 를 눌러 저장
2 본 작업 창의 탭을 클릭

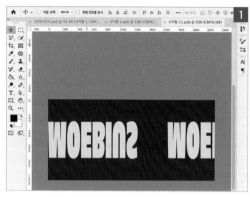 

12 스마트 오브젝트 창으로 돌아와서, 텍스트를 뒤집어 줍니다.

1 두 번째 스마트 오브젝트 창의 탭을 클릭
2 Ctrl 을 누른 채로, 텍스트 레이어를 모두 선택
3 Ctrl + T 를 눌러 변형 컨트롤 표시
4 작업 화면에 우클릭 후 '가로로 뒤집기' 클릭
5 다시 한번 작업 화면에 우클릭 후 '세로로 뒤집기' 클릭

 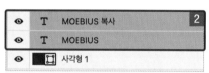

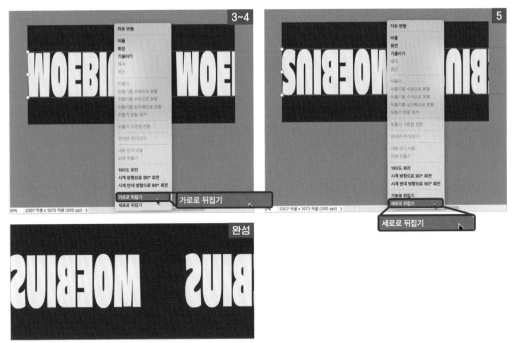

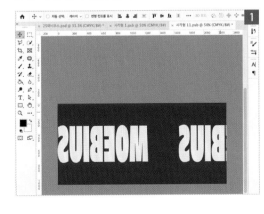

13 스마트 오브젝트 창을 저장하고 본 작업 창으로 돌아가서, 텍스트가 어떻게 보이는지 확인합니다.

1 Ctrl + S 를 눌러 저장

2 본 작업 창의 탭을 클릭

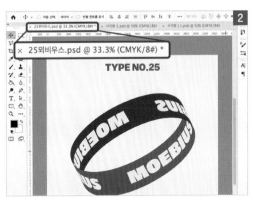

14 스마트 오브젝트 창으로 돌아와서, 앞 면과 글자가 이어지도록 텍스트의 위치를 조정합니다.

1 두 번째 스마트 오브젝트 창의 탭을 클릭
2 Ctrl 을 누른 채로, 텍스트 레이어를 모두 선택
3 Shift 를 누른 채로, 텍스트를 옆으로 드래그

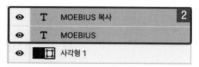

15 스마트 오브젝트 창을 저장하고 본 작업 창으로 돌아가서, 텍스트가 어떻게 보이는지 확인합니다.

1 Ctrl + S 를 눌러 저장
2 본 작업 창의 탭을 클릭

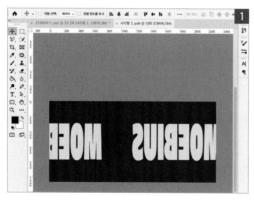

TYPE NO.26   *PAPER*

구부리기
면과 모서리를 둥글게 말기

뒤틀기 모드를 통해 팔랑이는 종이 모양을 만들어 봅니다. 먼저 사각형
레이어를 스마트 오브젝트로 변환합니다. 그런 뒤 뒤틀기 모드를 통해
사각형을 아치 모양으로 구부립니다. 다음으로 사용자 정의 옵션을 이
용하여 직접 뒤틀기 기준점을 움직여서 모양을 세밀하게 다듬고 모서
리 한쪽을 안으로 구부립니다. 마지막으로 구부린 모서리가 다른 면과
구별되도록 색을 입힙니다.

스킬 스마트 오브젝트, 뒤틀기, 펜 도구
폰트 Rix독립고딕_Pro (어도비 폰트)
색상 주황색 #ed6a1a / 남색 #244995 / 흰색 #ffffff / 검은색 #000000
난이도 ★★★☆☆
예제파일 26종이.psd, 목업.psd

▮ 만들기

01 '26종이.psd' 파일을
엽니다.

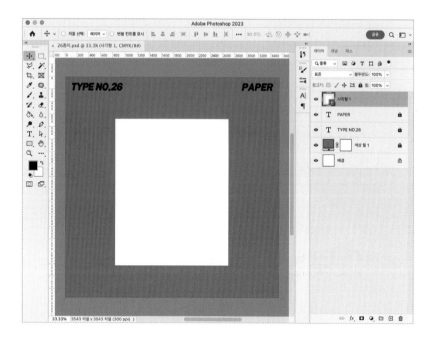

02 사각형 레이어를 스마트 오브젝트로 변환합니다.

　1 레이어 창에서 사각형 레이어를 우클릭
　2 '스마트 오브젝트로 변환' 클릭

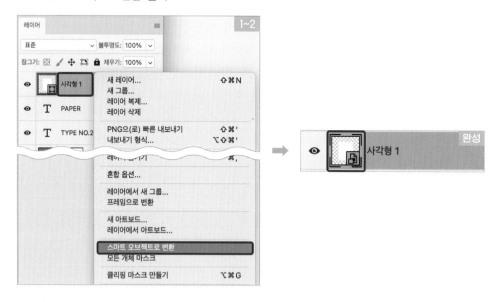

03 '뒤틀기' 모드로 들어갑니다.

1 Ctrl + T 를 눌러 변형 컨트롤 표시
2 작업 화면에 우클릭 후 '뒤틀기' 클릭

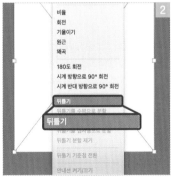

04 뒤틀기 유형을 '아치'로 지정합니다.

1 옵션바에서 '사용자 정의' 옵션을 클릭
2 '아치' 옵션을 선택

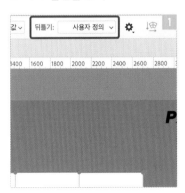

05 사각형을 오른쪽으로 구부립니다.

1 옵션바에서 '뒤틀기 방향 변경' 버튼을 클릭
2 조절점을 오른쪽으로 드래그

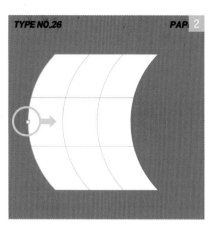

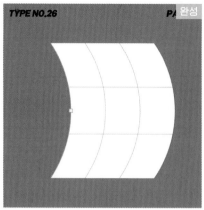

06 구부린 면을 오른쪽으로 살짝 기울입니다.

1 [Ctrl]+[T]를 눌러서 변형 컨트롤 표시
2 변형 컨트롤 바깥을 드래그해서 오른쪽으로 회전

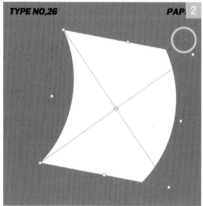

07 다시 '뒤틀기' 모드로 들어갑니다.

1 작업 화면에 우클릭 후 '뒤틀기' 클릭

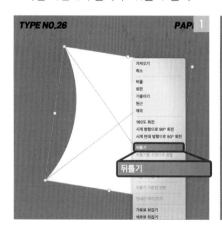

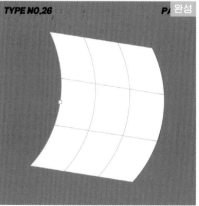

08 모양을 직접 다듬기 위해, 뒤틀기 유형을 '사용자 정의'로 바꿉니다.

1 옵션바에서 '아치' 옵션을 클릭

2 '사용자 정의' 옵션을 선택

09 한쪽 모서리를 안쪽으로 둥글게 말아 줍니다.

1 모서리 점을 안쪽으로 드래그해서 둥글게 말기

2 모서리 점 양옆의 핸들을 움직여서 굴곡 다듬기

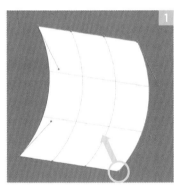 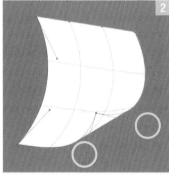 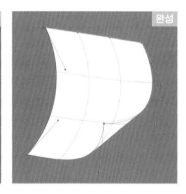

10 모서리 점과 핸들을 움직여서, 구부러진 면의 모양을 전체적으로 다듬어 줍니다.

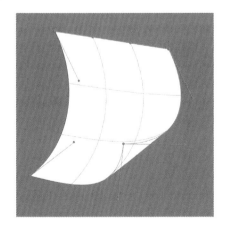

11 모서리에 색을 입히기 위해, 스마트 오브젝트 창을 엽니다.

1 레이어 창에서 스마트 오브젝트 레이어의 썸네일을 더블 클릭

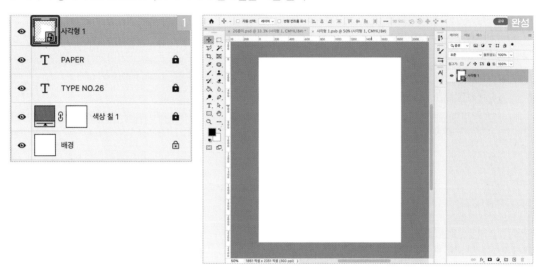

12 안쪽으로 말린 모서리 위치에 삼각형을 만듭니다.

1 툴바에서 [펜 도구]를 선택
2 옵션바에서 모드를 '모양'으로 설정
3 클릭을 반복하며 모서리에 삼각형 만들기
4 삼각형 레이어의 썸네일을 더블 클릭
5 원하는 색으로 지정

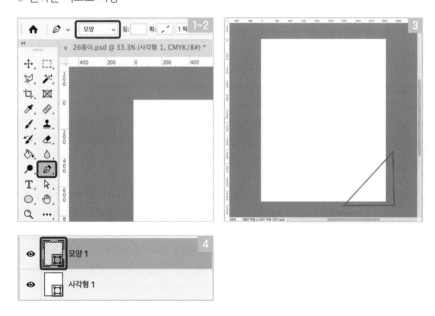

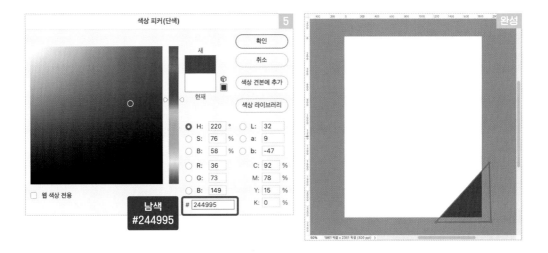

13 스마트 오브젝트 창을 저장하고 본 작업 창으로 돌아가서, 모서리에 색이 비거나 넘치는 부분이 있는지 확인합니다.

1 Ctrl + S 를 눌러 저장
2 본 작업 창의 탭을 클릭

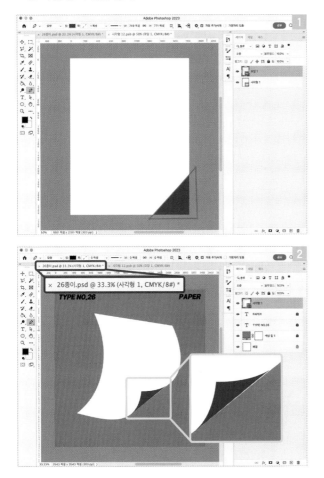

14 모서리에 색이 깔끔하게 칠해지도록, 스마트 오브젝트 창으로 돌아가 삼각형의 변의 길이를 조정합니다.

　1　스마트 오브젝트 창의 탭을 클릭

　2　Ctrl을 누른 채로 삼각형의 모서리 점을 클릭

　3　방향키를 이용하여 변의 길이를 조정

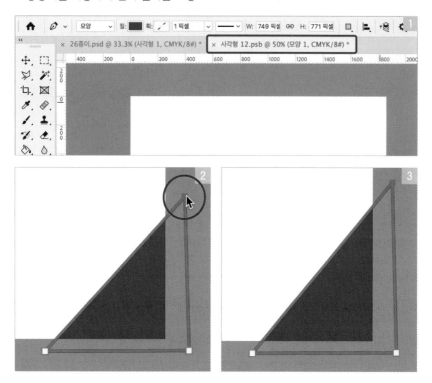

15 삼각형의 가운데 변을 곡선으로 부풀립니다.

　1　가운데 변의 중간을 클릭해서 고정점 추가

　2　방향키를 이용하여 변을 곡선으로 부풀리기

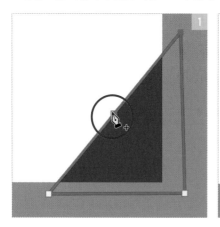 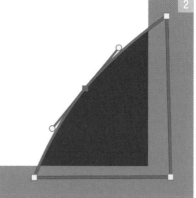

16 스마트 오브젝트 창을 저장하고 본 작업 창으로 돌아가서, 모서리에 깔끔하게 칠해졌는지 확인합니다.

1 Ctrl + S 를 눌러 저장

2 본 작업 창의 탭을 클릭

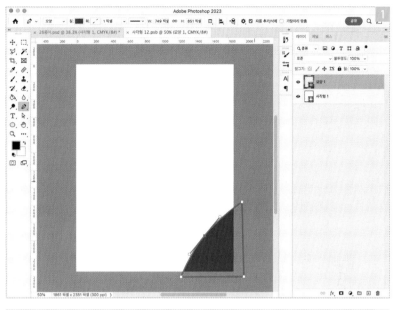

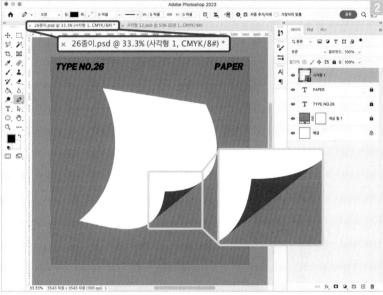

17 구부린 종이에 그림자를 입힙니다.

1 구부린 레이어 이름 옆 빈 곳을 더블 클릭
2 레이어 스타일 창 왼쪽에서 '드롭 섀도' 메뉴 이름을 클릭
3 거리와 크기 값을 조절하여 그림자의 모양 잡기
4 그림자가 지는 각도와 불투명도 값 조절

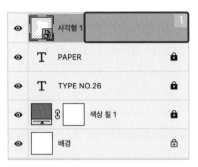

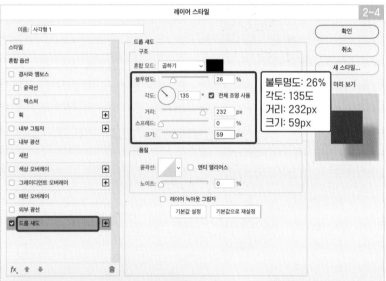

불투명도: 26%
각도: 135도
거리: 232px
크기: 59px

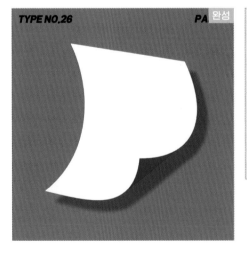

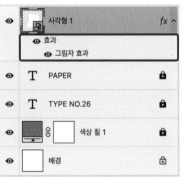

작업노트

✦ 모서리의 그림자

둥글게 말린 모서리 안쪽에 그림자를 입히려면 어떻게 해야 할까요? 모서리 안쪽 그림자는 모서리 모양보다 살짝 기울어져야 하는데, '드롭 섀도' 기능은 레이어와 똑같은 모양의 그림자만 만들기 때문에 모서리의 그림자를 표현할 수 없습니다.

그래서 이런 경우에는 레이어의 모양을 직접 기울이고 블러 처리를 하는 방식으로 그림자를 만들어야 합니다. 구체적인 작업 과정을 알아보기 위해, 모서리에 색을 칠하고 난 뒤인 〈만들기〉 (16)번 과정에 이어 모서리 안쪽의 그림자를 만들어 봅시다.

01 안쪽으로 말린 모서리의 누끼를 땁니다.

    1 툴바에서 [자동 선택 도구] 선택

    2 옵션바에서 '인접' 체크를 해제

    3 작업 화면에서 모서리를 클릭

    4 Ctrl + J 를 눌러 모서리의 누끼 따기

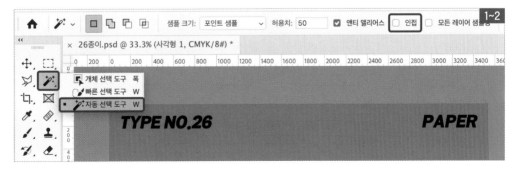

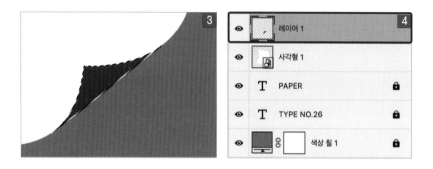

02 누끼 레이어를 복사한 다음, 원본을 스마트 오브젝트로 변환합니다.

1 `Ctrl`+`J`를 눌러 누끼 레이어를 복사
2 원본 누끼 레이어를 우클릭 후 '스마트 오브젝트로 변환' 클릭

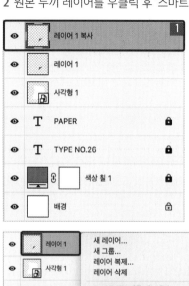

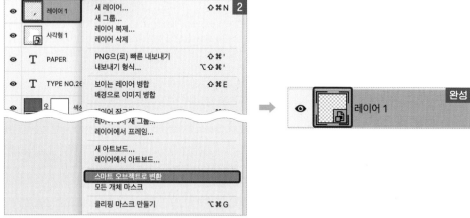

03 스마트 오브젝트 레이어에 '가우시안 흐림 효과'를 입혀서 그림자를 만듭니다.

1 [필터 - 흐림 효과 - 가우시안 흐림 효과] 메뉴를 클릭

2 반경 값을 조절

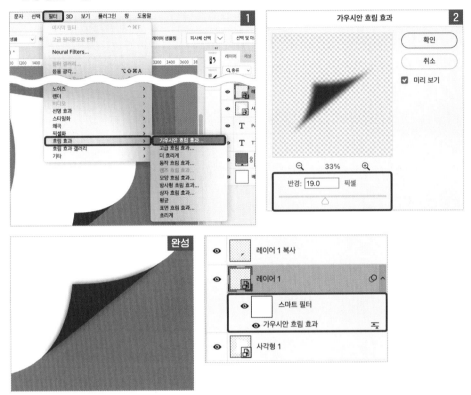

04 그림자 레이어를 흑백으로 만듭니다.

1 [이미지 - 조정 - 색조/채도] 메뉴를 클릭

2 채도를 -100으로 내리기

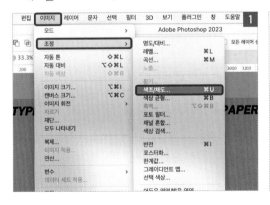
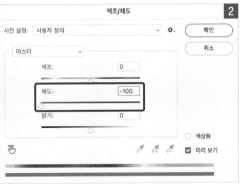

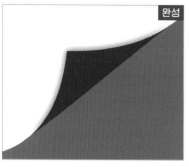
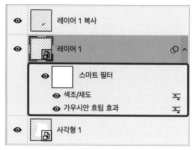

05 그림자의 모양을 기울입니다.

1 Ctrl + T 를 눌러 변형 컨트롤 표시
2 Ctrl 을 누른 채로 모서리 점을 드래그하여 기울이기

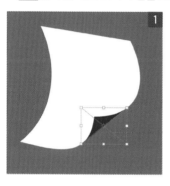
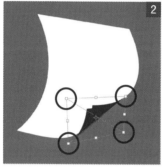

06 그림자의 불투명도를 낮춥니다.

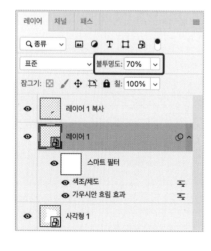

07 그림자 레이어를 사각형 레이어로 클리핑 마스크를 씌웁니다.

　1 Alt 를 누른 채로, 두 레이어의 경계선을 클릭

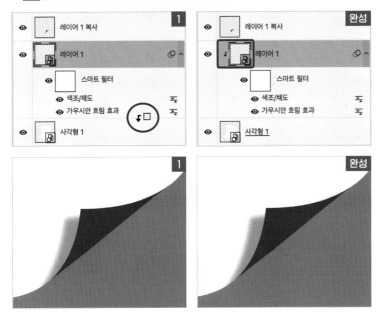

08 모서리 그림자의 방향에 맞춰 전체 면에 그림자를 입힙니다.

　1 사각형 레이어 이름 옆 빈 곳을 더블 클릭
　2 레이어 스타일 창 왼쪽에서 '드롭 섀도' 메뉴 이름을 클릭
　3 거리와 크기 값을 조절하여 그림자의 모양 잡기
　4 그림자가 지는 각도, 불투명도 값을 조절

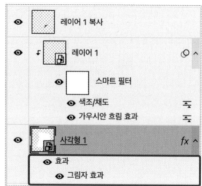

✦ 목업

목업이란 디지털 이미지가 실제 현실에서 어떻게 보일지 가늠해 보기 위해 만드는 합성 이미지입니다. 팔랑이는 종이, 인쇄한 포스터를 붙여 놓은 벽, 지하철 광고판 등 현실의 물성을 지닌 이미지를 목업의 소재로 쓰곤 하죠. 뒤틀기 모드와 스마트 오브젝트의 성질을 이용하면 이러한 목업 이미지를 직접 만들 수 있습니다. 구부린 스마트 오브젝트의 썸네일을 더블 클릭해서 창을 연 다음, 원하는 이미지를 배치하고 저장하면 목업이 완성되죠.

tip

이미지 사이즈에 맞춘 사각형으로 목업을 만들면 이미지의 비율이 깨지지 않습니다.

tip

위 이미지는 뒤틀기 모드 중 '깃발' 옵션을 이용하여 제작되었습니다.

그리기
자유로운 모양 그리기

펜 도구로 자유롭게 모양을 그립니다. 먼저 펜 도구를 선택한 다음, 모양의 틀을 그립니다. 완성한 패스를 모양 레이어로 만들고, 다음에 그릴 패스와 합쳐지지 않도록 패스를 끕니다. 이 과정을 반복하며 모양을 이루는 요소들을 하나씩 그립니다. 모양이 완성되면 사용한 레이어들을 그룹으로 묶어 줍니다. 마지막으로 그룹 레이어의 크기를 조절하거나 효과를 입힙니다.

스킬　펜 도구, 클리핑 마스크

폰트　Roc Grotesk Black (어도비 폰트)

색상　분홍색 #e45377 / 하늘색 #1da9b9 / 노랑색 #eab720 / 주황색 #e3742a / 갈색 #ae3f23 / 흰색 #ffffff / 검은색 #000000

난이도　★★★★☆

예제파일　27앵무새.psd

만들기

01 '27앵무새.psd' 파일을
엽니다.

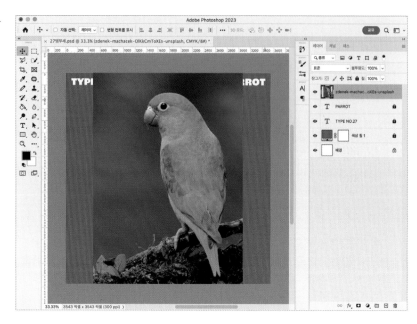

02 패스를 그릴 [펜 도구]를 준비합니다.

1 툴바에서 [펜 도구]를 선택
2 옵션바에서 모드를 '패스'로 설정

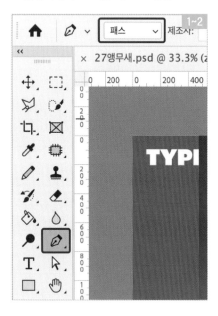

03 앵무새의 몸통을 그립니다.

▶ 클릭부터 드래그까지 마우스에서 손을 떼지 않고 꾹 눌러 주세요.

▶ 화면 확대: Ctrl + +

▶ 화면 이동: Space Bar + 드래그

▶ 화면 축소: Ctrl + −

▶ (패스가 꺼졌을 때) 패스 활성화: Ctrl + 클릭

▶ 패스 이어서 그리기: 마지막으로 만든 고정점 클릭

▶ 이미 완성한 패스의 모양을 조정하고 싶다면, Ctrl을 누른 채로 고정점과 핸들을 드래그해 주세요.

04 완성한 패스를 모양 레이어로 만듭니다.

1 옵션바에서 '모양' 버튼 클릭

2 레이어 창에서 모양 레이어의 썸네일을 더블 클릭

3 하늘색으로 지정

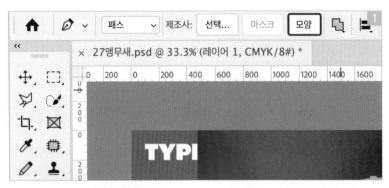

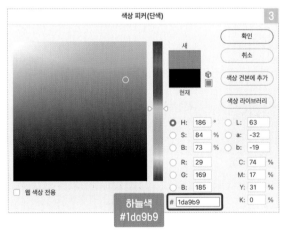

만약 '모양' 버튼을 눌렀을 때 아래와 같이 패스의 바깥 부분이 색칠된다면, 작업을 되돌린 다음 옵션바에서 '패스 작업' 옵션을 '모양 결합'으로 바꿔 주세요.

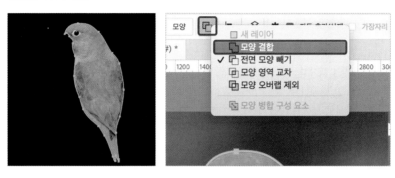

05 모양 레이어의 이름을 '몸통'으로 바꾸고, 레이어를 끕니다.

1 모양 레이어의 이름을 더블 클릭

2 '몸통' 입력

3 레이어의 눈 끄기

06 왼쪽 날개를 그립니다.

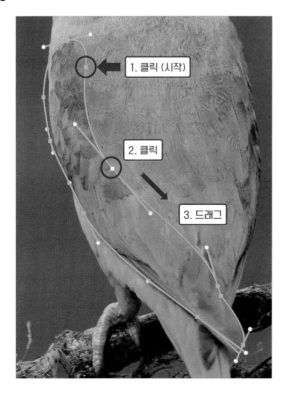

07 완성한 패스를 모양 레이어로 만듭니다.

08 다음에 그릴 패스와 합쳐지지 않도록, Enter 키를 눌러 패스를 꺼 줍니다.

tip

작업 화면에 패스가 표시된 상태에서 새로운 패스를 그리면 패스들이 하나의 레이어로 합쳐집니다.

09 오른쪽 날개를 그립니다.

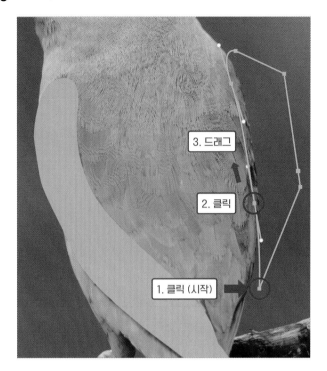

10 완성한 패스를 모양 레이어로 만듭니다.

11 모양 레이어의 이름을 각각 '왼쪽 날개', '오른쪽 날개'로 바꿉니다.

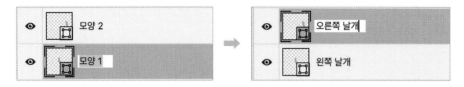

12 몸통 레이어를 켭니다.

13 모양의 실루엣을 정리하기 위해, 날개 레이어를 몸통 레이어로 클리핑 마스크 씌웁니다.

1 Alt 를 누른 채로, 몸통과 왼쪽 날개 레이어 사이를 클릭
2 Alt 를 누른 채로, 왼쪽 날개와 오른쪽 날개 레이어 사이를 클릭

14 몸통 레이어를 끕니다.

15 다음에 그릴 패스와 합쳐지지 않도록, Enter 키를 눌러 패스를 꺼 줍니다.

16 위쪽 부리를 그립니다.

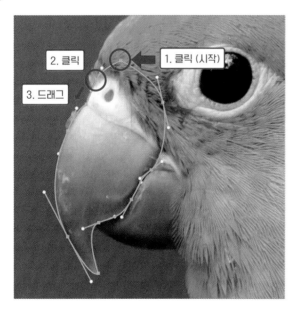

17 완성한 패스를 주황색 모양 레이어로 만든 뒤, Enter 키를
눌러 패스를 꺼 줍니다.

주황색
#e3742a

18 아래쪽 부리를 그립니다.

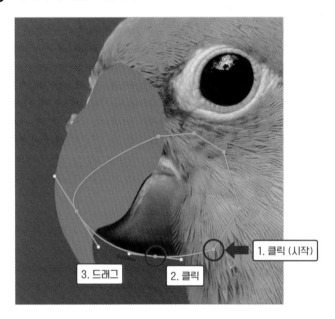

1. 클릭 (시작)

3. 드래그

2. 클릭

19 완성한 패스를 갈색 모양 레이어로 만든 뒤, Enter 키를 눌
러 패스를 꺼 줍니다.

갈색
#ae3f23

20 모양 레이어의 이름을 각각 '위쪽 부리', '아래쪽 부리'로 바꿉니다.

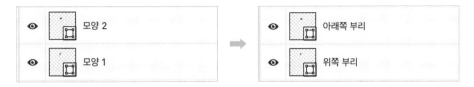

21 몸통 레이어를 켭니다.

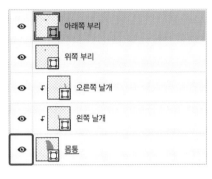

22 부리를 몸통 뒤로 보냅니다.

1 레이어 창에서 아래쪽 부리를 위쪽 부리 밑으로 내리기
2 Ctrl 을 누른 채로 부리 레이어를 모두 선택
3 선택한 레이어들을 몸통 레이어 밑으로 내리기

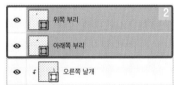

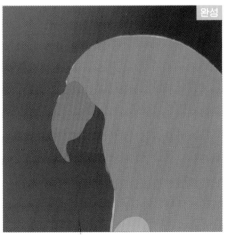

23 부리와 몸통의 이음매를 다듬기 위해, 화면을 확대합니다.

1 Ctrl + + 를 눌러서 화면 확대

2 Space Bar 를 누른 채로 드래그하여 부리가 보이도록 세팅

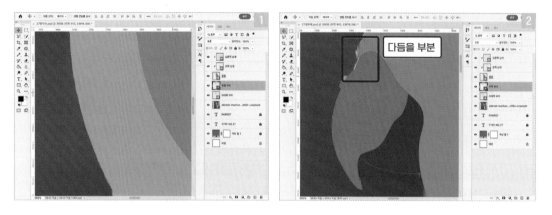

24 위쪽 부리를 움직여서 몸통과 자연스럽게 이어지도록 만듭니다.

1 툴바에서 [이동 도구] 선택

2 위쪽 부리 레이어 선택

3 방향키를 눌러서 위쪽 부리를 움직이기

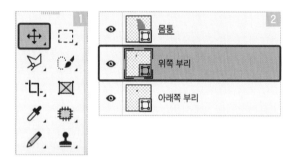

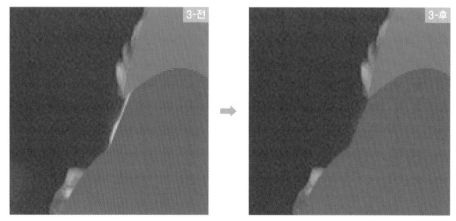

25 몸통 레이어를 끕니다.

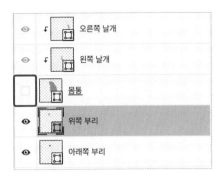

26 다시 [펜 도구]를 선택하고, 다음에 그릴 패스와 합쳐지지 않도록 패스를 꺼 줍니다.

1 툴바에서 [펜 도구]를 선택

2 Enter 키를 눌러 패스 끄기

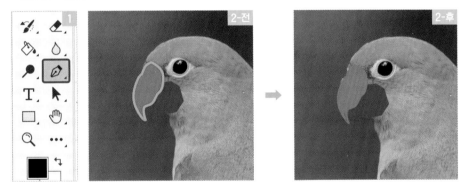

27 눈 주위의 흰 부분을 그립니다.

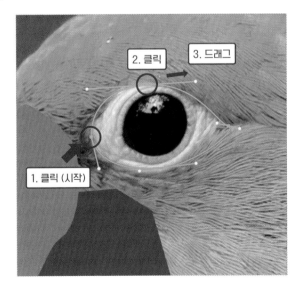

tip

시작점으로 다시 돌아와서 패스를 닫을 때, 위쪽으로 드래그하면 아래로 볼록한 곡선을 만들 수 있습니다.

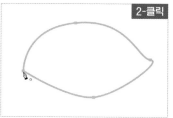

28 완성한 패스를 흰색 모양 레이어로 만든 뒤, [Enter] 키를 눌러 패스를 꺼 줍니다.

흰색
#ffffff

29 눈동자를 만듭니다.

1 툴바에서 [타원 도구] 선택
2 드래그해서 타원 그리기
3 타원 레이어의 썸네일 더블 클릭
4 검은색으로 지정

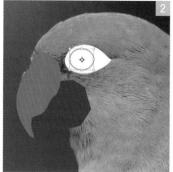

검은색
#000000

tip

툴바에서 [타원 도구] 아이콘이 보이지 않는다면 사진 속 아이콘 위치를 우클릭해 보세요. 숨어 있는 [타원 도구]를 찾을 수 있습니다.

30 안광을 만듭니다.

1 Ctrl + J 를 눌러 타원 레이어를 복사

2 Ctrl + T 를 눌러 변형 컨트롤 표시

3 조절점을 드래그하여 크기 줄이기

4 복사한 레이어의 썸네일을 더블 클릭

5 흰색으로 지정

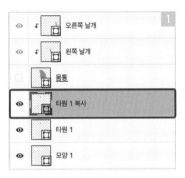
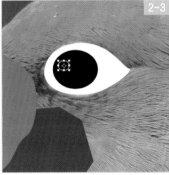

31 모양 레이어의 이름을 각각 '눈 주위', '눈동자', '안광'으로 바꿉니다.

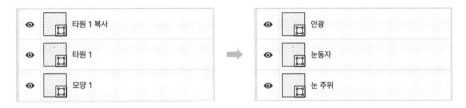

32 몸통 레이어를 켭니다.

33 눈이 몸통 앞으로 오도록 레이어 순서를 정리합니다.

1 Ctrl 을 누른 채로 눈을 구성하는 레이어를 모두 선택

2 오른쪽 날개 레이어 위로 올리기

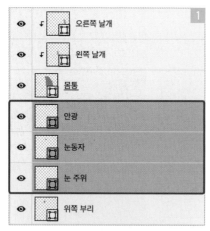
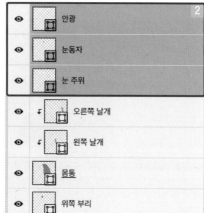

34 모양을 완성했다면, 사진 레이어를 끕니다.

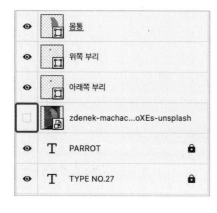

35 만든 모양들을 그룹으로 묶어 줍니다.

1 맨 위에 있는 '안광' 레이어를 선택
2 [Shift]를 누른 채로 '아래쪽 부리' 레이어를 선택
3 [Ctrl]+[G]를 눌러 그룹으로 묶기

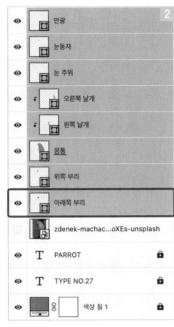

36 앵무새의 크기를 조정합니다.

1 [Ctrl]+[T]를 눌러 변형 컨트롤 표시
2 조절점을 드래그하여 원하는 크기로 조정

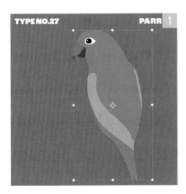
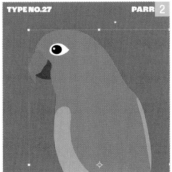

37 그룹 레이어에 그림자를 입힙니다.

1 그룹 레이어의 이름 옆 빈 곳을 더블 클릭

2 레이어 스타일 창 왼쪽에서 '드롭 섀도' 메뉴 이름을 클릭

3 거리와 크기 값을 조절하여 그림자의 모양 잡기

4 그림자가 지는 각도, 불투명도 값 조절

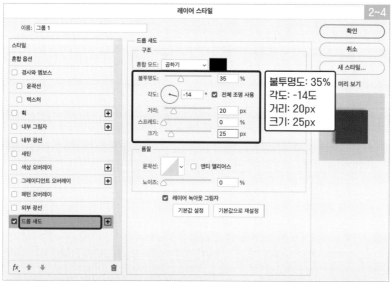

불투명도: 35%
각도: -14도
거리: 20px
크기: 25px

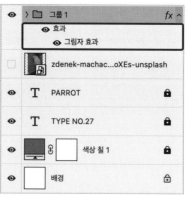

작업노트

✦ 곡선과 직선

펜 도구로 곡선과 직선을 만드는 방법을 자세히 살펴보겠습니다. 펜 도구로 클릭을 두 번 반복하면 직선이 만들어집니다. 이때 클릭을 떼지 않고 드래그를 하면 곡선이 만들어지죠.

만약 위와 같이 드래그를 한 상태에서 다른 곳을 클릭하면 어떻게 될까요? 따로 드래그를 하지 않았음에도 곡선이 만들어집니다.

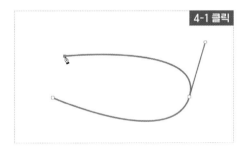

패스 작업에서 곡선이 만들어지는 원리를 알면 이를 쉽게 이해할 수 있습니다. 선이 고정점으로만 이루어져 있으면 직선, 하나라도 핸들이 달려 있다면 곡선이 되는 것이죠. 꼭 드래그를 하지 않아도, 선을 시작하는 고정점에 핸들이 달려 있다면 다른 곳을 클릭했을 때 무조건 곡선이 만들어집니다.

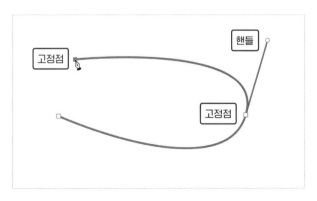

만약 곡선을 끊고 직선을 그리고 싶다면, 고정점 옆에 달린 핸들을 없애야 합니다. 방법은 간단합니다. [Alt]를 누른 채로 고정점에 마우스를 가져다대면, 뾰족한 삼각형 모양의 아이콘이 뜹니다. 이때 고정점을 클릭하면 다음 선을 만드는 데 관여하는 핸들을 없앨 수 있어요.

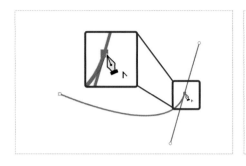

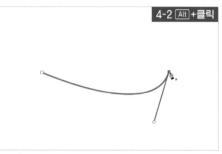

이렇게 핸들을 없애면, 다음 지점을 클릭했을 때 직선이 만들어집니다.

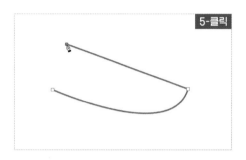

✦ 곡선 다듬기

곡선을 다듬는 여러 가지 방법에 대해 알아볼까요? 앞서 알아본 [Alt] 키는 곡선을 끊는 것뿐 아니라 곡선의 모양을 다듬을 때도 쓸 수 있습니다. [Alt]를 누른 채로 고정점을 클릭하면 핸들이 사라지고, 곡선이 직선으로 바뀌죠.

여기서 클릭을 떼지 않고 드래그하면 핸들을 새로 만들면서 곡선의 부푼 정도를 원하는 만큼 조절할 수 있습니다. 이때 Shift를 함께 누르면 핸들이 45도, 90도 각도에 맞춰 뻗어 나갑니다.

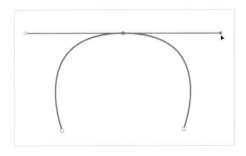

만약 핸들을 하나만 움직이고 싶다면, Alt를 누른 채로 핸들 하나를 드래그합니다.

Alt가 아니라 Ctrl을 사용하면 어떻게 될까요? Ctrl을 누른 채로 핸들을 드래그하면, 핸들 하나를 드래그해도 좌우가 함께 움직입니다. 만들고 싶은 모양에 따라 Ctrl이나 Alt를 유연하게 써 주면 좋겠지요.

핸들 새로 만들기	Alt + 고정점 드래그
핸들 하나만 움직이기	Alt + 핸들 드래그
핸들 양쪽 움직이기	Ctrl + 핸들 드래그

▶ Shift를 함께 누르면, 핸들 각도를 45도 단위로 고정

고리

두 개 이상의 도형을 엮기

레이어 마스크를 이용하여 두 개 이상의 도형을 엮어 고리를 만들어 봅니다. 먼저 테두리만 남은 도형을 서로 겹치도록 배치한 뒤, 도형을 하나씩 스마트 오브젝트로 변환합니다. 다음으로 위쪽에 있는 도형에 레이어 마스크를 씌우고, 선택 영역을 활용해서 겹친 부분 중 한 곳을 지워서 도형을 엮어 줍니다.

스킬 스마트 오브젝트, 레이어 마스크, 선택 영역, 브러시 도구, 지우개 도구
폰트 SB 어그로 Bold (눈누)
색상 흰색 #ffffff / 검은색 #000000 / 진분홍색 #e61e6c / 노란색 #f4dc25
난이도 ★★★★☆
예제파일 28체인.psd, 도형2개엮기.psd, 도형3개엮기.psd, 도형3개엮기(심화).psd

만들기

01 '28체인.psd' 파일을 엽니다.

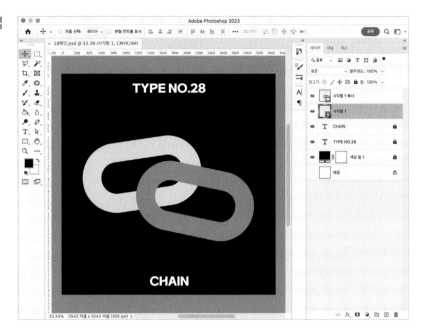

02 도형 레이어를 하나씩 스마트 오브젝트로 변환합니다.

1 도형 레이어 하나를 우클릭
2 '스마트 오브젝트로 변환' 클릭
3 나머지 도형 레이어를 우클릭
4 '스마트 오브젝트로 변환' 클릭

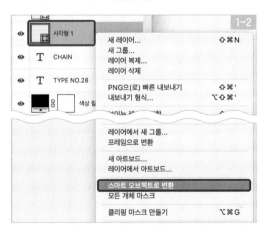

03 위쪽의 도형에 레이어 마스크를 씌웁니다.

1 레이어 창에서 위쪽의 도형 레이어를 선택

2 레이어 창 하단에서 '레이어 마스크 만들기' 버튼 클릭

04 레이어 마스크가 없는 도형의 선택 영역을 활성화합니다.

1 [Ctrl]을 누른 채로, 마스크가 없는 도형 레이어의 썸네일을 클릭

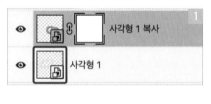 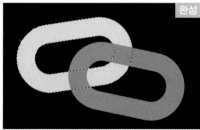

테두리의 모양대로 선택 영역을 잡으려면 도형 레이어를 반드시 스마트 오브젝트로 변환해야 합니다. 만약 앞 순서에서 스마트 오브젝트로 변환하지 않고 패스 속성의 레이어인 채로 선택 영역을 활성화하면, 도형의 테두리가 아닌 안쪽 면 전체가 선택 영역으로 잡힙니다.

05 도형이 겹치는 부분 중 한 곳을 지워 줍니다.

1 레이어 창에서 위쪽 도형 레이어의 마스크를 클릭
2 툴바에서 [브러시 도구]를 선택
3 전경색을 검은색으로 지정
4 도형이 겹치는 곳 중 하나를 브러시로 색칠
5 Ctrl + D 를 눌러 선택 영역 해제

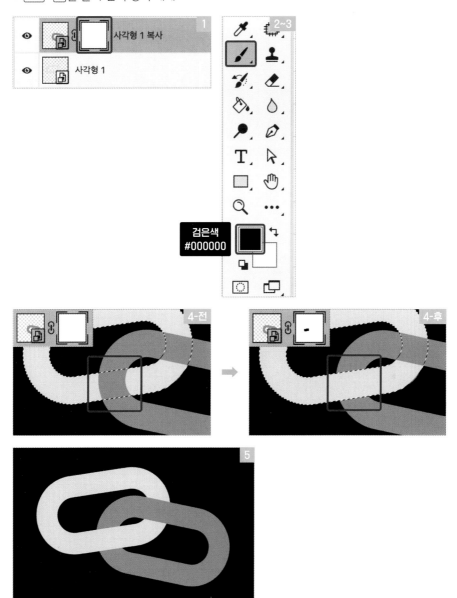

06 도형에 색을 입히기 위해, 단색 조정 레이어를 만듭니다.

1 레이어 창 하단에서 [조정 레이어 - 단색] 메뉴 클릭
2 원하는 색으로 지정

07 단색 레이어를 위쪽 도형 레이어로 클리핑 마스크를 씌웁니다.

1 Alt 를 누른 채로, 두 레이어의 경계선을 클릭

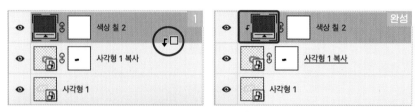

08 같은 방법으로 나머지 도형에도 색을 입힙니다.

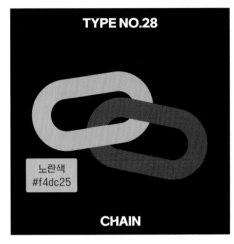

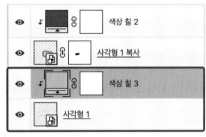

09 그림자를 만들기 위해 새 레이어를 만듭니다.

1 레이어 창 하단에서 '새 레이어 만들기' 버튼 클릭

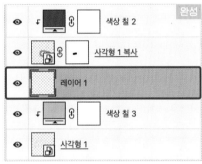

10 새 레이어를 아래쪽 도형으로 클리핑 마스크를 씌웁니다.

1 레이어 창에서 새 레이어를 단색 레이어 위로 배치
2 Alt 를 누른 채로, 두 레이어의 경계선을 클릭

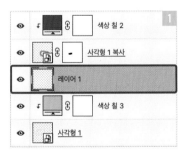

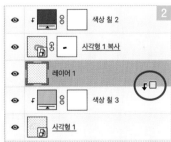

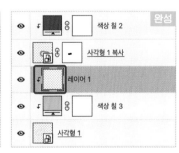

11 위쪽 도형의 선택 영역을 활성화합니다.

1 Ctrl 을 누른 채로, 위쪽 도형 레이어의 썸네일을 클릭

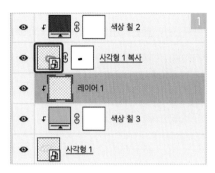 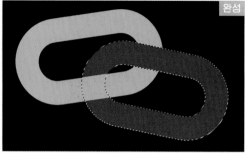

12 선택 영역에 검은색을 칠합니다.

1 전경색을 더블 클릭한 뒤 검은색으로 설정

2 Alt + Back Space 를 눌러 선택 영역 색칠

3 Ctrl + D 를 눌러 선택 영역 해제

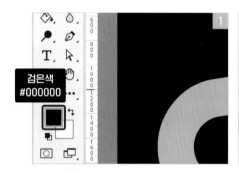 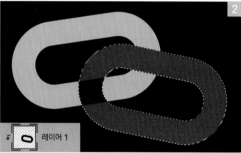

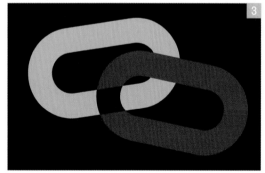

13 그림자 레이어의 불투명도를 50%로 내립니다.

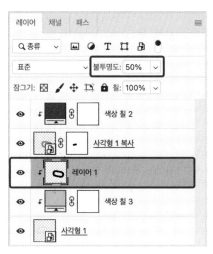
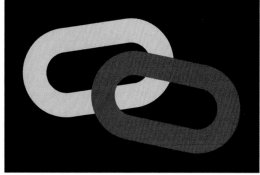

14 그림자의 위치를 잡아 줍니다.

1 툴바에서 [이동 도구] 선택
2 그림자를 원하는 위치로 드래그

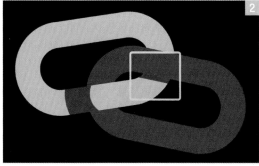

15 그림자로 쓸 부분만 남기고 나머지 부분을 지워 줍니다.

1 툴바에서 [지우개 도구] 선택
2 쓰지 않는 부분의 그림자를 지우기

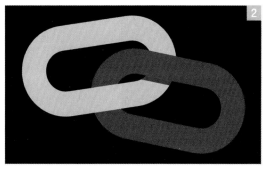

16 새 레이어를 만든 뒤 위쪽 도형으로 클리핑 마스크를 씌웁니다.

1 레이어 창 하단에서 '새 레이어 만들기' 버튼 클릭

2 레이어 창에서 새 레이어를 단색 레이어 위로 배치

3 `Alt`를 누른 채로, 두 레이어의 경계선을 클릭

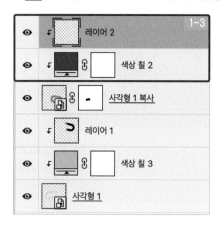

17 아래쪽 도형의 선택 영역을 활성화한 뒤, 검은색을 칠합니다.

1 `Ctrl`을 누른 채로, 아래쪽 도형 레이어의 썸네일을 클릭

2 `Alt`+`Back Space`를 눌러 선택 영역 색칠

3 `Ctrl`+`D`를 눌러 선택 영역 해제

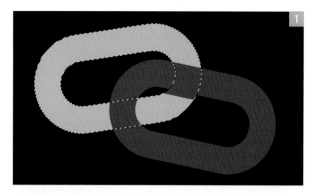

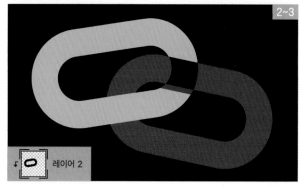

18 그림자 레이어의 불투명도를 내린 뒤, 위치를 잡아 줍니다.

1 레이어 창에서 그림자 레이어의 불투명도를 50%로 내리기

2 툴바에서 [이동 도구] 선택

3 그림자를 원하는 위치로 드래그

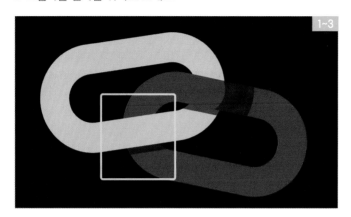

19 그림자로 쓸 부분만 남기고 나머지 부분을 지워 줍니다.

1 툴바에서 [지우개 도구] 선택

2 쓰지 않는 부분의 그림자를 지우기

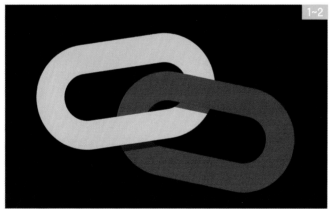

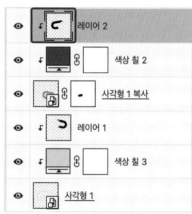

작업노트

✦ 복잡한 고리

고리를 구성하는 도형의 개수가 늘어날수록 어디를 어떻게 엮어야 할지 헷갈리기 쉽습니다. 이럴 때는 어떤 기준으로 고리를 엮어야 좋을까요? 도형의 개수와 교차점이 늘어나면 어떻게 고리를 엮어야 할지 함께 살펴봅시다.

❶ 도형 2개 엮기

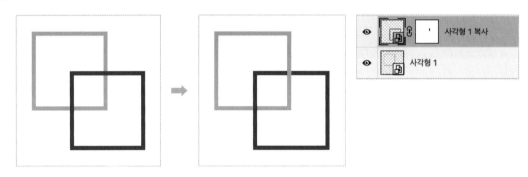

고리의 가장 기본적인 형태입니다. 2개의 도형으로 고리를 만드는 경우 먼저 위에 있는 도형에 레이어 마스크를 씌웁니다. 그리고 교차점 중 하나를 지워 줍니다. 위에 있는 도형을 지운다는 점이 포인트일 뿐 겹친 부분 중 어느 쪽을 지워도 상관없습니다.

❷ 도형 3개 엮기(기본)

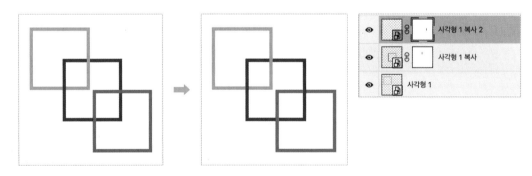

이제 초록색 사각형을 추가해서 3개의 도형을 엮어 보겠습니다. 도형 2개를 엮을 때처럼 위에 있는 파란색, 초록색 사각형에 레이어 마스크를 씌우고, 겹친 부분 중 하나를 지워 줍니다. 그런데 이때 겹친 부분 중 어디를 지워야 고리가 통일감 있게 연결될 수 있을까요?

여기서 복잡한 고리를 만드는 팁이 있습니다. 한 도형의 테두리를 따라가며 '앞뒤앞뒤'로 엮어 주는 것입니다. 모든 교차점이 있는 파란색 사각형의 테두리만 집중해서 볼까요? 테두리를 쭉 따라 가며, 교차점에서 파란색 사각형이 앞으로 나왔다가 뒤로 갔다가, 앞, 뒤, 앞, 뒤로 순서가 번갈아 나오도록 도형을 엮어 줍니다. 이렇게 하면 3개의 도형을 엮은 고리가 완성됩니다.

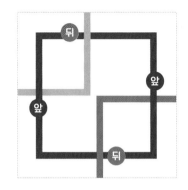

❸ **도형 3개 엮기(심화)**

교차점이 많은 복잡한 모양은 어떻게 엮어야 할까요? '앞뒤앞뒤' 기법을 활용하면 이처럼 더욱 복잡한 모양의 고리도 차근차근 엮을 수 있습니다.

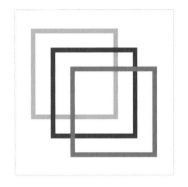

먼저 주황색 사각형의 테두리를 따라가며, 교차점에서 주황색 사각형이 앞으로 왔다, 뒤로 갔다 반복되도록 고리를 엮어 줍니다. 같은 방법으로 파란색 사각형, 초록색 사각형의 테두리를 따라 가며 '앞뒤앞뒤'로 교차점을 엮어 줍니다.

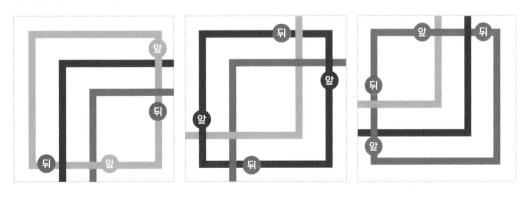

이렇게 도형의 테두리를 하나씩 따라 가며 엮다 보면, 고리가 완성된 것을 볼 수 있습니다.

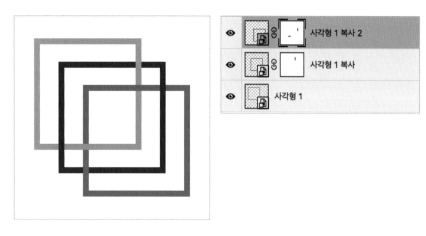

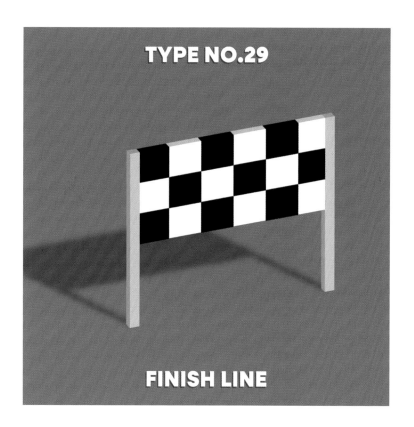

TYPE NO.29

FINISH LINE

패턴

반복되는 무늬로 칠하기

도형으로 특정한 무늬를 만들고 패턴으로 활용하는 방법에 대해 알아
봅니다. 먼저 메인 작업 화면보다 작은 새 창을 만든 뒤, 도형을 이용해
반복할 무늬를 만듭니다. 이를 패턴으로 정의한 뒤, 메인 작업 화면으로
돌아옵니다. 그런 다음 조정 레이어의 패턴 메뉴를 이용하여 패턴 레이
어를 만들고, 각도와 비율을 조절하여 디자인에 활용합니다.

스킬 패턴 정의, 패턴 칠
폰트 Neulis Black (어도비 폰트)
색상 청록색 #2d916b / 흰색 #ffffff / 검은색 #000000 / 회색 #989798 / 밝은 회색 #cbcbcb
난이도 ★★★☆☆
예제파일 29결승선.psd, 아가일.psd

만들기

01 패턴을 만들기 위해 100*100 픽셀 사이즈의 새 파일을 만듭니다.

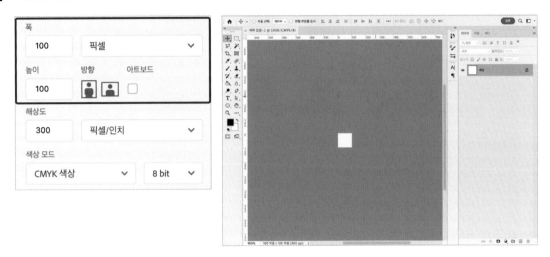

02 Ctrl + 0 을 눌러 화면을 확대합니다.

03 작업 화면과 같은 크기의 사각형을 만듭니다.

1 툴바에서 [사각형 도구] 선택
2 작업 화면을 클릭
3 사각형의 폭과 높이를 100 픽셀로 설정
4 '확인' 버튼을 눌러 사각형 만들기

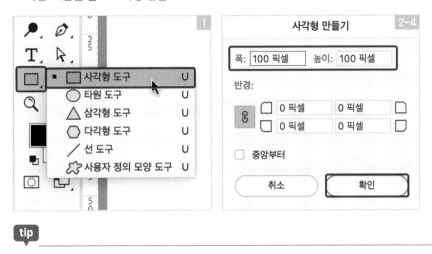

tip

툴바에서 [사각형 도구] 아이콘이 보이지 않는다면 사진 속 아이콘 위치를 우클릭해 보세요. 숨어 있는 [사각형 도구]를 찾을 수 있습니다.

04 사각형의 색을 검은색으로 설정합니다.

1 레이어 창에서 사각형 레이어의 썸네일을 더블 클릭
2 검은색으로 설정

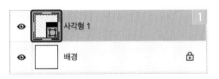

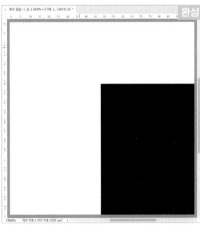

05 사각형을 화면의 가운데로 가져옵니다.

1 툴바에서 [이동 도구]를 선택
2 사각형을 가운데로 드래그

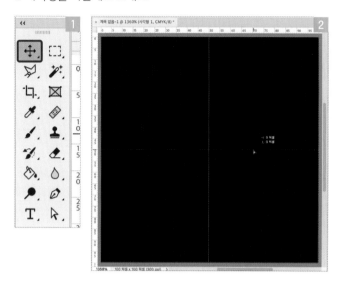

06 사각형을 4분의 1 크기로 줄입니다.

1 Ctrl+T를 눌러 변형 컨트롤 표시
2 옵션바에서 가로, 세로 비율을 50%로 설정

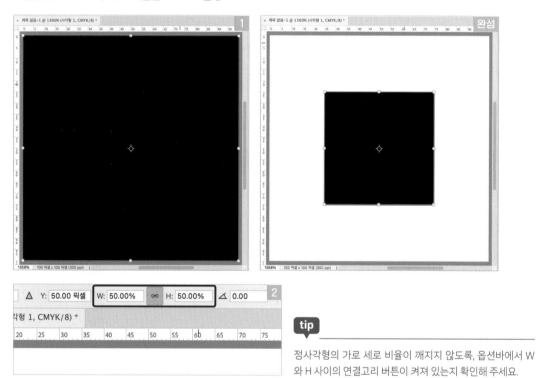

tip

정사각형의 가로 세로 비율이 깨지지 않도록, 옵션바에서 W
와 H 사이의 연결고리 버튼이 켜져 있는지 확인해 주세요.

07 사각형을 드래그해서 화면의 왼쪽 위 모서리에 배치합니다.

08 대각선 방향의 모서리에 사각형을 하나 더 배치합니다.

1 Ctrl + J 를 눌러 사각형 레이어를 복사

2 복사한 사각형을 오른쪽 아래 모서리로 드래그

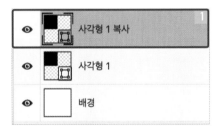

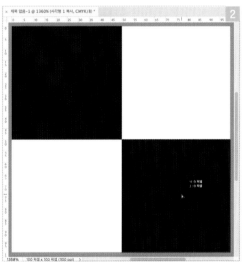

09 완성한 체크 무늬를 패턴으로 등록합니다.

1 [편집 - 패턴 정의] 메뉴를 클릭
2 원하는 이름을 입력

tip
완성한 패턴 작업 창은 저장한 뒤 닫아 주세요.

10 실제 디자인에 패턴을 입혀 보겠습니다. '29결승선.psd' 파일을 엽니다.

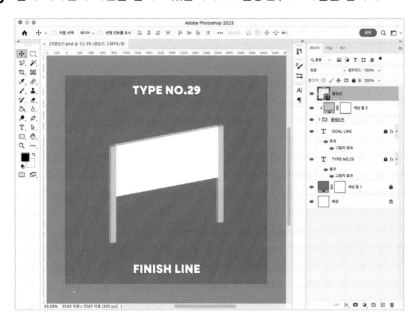

11 패턴을 칠하기 위해 스마트 오브젝트의 내부로 들어갑니다.

1 레이어 창에서 스마트 오브젝트 레이어의 썸네일을 더블 클릭

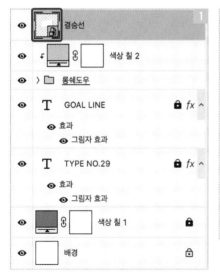

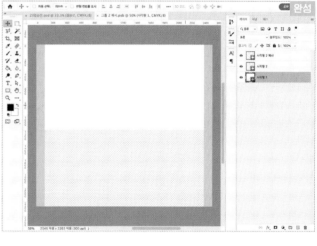

12 흰색 사각형에 체크 패턴을 칠합니다.

1 레이어 창에서 '사각형 1' 레이어를 선택
2 툴바에서 [사각형 도구]를 선택
3 옵션바에서 '칠' 박스를 클릭
4 속성 창 위쪽의 '패턴' 버튼 클릭
5 패턴 폴더 아래쪽의 '체크' 패턴 선택

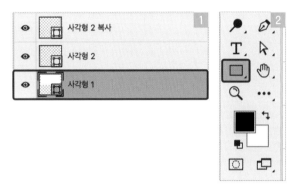

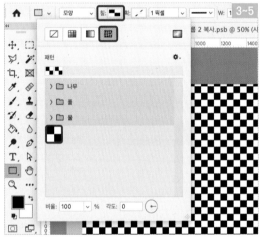

13 체크 패턴의 크기와 위치를 조절합니다.

1 레이어 창에서 '사각형 1' 레이어의 썸네일을 더블 클릭
2 '패턴 칠' 창에서 비율을 800%로 설정
3 작업 화면을 드래그하여 패턴의 위치 조절

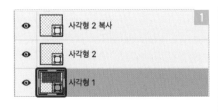

14 스마트 오브젝트 창을 저장하고 본 작업 창으로 돌아옵니다.

1 Ctrl + S 를 눌러 저장
2 본 작업 창의 탭을 클릭

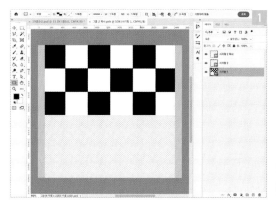
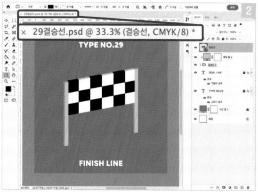

tip

만약 결승선 모양의 위쪽이 너무 어두운 색으로 나온다면, 스마트 오브젝트 창으로 들어가 패턴의 위쪽을 자세히 확인해 주세요.

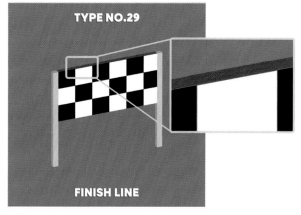

아마 흰색 패턴의 위쪽에 검은색 패턴의 끄트머리가 살짝 보이는 상태일 것입니다. 이런 경우, 검은 줄이 보이지 않도록 패턴의 위치를 살짝 위로 올려 주세요.

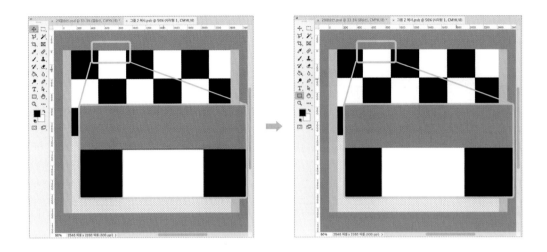

15 완성한 결승선 모양을 이용하여 그림자를 만들어 보겠습니다. `Ctrl`+`J`를 눌러 '결승선' 레이어를 복사합니다.

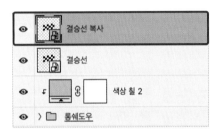

16 복사한 레이어를 바닥에 진 그림자 모양으로 기울입니다.

  1 `Ctrl`+`T`를 눌러 변형 컨트롤 표시

  2 `Ctrl`을 누른 채로 위쪽 가운데 점을 드래그

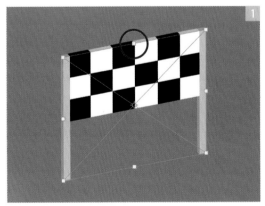
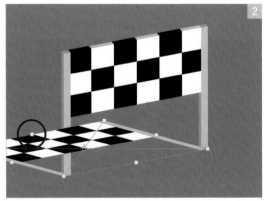

17 그림자 레이어가 모양의 뒤로 가도록 레이어 순서를 조정합니다.

1 레이어 창에서 복사한 레이어를 롱쉐도우 그룹 아래로 내리기

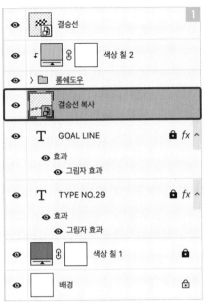

tip

'롱쉐도우' 그룹 레이어를 만드는 방법은 <10.롱 쉐도우>의 작업노트에서 확인할 수 있습니다.

18 그림자 레이어를 칠하기 위해, 회색 조정 레이어를 만듭니다.

1 레이어 창 하단에서 [조정 레이어 - 단색] 메뉴 클릭

2 회색으로 설정

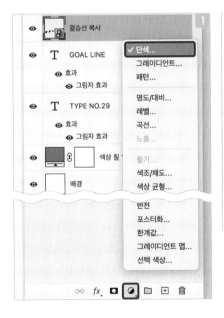

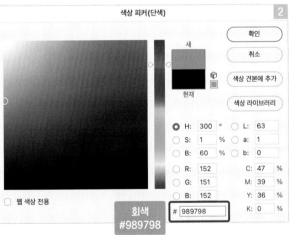

회색
#989798

19 회색 레이어를 그림자 레이어로 클리핑 마스크 씌웁니다.

1 레이어 창에서 회색 레이어를 그림자 레이어 위로 배치

2 `Alt`를 누른 채로 두 레이어의 경계선 클릭

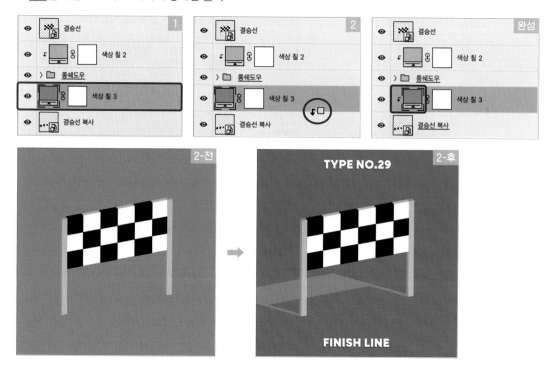

20 그림자 레이어의 블렌딩 모드를 변경하여 배경에 자연스럽게 색이 섞이도록 만듭니다.

1 레이어 창에서 그림자 레이어를 선택

2 결승선 레이어 위쪽의 '표준'을 클릭

3 '곱하기' 모드를 선택

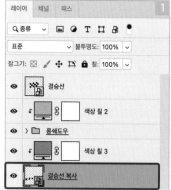
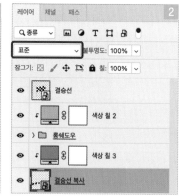
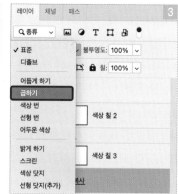

21 그림자 레이어에 '가우시안 흐림 효과'를 입혀서 테두리를 뿌옇게 만듭니다.

1 [필터 - 흐림 효과 - 가우시안 흐림 효과] 메뉴를 클릭

2 반경 값을 조절

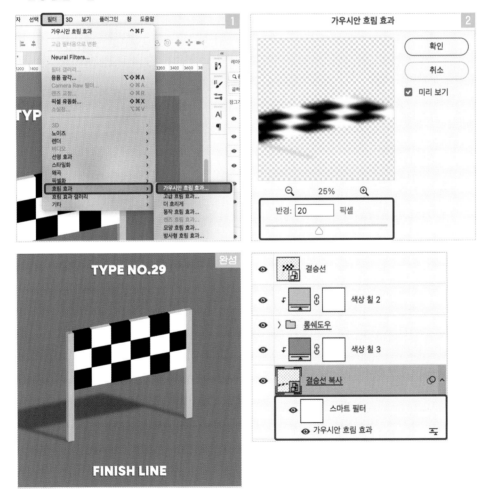

22 그림자와 결승선 모양을 살짝 오른쪽으로 이동시킵니다.

1 Ctrl을 누른 채로, 연출에 사용된 레이어들을 모두 선택

2 툴바에서 [이동 도구]를 선택

3 작업 화면에서 모양을 드래그해서 오른쪽으로 이동

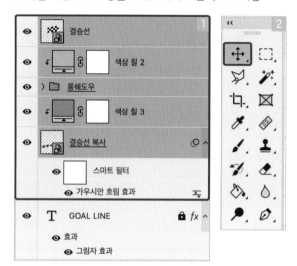

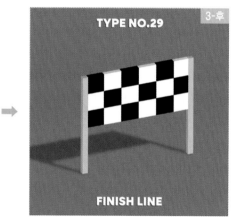

작업노트

✦ 다양한 패턴

어떤 모양을 배치하느냐에 따라 다양한 패턴을 만들 수 있습니다. 〈만들기〉 과정에서 알아본 체크 패턴 이외에도 어떤 패턴이 있는지 알아볼까요?

❶ 빗금

화면 중앙에 검은색 사각형을 기둥처럼 세웁니다. 그런 다음 이를 패턴으로 정의하고, 패턴을 칠할 때 각도를 45도로 설정합니다. 그러면 아래 이미지와 같은 빗금 패턴을 만들 수 있죠. 빗금의 굵기를 조절하려면, 검은색 사각형의 좌우 폭을 넓히거나 좁힌 다음 다시 패턴을 정의합니다.

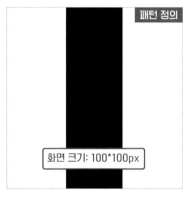

❷ 땡땡이

원이 반복되는 땡땡이 무늬를 만들려면 어떻게 해야 할까요? 화면 중앙에 지름이 같은 검은색 원을 배치한 다음 패턴으로 정의하면 됩니다. 땡땡이 무늬의 간격, 빽빽한 정도를 조절하려면, 원의 크기를 키우거나 줄여서 다시 패턴을 정의합니다.

❸ 아가일

조금 더 복잡한 패턴을 살펴볼까요? 도형 하나를 반복하는 간단한 패턴 외에도, 화면을 꽉 채우는 방식으로 복잡한 패턴을 만들 수 있습니다. 정사각형을 회전시킨 마름모와, 화면을 X자로 가로지르는 점선을 배치하면 멋진 아가일 패턴을 만들 수 있죠.

이때 한 가지 유의할 점이 있습니다. 패턴이 화면에 딱 떨어지게 칠해질 수 있도록, 패턴을 정의하는 화면의 크기를 계산해서 맞추어야 합니다. 1000*1000 픽셀의 화면에 패턴을 칠한다면, 100*100 픽셀의 작업 창으로 패턴을 만듭니다. 아래 이미지처럼 30*30cm의 화면에 패턴을 칠한다면, 5*5cm, 혹은 10*10cm의 작업 창으로 패턴을 만듭니다.

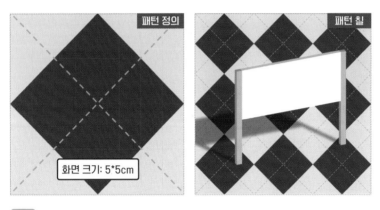

tip

점선을 만드는 방법을 간단하게 알아봅니다. 먼저 [선 도구]를 이용하여 선을 그립니다. 그런 다음, 옵션바에서 칠이 없고 획만 남은 상태가 되도록 색과 두께를 조절합니다.

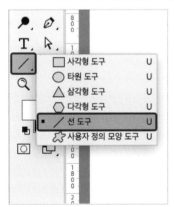

마지막으로, 옵션바에서 두께 옆의 '획 유형' 항목을 클릭한 다음, 원하는 스타일을 선택하면 점선이 완성됩니다.

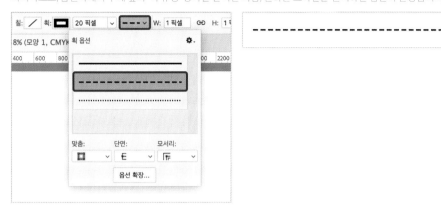

만약 점선의 간격과 길이를 조절하고 싶다면, '획 유형' 창의 아래쪽에 있는 '옵션 확장' 버튼을 눌러 주세요. 그런 다음 대시와 간격 수치를 조절하면 점선의 모양을 다듬을 수 있습니다.

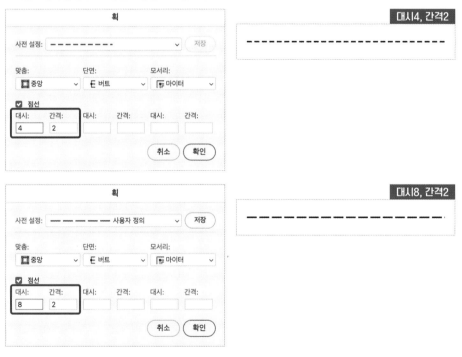

배경에 패턴을 칠할 때는 조정 레이어를 활용해 주세요. 레이어 창 하단의 '조정 레이어' 버튼을 누른 뒤, '패턴' 메뉴를 클릭합니다.
이렇게 하면 배경 전체를 칠하는 패턴 레이어를 만들 수 있습니다.

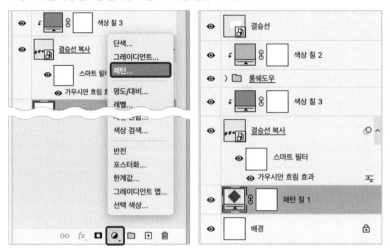

❹ 패턴에 색 입히기

매핑을 활용하면 패턴에 원하는 색을 입힐 수 있습니다. 패턴을 칠한 레이어 위에 매핑 조정 레이어를 놓고, 매핑할 색을 지정해 주는 거죠. 이때 패턴의 색을 모두 흑백으로 구성하면 원하는 색을 의도대로 매핑하기가 훨씬 쉬워집니다.

▶ 매핑의 원리와 자세한 활용 방법은 〈11.매핑〉에서 확인할 수 있습니다.

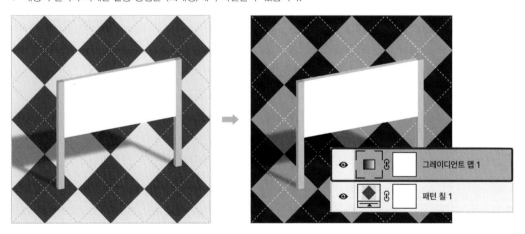

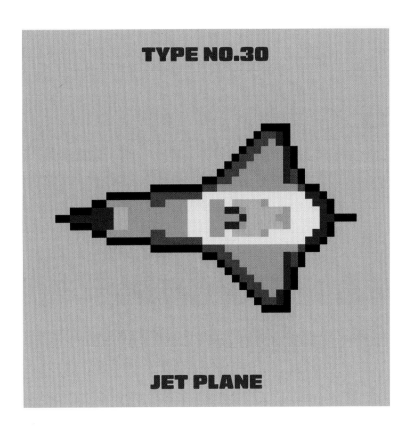

픽셀

픽셀을 찍어서 모양 만들기

연필 도구로 픽셀 그림을 그리는 방법을 알아봅니다. 먼저 픽셀을 그리기 위한 작은 창을 만들고, 픽셀 작업용 연필 도구와 지우개 도구를 준비합니다. 그런 다음, 새 레이어를 만든 뒤 연필 도구로 모양의 윤곽선을 그립니다. 같은 방식으로 새 레이어를 만들고 윤곽선 내부를 꾸미는 작업을 반복합니다. 모양을 모두 완성했다면 픽셀 그림을 디자인에 사용할 수 있도록 이미지의 크기를 커다랗게 키웁니다. 마지막으로 배경 레이어의 눈을 끄고, 픽셀 그림을 PNG 이미지로 내보냅니다.

스킬 연필 도구, 지우개 도구, 이미지 크기
폰트 Gigalypse Regular (어도비 폰트)
색상 노란색 #eeb73c / 보라색 #a30c7e / 어두운 회색 #96b0db / 회색 #9d9d9d / 밝은 회색 #dddddd /검은색 #000000
난이도 ★★★★☆
예제파일 30제트기.psd

만들기

01 픽셀 그림을 그리기 위해 50*50 픽셀의 창을 만듭니다.

 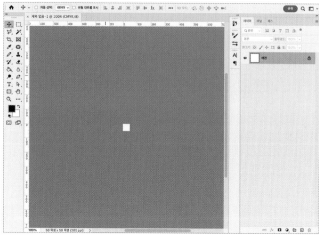

> **tip**

해상도와 색상 모드는 최종적으로 픽셀 그림을 불러와서 디자인을 할 작업 창에 맞춥니다. 인쇄용일 경우 해상도 300에 CMYK 색상 모드, 웹용일 경우 해상도 72에 RGB 색상 모드로 만들어 주세요.

02 Ctrl + 0 을 눌러, 작업 화면이 포토샵 창을 꽉 채우도록 키웁니다.

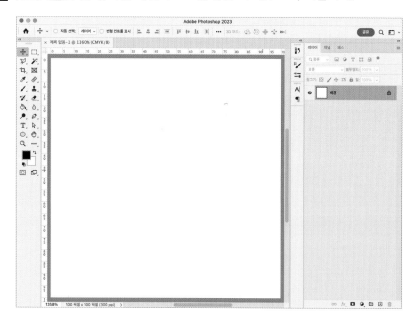

03 픽셀 작업용 연필을 준비합니다.

1 툴바에서 [연필 도구] 선택
2 작업 화면에 우클릭
3 크기를 1픽셀로, 경도를 100%로 설정

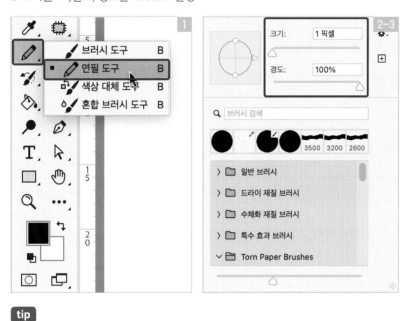

tip

툴바에서 [연필 도구] 아이콘이 보이지 않는다면 사진 속 아이콘 위치를 우클릭해 보세요. 숨어 있는 [연필 도구]를 찾을 수 있습니다.

04 픽셀을 지울 수 있는 지우개를 준비합니다.

1 툴바에서 [지우개 도구] 선택
2 옵션바에서 지우개의 모드를 '연필'로 설정
3 작업 화면에 우클릭
4 크기를 1픽셀로, 경도를 100%로 설정

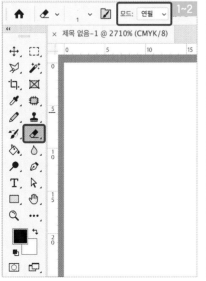

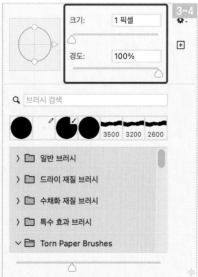

05 새 레이어를 만듭니다.

1 레이어 창 하단에서 '새 레이어 만들기' 버튼 클릭

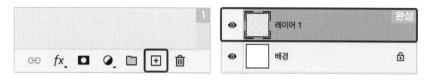

06 검은색 연필로 모양의 윤곽선을 그립니다.

1 툴바에서 [연필 도구]를 선택
2 전경색을 검은색으로 지정
3 작업 화면을 클릭해서 윤곽선 그리기

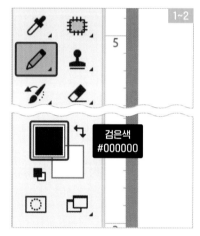

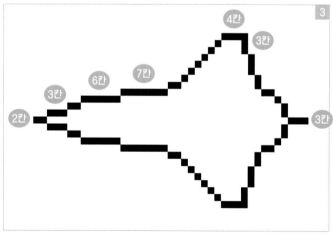

tip
──

픽셀을 잘못 그렸다면 Ctrl + Z 를 눌러서 작업을 되돌리거나, [지우개 도구]로 픽셀을 하나씩 지워 주세요.

tip

만약 픽셀을 찍을 공간이 부족하다면 [이동 도구]로 픽셀을 옮겨 주세요.

1 툴바에서 [이동 도구]를 선택
2 방향키를 눌러 원하는 만큼 이동

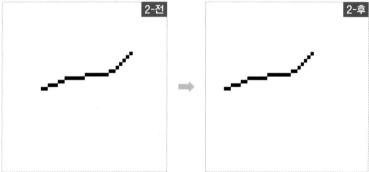

07 새 레이어를 만들고, 윤곽선 레이어 아래로 내립니다.

1 레이어 창 하단에서 '새 레이어 만들기' 버튼 클릭
2 새 레이어를 윤곽선 레이어 아래로 내리기

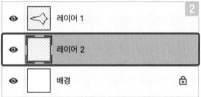

08 회색 연필로 윤곽선 내부를 칠합니다.

1 툴바에서 [연필 도구]를 선택
2 전경색을 회색으로 지정
3 작업 화면을 클릭해서 윤곽선 안을 색칠

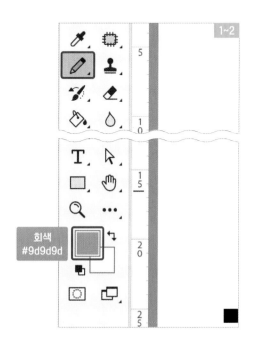

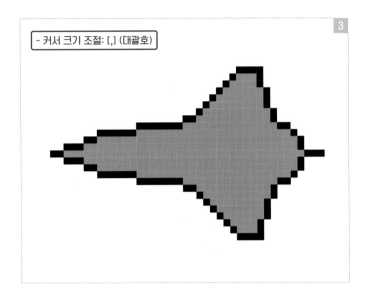

09 새 레이어를 만듭니다.

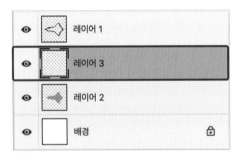

10 어두운 회색 연필로 날개 가장자리를 꾸밉니다.

1 전경색을 어두운 회색으로 지정
2 작업 화면을 클릭해서 날개 가장자리 꾸미기

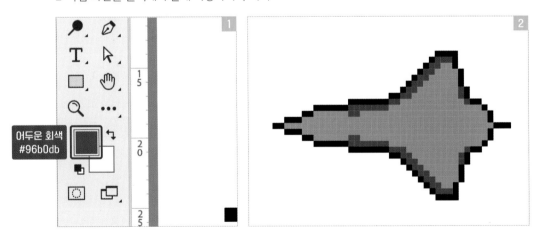

11 위의 (9)~(10)을 반복하며, 제트기 모양을 완성합니다.

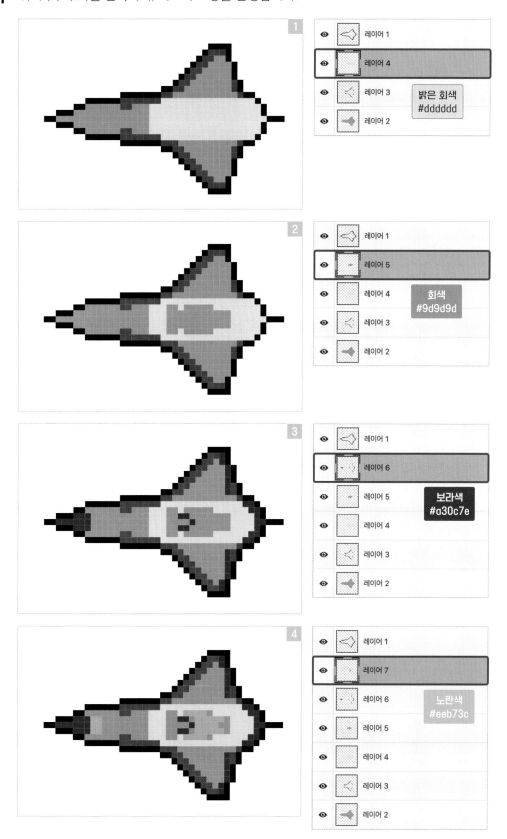

모양의 색 구성을 바꾸고 싶다면, 원하는 레이어에 [색조/채도] 효과를 입혀서 색을 조절할 수 있습니다.

1 색을 바꾸고 싶은 레이어를 선택
2 Ctrl + U 를 눌러 [색조/채도] 창 열기
3 수치를 조정하며 원하는 색으로 세팅

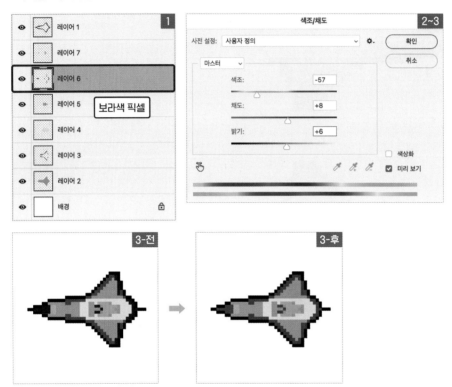

12 픽셀 그림을 디자인에 활용할 수 있도록, 이미지 크기를 커다랗게 키웁니다.

1 [이미지 - 이미지 크기] 메뉴 선택
2 폭과 높이를 30cm로 설정
3 리샘플링 옵션을 '최단입점(명확한 가장자리)'로 설정

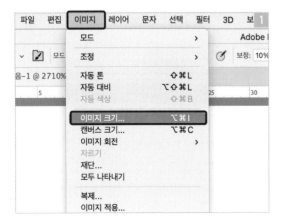

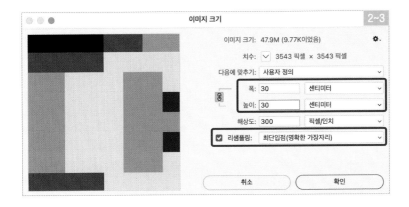

13 [Ctrl]+[0]을 눌러, 작업 화면이 포토샵 창에 딱 맞도록 세팅합니다.

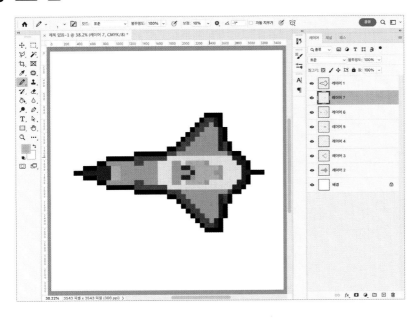

14 배경 레이어의 눈을 끕니다.

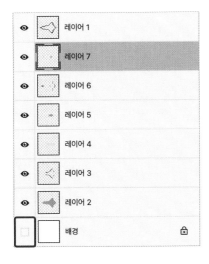

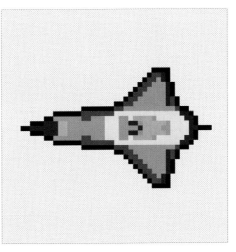

15 완성한 모양을 PNG 이미지로 내보냅니다.

1 [파일 - 내보내기 - 내보내기 형식] 메뉴 클릭

2 형식을 'PNG' 로 설정

3 '투명도' 항목이 체크되어 있는지 확인

4 '내보내기' 버튼 클릭

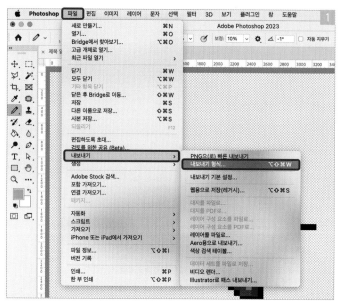

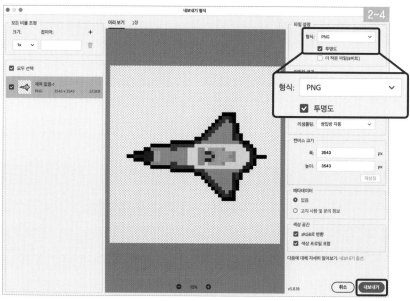

16 `Ctrl`+`S`를 눌러 픽셀 작업 파일을 저장하고 창을 닫습니다.

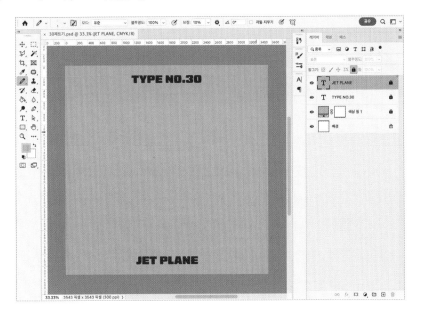

17 '30제트기.psd' 파일을 엽니다.

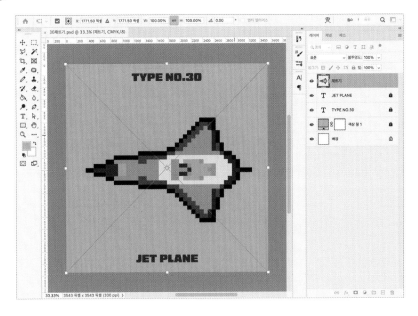

18 PNG 이미지를 드래그하여 작업 화면으로 가져옵니다.

작업노트

✦ 뭉친 픽셀

픽셀로 선을 그릴 때의 핵심은 픽셀이 뭉치지 않도록 만드는 것입니다. 예를 들어 45도 각도의 선을 픽셀로 그릴 경우, 계단처럼 픽셀이 쭉 이어지도록 그리면 선이 너무 무거워 보입니다.

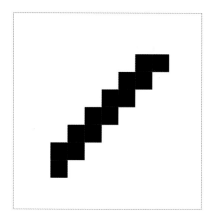

이런 모양을 두고 '픽셀이 뭉쳤다'고 할 수 있습니다. 그렇다면 뭉친 픽셀을 어떻게 풀어 줄 수 있을까요? 바로 픽셀의 층이 바뀔 때 대각선 방향을 비우는 것입니다. 1픽셀 크기의 지우개 도구로 대각선에 있는 픽셀들을 하나씩 지워 주면 훨씬 가볍고 깔끔한 선이 되죠.

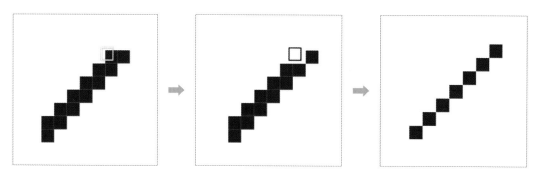

✦ 곡선

픽셀로 곡선을 그리는 두 가지 방법을 알아보겠습니다. 첫 번째로, 픽셀이 나아가는 방향을 가로, 세로로 나눠 줍니다. 예를 들어 아래와 같이 픽셀로 곡선을 그렸다면 1지점부터 2지점까지는 픽셀이 세로로 나아가도록 찍고, 2지점부터 3지점까지는 가로로 나아가게 찍는 거죠.

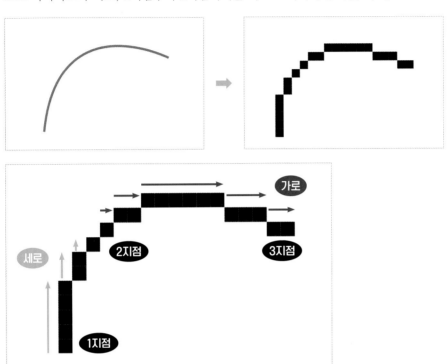

두 번째는 45도를 기준으로 곡선을 완만한 경사와 급격한 경사로 나누는 것입니다. 일상생활에서는 낭떠러지 절벽처럼 1자 모양의 수직을 급격한 경사로 보지만, 픽셀의 세계에서는 선이 45도에 가까울 수록 경사가 급격하다고 볼 수 있습니다. 반대로 수직, 수평에 가깝다면 경사가 완만하다고 할 수 있고요.

곡선이 완만하다면 한 층에 여러 개의 픽셀을 이어서 찍어 줍니다. 반대로 곡선의 경사가 급격하다면 픽셀을 층마다 하나씩만 찍어 주세요. 예를 들어 다음과 같은 곡선의 경우, 왼쪽은 한 층에 여러 개의 픽셀을 찍어서 완만한 경사를 표현습니다. 반대로 빨간색 원 부분은 층마다 픽셀을 하나씩만 찍어서 급격한 경사를 표현했습니다. 오른쪽 끝 부분은 다시 한 층에 여러 개의 픽셀을 찍어서 완만한 경사를 표현했습니다.

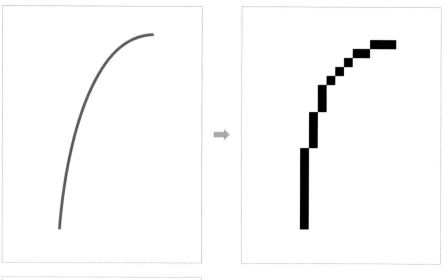

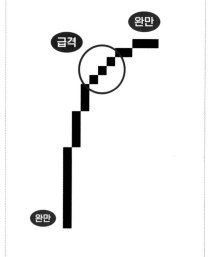

✦ 밑그림

빈 화면에 픽셀을 어떻게 찍어야 할지 막막할 땐 밑그림을 이용해 보세요. 픽셀 작업 화면으로 사진을 가져온 뒤 이를 밑그림 삼아 픽셀을 찍으면 훨씬 수월하게 모양을 잡을 수 있습니다.

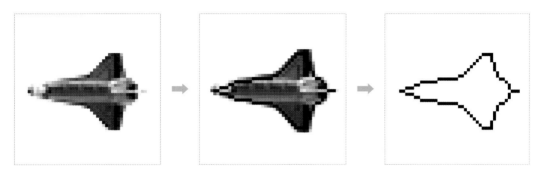

직접 그린 손 그림을 밑그림으로 쓸 수도 있습니다. 공책에 자유롭게 캐릭터를 그린 다음, 그림을 보며 픽셀을 찍어 보세요. 사진에 대고 픽셀을 찍는 것보다 더 어려운 작업이지만, 내가 상상한 모양을 무엇이든 그릴 수 있다는 큰 장점이 있습니다.

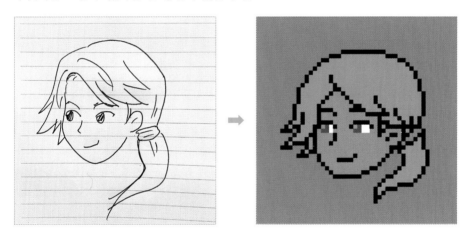

31 DICE

32 Break the rules

33 CAPTAIN

34 THEEARTH

35 COLOR JEEP

36 ZEBRA

37 diversity!

38 VR

39 SIDEKICK

40 BMM

PART 4

ART
WORK

앞에서 배운 스킬들을 조합하여 다양한 아트워크를 만들어 봅니다.
실제 작업에 스킬을 응용하는 방법뿐 아니라 콘셉트를 정리하고 연
출을 보강하는 등 하나의 디자인을 만드는 과정을 살펴봅니다.

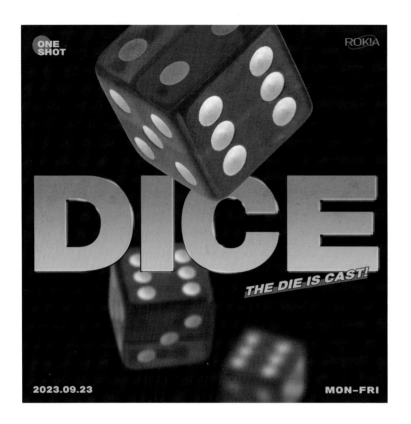

DICE

공간감이 느껴지는 아트워크

주사위를 던지는 연출의 <DICE> 아트워크를 만들어 봅니다. 먼저 주사위의 누끼를 딴 뒤, 원근감이 느껴지도록 주사위 3개를 적절한 크기와 각도로 배치합니다. 여기에 흐림 효과를 더해 연출을 더욱 강화하고, 텍스트에 엠보싱 효과를 입혀서 입체감 있고 힘 있는 제목을 만듭니다. 마지막으로 콘크리트 느낌의 질감을 입히며 디자인을 마무리합니다.

스킬 (1)원근감, (6)엠보싱
폰트 Sandoll 프레스 (어도비 폰트)
예제파일 DICE.psd

438

만들기

01 'DICE.psd' 파일을 엽
니다.

02 주사위의 누끼를 땁니다. 원본 이미지는 보이지 않게 꺼 줍니다.

> **tip**
>
> 두 주사위를 함께 선택한 뒤 누끼를 땄다면, '오린 레이어' 기능을 활용해서 주사위를 각각 별개의 레이어로 분리해 주세요.

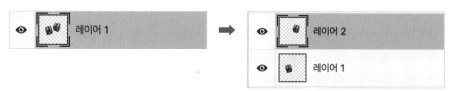

03 배경에 어두운 갈색을 칠합니다.

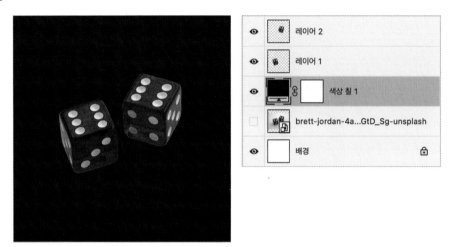

04 주사위 레이어들을 각각 스마트 오브젝트로 변환합니다.

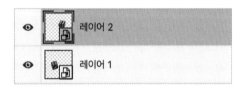

05 주사위 레이어를 하나 선택한 뒤 복사합니다.

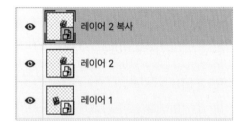

06 주사위가 하늘에서 떨어지는 것처럼 보이도록 크기, 모양, 각도를 조절합니다.

07 원근감이 더 강하게 느껴지도록 아래쪽 주사위들을 블러 처리합니다.

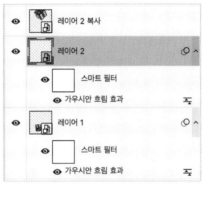

---

tip

[필터 – 흐림 효과 – 가우시안 흐림 효과] 메뉴를 통해 레이어의
모양을 블러 처리할 수 있습니다.

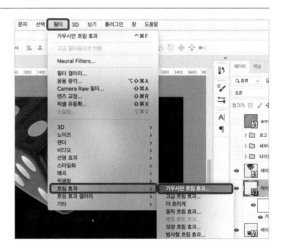

08 색조/채도 조정 기능을 이용하여 주사위의 색을 주황색으로 바꿉니다.

 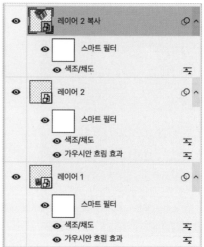

09 타이틀, 세부내용, 로고 그룹 레이어를 켭니다.

10 경사와 엠보스 효과를 통해 DICE 텍스트에 입체감을 줍니다.

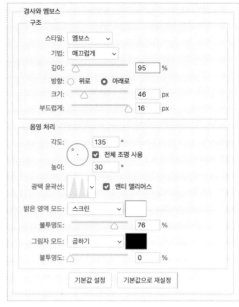

11 획 효과를 통해 DICE 텍스트에 배경과 같은 색의 테두리를 입혀 이미지와 글자가 구분되어 보이도록 만듭니다.

12 그레이디언트 오버레이 효과를 통해 DICE 텍스트에 흑백 그라데이션을 덧씌웁니다.

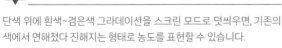

단색 위에 흰색~검은색 그라데이션을 스크린 모드로 덧씌우면, 기존의
색에서 연해졌다 진해지는 형태로 농도를 표현할 수 있습니다.

13 커다란 주사위가 DICE 텍스트의 앞으로 오도록 레이어의 순서를 조정합니다.

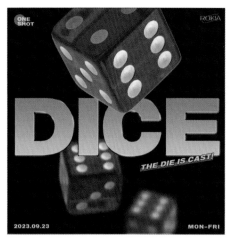

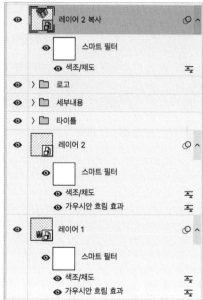

14 질감 레이어를 켭니다.

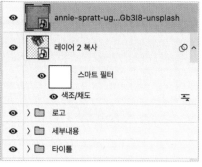

15 블렌딩 모드와 불투명도를 조절하여 디자인에 질감을 입힙니다.

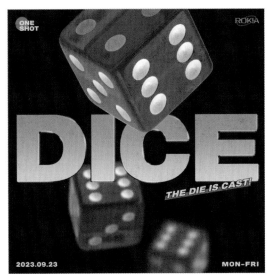

16 다양한 조정 기능을 이용하여 디자인이 더 진해지도록 질감 이미지를 어둡게 보정합니다.

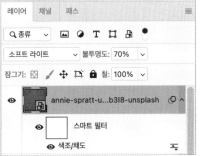

작업노트

✦ 공간감 있는 디자인

〈DICE〉 아트워크는 '두뇌 서바이벌 예능의 예고편을 만들어 보자'라는 생각에서 출발했습니다. 참가자들이 어려운 퀴즈를 풀며 순위를 다투는 장면을 떠올리다 보니 주사위를 휙 던지는 모습이 떠올랐습니다. 그래서 포스터의 메인 이미지를 '허공에 던져진 주사위'로 정했죠.

이러한 콘셉트에 맞춰 화면에 주사위 3개를 배치했는데, 단순히 주사위 3개를 배치하는 것만으로는 주사위를 던지는 느낌이 들지 않았습니다. 그래서 더욱 생동감 있는 연출이 되도록 주사위의 실루엣과 각도, 크기를 조정해서 원근감이 느껴지는 연출을 만들었습니다. 여기에 주사위를 던지는 공간이 입체적으로 느껴지도록 주사위에 흐림 효과를 더했죠.

마지막으로 디자인 속 공간이 더욱 입체적으로 느껴지도록 하나의 주사위는 텍스트의 앞에 두고, 나머지 두 개의 주사위는 뒤에 두는 식으로 레이어 순서를 조정했습니다.

내 아트워크가 어딘지 심심하고 밋밋하게 느껴진다면, 이처럼 레이어의 크기, 위치, 순서, 그리고 선명도를 고려해서 원근감과 공간감을 표현해 보세요. 분명 종이 위 디자인임에도 마치 이미지가 밖으로 튀어나오는 것 같은 착각을 주는, 즐거운 생동감을 연출할 수 있을 거예요.

✦ 어울리는 색감 찾기

〈DICE〉 아트워크는 예능 프로그램의 예고편을 콘셉트로 잡았기 때문에, 기본적으로 어느 정도 무게감 있는 색을 쓰고자 했습니다. 이에 맞춰 먼저 배경에 검은색을 칠해 보았는데, 생각보다 너무 진지하고 무거운 느낌이 들었죠. 그래서 완전한 검은색보다는 약간 더 밝고, 완전한 무채색보다는 살짝 색감이 섞인 색을 쓰고자 했습니다.

이러한 방향에 맞춰 어떤 색감을 써야 표현하고자 하는 방송 콘셉트에 잘 어울릴지를 테스트해 보았습니다. 먼저 냉철한 두뇌 게임이라는 콘셉트에 착안해서 파란 색감을 써봤는데, 생각과는 달리 창백하고 귀신이 나오는 공포 영화 느낌이 들었습니다. 그래서 아예 반대로 붉은 색감을 입혀보았더니 무드에 어느 정도 잘 어울리는 느낌이었습니다. 하지만 다소 감정이 격한 느낌이 들었죠. 그래서 기본적으로 붉은 색감으로 가되, 살짝 힘을 뺀 색감을 써보자 싶었습니다. 그렇게 해서 주황색을 쓴 최종 색감이 나오게 된 것이죠.

저는 이처럼 디자인에 어울리는 색감을 찾을 때 일단 떠오른 대로 자유롭게 색을 칠해 본 다음 하나씩 수정해 가는 방식을 자주 사용합니다. 머릿속으로 아무리 색감을 구상하더라도, 실제로 색을 칠해 보면 생각한 것과 느낌이 다를 경우가 많죠. 그렇기 때문에 처음부터 완벽한 색감을 찾으려고 고뇌하는 것보다, 직접 다양한 색감을 테스트해 보며 내가 고른 색감이 디자인의 콘셉트에 어울리는지 눈으로 보며 판단하는 과정이 중요합니다. 이런 과정 속에서 디자이너의 색 감각이 발달하기도 하구요.

Break the rules

글자를 교차시킨 아트워크

다양한 모양의 글자를 겹친 <Break the rules> 아트워크를 만들어 봅니다. 먼저 다양한 종류의 폰트를 이용하여 글자를 하나씩 배치합니다. 글자를 움직여 모양을 겹치게 한 뒤, 배경과 글자를 병합하여 하나의 레이어로 만듭니다. 여기에 매핑 기능으로 색을 입히고, 변위 기능으로 부드러운 풍화 연출을 입힌 다음, 마지막으로 페인트 통 도구로 교차 영역에 포인트 색을 칠합니다.

스킬 (3)교차, (9)풍화, (11)매핑

폰트 Eckmannpsych Small, EloquentJFPro Regular, Cinema Script Regular, Gabriella Heavy, Capitolium2 Light, Indie Regular (어도비 폰트)

예제파일 BREAK THE RULES.psd, 벽 변위.psd

만들기

01 'BREAK THE RULES.psd' 파일을 엽니다.

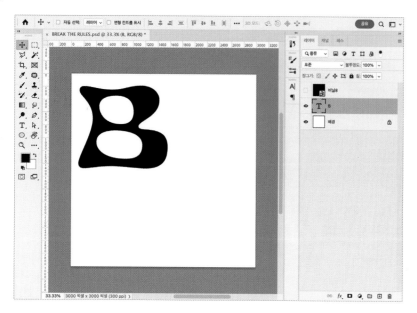

02 B 텍스트의 색을 흰색으로 변경합니다.

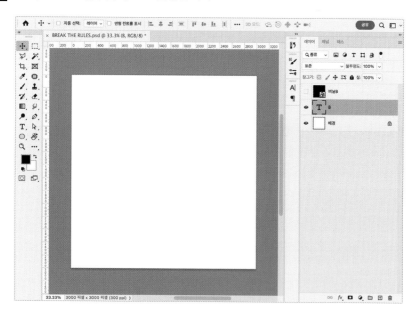

03 B 텍스트 레이어의 블렌딩 모드를 차이로 변경합니다.

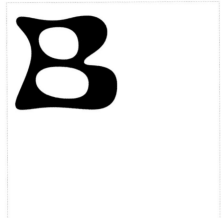 

04 B 텍스트 레이어를 복사한 뒤, 글자가 잘 보이도록 옆으로 살짝 이동시킵니다.

05 텍스트의 내용을 R로 변경합니다.

06 R 글자의 폰트를 바꾸고, 크기와 위치를 조절하여 B와 적절히 겹치게 배치합니다.

폰트: EloquentJFPro Regular

tip
여러분이 가지고 있는 폰트들을 자유롭게 활용해 보세요.

07 같은 방법으로 나머지 글자를 만들고, 다양한 폰트로 바꾼 뒤, 겹치게 배치합니다.

〈폰트〉
B: Eckmannpsych, Small
R: EloquentJFPro, Regular
E: Cinema Script, Regular
A: Gabriella, Heavy
K: Capitolium2, Light

T: Indie, Regular
H: Eckmannpsych, Small
E: EloquentJFPro, Regular

R: EloquentJFPro, Regular
U: Cinema Script, Regular
L: Cinema Script, Regular
E: Eckmannpsych, Small
S: Gabriella, Heavy

08 연출에 사용한 텍스트 레이어들을 그룹으로 묶어 줍니다.

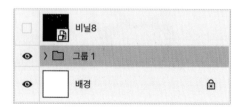

09 매핑 조정 레이어를 이용하여 교차 연출에 원하는 색을 입힙니다.

10 교차 연출에 사용한 레이어들을 복사한 뒤 병합합니다. 원본 레이어는 보이지 않게 꺼 줍니다.

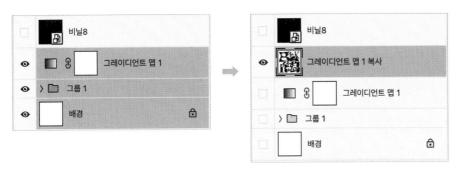

tip

연출에 쓴 레이어를 병합할 때 배경 레이어를 꼭 포함시켜 주세요. 만약 흰색 배경을 빠 뜨리고 병합할 경우 오른쪽 이미지와 같은 결과가 나옵니다. 교차 연출은 차이 블렌딩 모 드를 준 레이어뿐 아니라 배경까지 한 세트이기 때문이죠.

11 병합한 레이어를 스마트 오브젝트로 변환합니다.

12 변위 필터를 이용하여 글자를 부드럽게 풍화시킵니다.

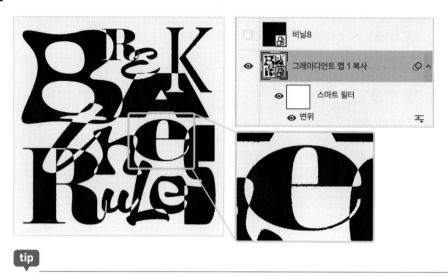

> **tip**
> ───
> 실습 파일과 함께 다운로드한 '벽 변위.psd' 파일을 이용해 보세요.

13 변위 필터를 입힌 레이어를 복사한 뒤 래스터화합니다. 원본 레이어는 보이지 않게 꺼 줍니다.

14 [페인트 통 도구]를 이용하여 글자에 포인트 색을 칠합니다.

페인트 통 도구로 글자를 칠하기 전에 옵션바에서 '인접' 항목을 체크해 주세요. '인접' 항목을 체크하지 않으면 내가 클릭한 곳과 같은 색이 모두 색칠됩니다.

15 색조/채도 조정 레이어를 이용하여 디자인의 색감을 다듬어 줍니다.

16 노이즈 질감을 만들기 위해 새 레이어를 만든 뒤 검은색을 칠합니다.

17 검은색 레이어에 노이즈를 추가합니다.

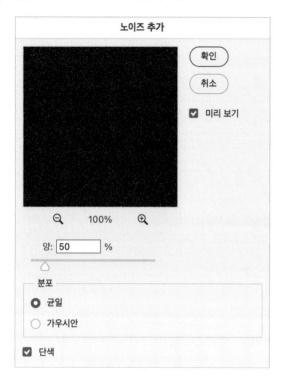

18 블렌딩 모드와 불투명도를 조절하여 디자인에 노이즈 질감을 입힙니다.

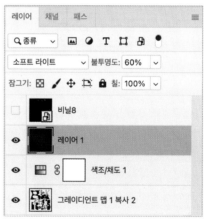

19 비닐 레이어를 켭니다.

20 블렌딩 모드를 조절하여 디자인에 비닐 질감을 입힙니다.

 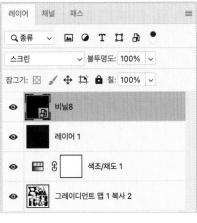

작업노트

✦ 폰트의 종류

〈Break the rules〉 아트워크를 만들 때 다양한 폰트를 활용하는 것이 연출의 포인트였습니다. 디자인에 '불필요한 규칙을 깨고 개성 있게 살자'는 메시지를 담고자 했기 때문이죠. 이때 폰트를 다채롭게 쓰기 위한 기준이 있었는데요, 바로 폰트의 종류를 고려하는 것입니다.

폰트는 크게 3가지 종류로 나눌 수 있습니다. 돋움체, 바탕체, 손글씨체입니다. 이 중 첫 번째로 돋움체에 대해 알아볼까요? 돋움체는 고딕체라고도 불리며, 아래 이미지처럼 획이 일정하게 뻗어 나가는 글자를 가리킵니다. 마치 직선으로 곧게 뻗은 사각형처럼 생겼기 때문에 돋움체를 쓰면 기본적이고 단단한 인상을 줄 수 있습니다. 그래서 주로 디자인의 제목을 만들 때 쓰곤 하죠. 글자의 획 끝이 꺾인 모양을 '세리프(serif)'라고 부르는데요, 돋움체는 이러한 세리프가 없다(San)는 의미에서 '산세리프(San Serif)'라고도 합니다.

다음은 바탕체입니다. 바탕체는 명조체라고도 불리며, 돋움체와 달리 획의 끝부분이 꺾인 글자를 일컫습니다. 그래서 '세리프(Serif)'라고도 하죠. 또한 돋움체가 똑같은 굵기로 뻗어 나가는 모양인 것과 다르게 바탕체는 한 획 안에서 굵기가 달라집니다. 굵어졌다, 얇아졌다를 반복하죠. 이는 우리에게 가볍고, 세련되고, 유동적인 느낌을 줍니다. 그래서 바탕체는 신문이나 책과 같은 인쇄물에 자주 사용됩니다. 획의 굵기가 일정하지 않기에, 우리 눈이 글자를 읽을 때 덜 피로해지거든요.

마지막은 손글씨체입니다. 캘리그라피, 핸드 라이팅이라고도 부르며, 말 그대로 손으로 직접 쓴 것 같은 모양의 글꼴을 일컫는 이름입니다. 아이가 삐뚤삐뚤 쓴 것 같은 글꼴부터 어른스럽고 화려한 느낌의 글꼴까지 다양한 스타일이 있죠. 손글씨체는 자유로운 느낌이 강한 대신 돋움체에 비해 힘이 약하게 느껴질 수 있기 때문에, 돋움체 제목 아래에 덧붙이는 부제목으로 활용할 때가 많습니다.

자유로움
210 오늘은

이렇게 폰트의 기본적인 3가지 종류에 대해서 알아보았습니다. 내가 보고 있는 폰트가 어떤 종류인지 구분할 수 있다면 상황에 맞는 폰트를 고르는 게 훨씬 수월해집니다. 〈Break the rules〉 아트워크를 만들 때 다양한 모양의 글자가 다채롭게 섞일 수 있도록 폰트의 종류를 고려한 것처럼요. 또한 다른 디자인을 볼 때 '이런 이유로 돋움체를 사용했구나.' 하는 식으로 분석하고 공부하는 데에도 활용할 수 있죠.

✦ 폰트의 뉘앙스

세상에는 수많은 폰트가 있습니다. 앞서 폰트의 3가지 종류를 알아보았지만, 사실 같은 종류의 폰트끼리도 느낌이 천차만별일 때가 많습니다. 때문에 우리는 폰트를 고를 때 수많은 폰트 사이에서 헤매곤 합니다. 어떻게 해야 디자인에 적절한 폰트를 고를 수 있을까요? 여러 가지 방법이 있지만, 그 중 가장 쉽고 기본적인 방법은 폰트의 뉘앙스를 고려하는 것입니다.

우리는 똑같은 말이어도 미묘하게 뉘앙스가 다를 수 있다는 것을 알고 있습니다. "고마워."라는 말을 할 때, 뛸 듯이 기뻐하며 고마워하는 경우가 있는가 하면, 조금은 미안한 기색으로 고맙다고 말하는 경우도 있죠. 폰트 역시 얼핏 비슷해 보이는 경우에도 확실하게 뉘앙스 차이를 보입니다. 그렇다면 이러한 폰트의 미묘한 분위기 차이를 어떻게 알아챌 수 있을까요?

폰트의 뉘앙스 차이를 구분하는 간단한 연습법은 폰트를 보며 떠오르는 단어들을 써 보고, 그에 맞춰 사진 위에 글자를 얹어 보는 것입니다. 직접 예시를 보며 알아볼까요?

여기 3가지 폰트가 있습니다. 큰 분류로는 같은 산 세리프 계열에 속하지만, 폰트마다 느낌이 묘하게 다르죠. 각 폰트를 보며 자유롭게 단어를 떠올려 보세요.

1번 폰트를 봤을 때는 어떤 단어가 떠오르나요? 저는 딱딱함, 옛날 영화, 지하철, 레트로, 제목 등의 단어가 떠오릅니다.

하지만 2번 폰트를 봤을 때는 전혀 다른 단어들이 떠오르죠. 저는 악동, 꾸러기, 놀이터, 아기, 소년, 초등학교 등의 단어가 떠오릅니다.

마지막으로 3번 폰트를 볼까요? 1번 폰트처럼 굵지만, 2번 폰트처럼 귀엽기도 합니다. 하지만 확실히 앞의 두 폰트와 느낌이 다르죠. 저는 동글, 풍선, 빵, 파티, 문구, 미소 등의 단어가 떠오릅니다.

이제 이 글자들에 폰트를 입혀 볼까요?

문구 하나를 골라서 폰트를 적용해 보니, 그냥 폰트만 볼 때보다 뉘앙스 차이가 더 구체적으로 느껴지죠?

같은 영화를 봐도 사람마다 감상이 다르듯, 폰트 역시 보는 이가 해석하기에 따라 다른 단어를 떠올릴 수 있습니다. 하지만 내가 떠올린 것이 혹 틀리지 않았는지 의문이 들 수 있죠. 그럴 때는 폰트를 보며 연상한 문구에 맞춰 사진을 넣어 보세요. 다음 이미지처럼요.

어떤가요? 폰트에 어울리는 문구를 연상해 보고 그에 맞춰 사진을 배치해 보니까, 세 폰트의 분위기 차이가 제대로 느껴지죠?

아무 폰트나 고른 다음 이런 식으로 연상 훈련을 하면 폰트의 뉘앙스를 적절하게 캐치할 수 있게 되고, 실제로 디자인을 하는 상황에서 적절한 폰트를 고르는 능력이 크게 늘 수 있습니다. 디자인 실력을 늘리고 싶은 친구들이 있다면 함께 모여서 서로의 의견을 나눠 봐도 좋겠죠. 똑같은 폰트여도 사람마다 떠올리는 단어와 분위기가 다를 수 있기 때문에, 다양한 시각을 접하는 관점에서도 추천하는 방법입니다.

우리는 사람의 얼굴을 볼 때 잘생긴 얼굴, 못생긴 얼굴을 나눠 버리곤 합니다. 하지만 사실 그 사람이 필요한 상황, 그 사람이 주인공이 되는 상황은 다 다르죠. 세상에 똑같이 생긴 사람만 한가득이면 얼마나 재미 없겠어요.

폰트 역시 똑같습니다. 어떤 폰트가 가장 예쁜지, 가장 유행인지 찾아보는 것도 재밌는 일이지만, 언제나 '디자인의 느낌에 잘 어울리는 폰트를 고른다'는 대원칙이 가장 중요합니다. 이런 시각으로 폰트의 개성을 존중하며 뉘앙스를 파악하는 습관을 들이다 보면 단순히 유행하는 폰트를 쓰는 걸 넘어 폰트마다의 독특함을 적재적소에 살릴 줄 아는, 마치 영화 감독 같은 디자이너가 될 수 있습니다. 세상에 나쁜 폰트는 없다는 점을 꼭 기억하세요.

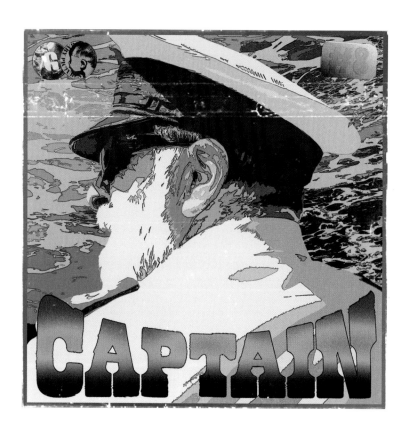

CAPTAIN

만화의 한 장면 같은 아트워크

물결이 일렁이는 듯한 그림체의 <CAPTAIN> 아트워크를 만들어 봅니다. 먼저 필터 갤러리를 이용하여 이미지를 만화 그림처럼 변형합니다. 그런 다음 뒤틀기 모드로 제목의 모양을 힘 있게 만들고, 물결 느낌의 풍화 연출을 입힙니다. 다음으로 제목에 곡선 형태의 흑백 그라데이션을 칠한 뒤, 매핑 기능으로 전체적인 색감을 통일합니다. 마지막으로 조정 기능으로 색감을 다듬어 준 다음, 화면 가장자리에 테두리를 더하고, 질감을 섞어 주며 마무리합니다.

스킬 (8)뒤틀기, (9)풍화, (11)매핑, (13)그림체

폰트 Roadway Regular (어도비 폰트)

예제파일 CAPTAIN.psd, 바다 변위.psd

만들기

01 'CAPTAIN.psd' 파일을 엽니다.

02 필터 갤러리를 통해 캡틴 이미지에 물 종이 필터를 입힙니다.

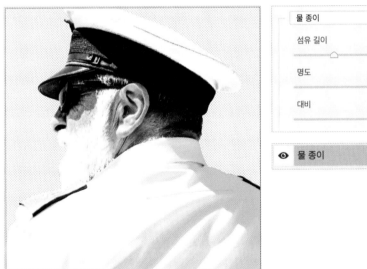

03 필터 레이어를 추가하여 캡틴 이미지에 오려내기 필터를 입힙니다.

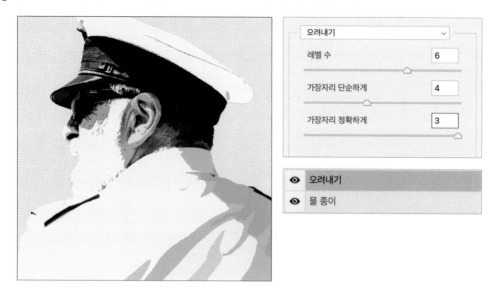

04 필터 레이어를 추가하여 캡틴 이미지에 다시 물 종이 필터를 입힙니다.

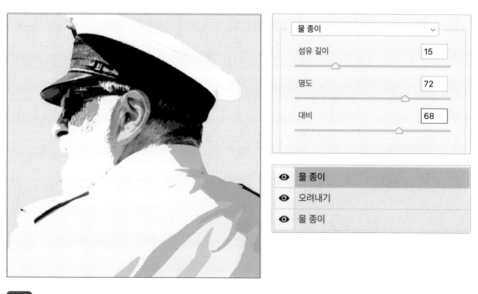

> **tip**
>
> 먼저 물 종이 필터를 통해 이미지의 색 영역을 밝고 부드럽게 만든 다음, 오려내기 필터로 색 영역을 만화 그림체처럼 잘라내고, 다시 한 번 물 종이 필터를 입혀 부드러움을 더하는 작업입니다.

05 필터 갤러리의 불투명도를 내려서 이미지를 부드럽게 만듭니다.

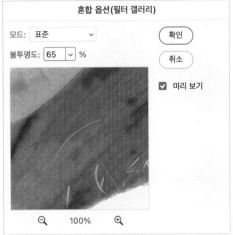

tip

레이어 창에서 필터 갤러리 이름 옆 아이콘을 더블 클릭하면, 필터의 블렌딩 모드와 불투명도를 조절할 수 있습니다.

06 다시 한 번 필터 갤러리를 통해 캡틴 이미지에 오려내기 필터를 입힙니다.

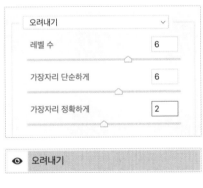

tip

이 과정에서 이전에 사용한 필터 레이어 두 개를 삭제하고 한 개만 남겨 주세요. 필터 레이어를 선택한 다음 우측 하단의 휴지통 버튼을 누르면 삭제할 수 있습니다. 이전에 사용한 필터 효과는 사라지지 않으니 안심하고 작업해 주세요.

07 필터 레이어를 추가하여 캡틴 이미지에 포스터 가장자리 필터를 입힙니다.

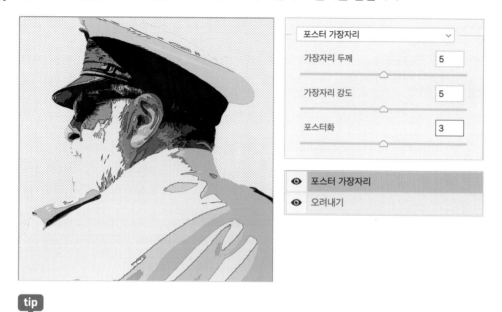

tip

물 종이 필터로 부드럽게 만든 이미지에 다시 오려내기 필터를 입혀서 색 영역의 경계선을 확실하게 만든 다음, 마지막으로 포스터 가장자리 필터를 통해 색 영역마다 검은색 테두리를 씌우는 작업입니다.

08 필터 갤러리를 통해 바다 이미지에 오려내기 필터를 입힙니다.

09 필터 레이어를 추가하여 바다 이미지에 포스터 가장자리 필터를 입힙니다.

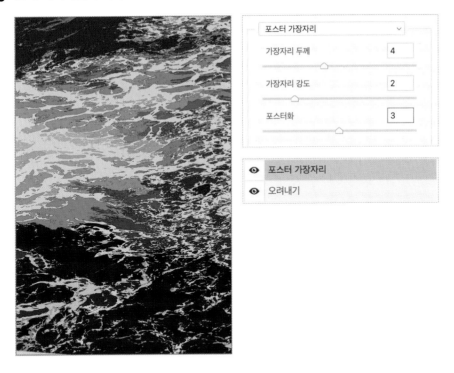

10 작업 화면으로 돌아온 뒤, 이미지에 필터가 잘 입혀졌는지 확인합니다.

11 색조/채도 조정 레이어를 이용하여 전체 이미지의 색감을 다듬어 줍니다.

 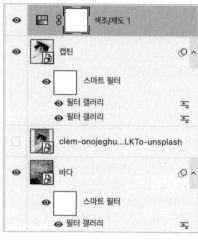

12 'CAPTAIN' 텍스트 레이어를 켭니다.

 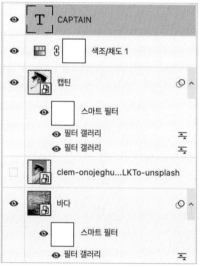

13 텍스트 레이어를 스마트 오브젝트로 변환합니다.

14 뒤틀기 모드를 통해 'CAPTAIN' 글자의 윗부분이 곡선 형태로 휘어지도록 만듭니다.

tip

모양을 뒤트는 과정에서 글자가 아래로 눌린 것처럼 보인다면, 글자의 면을 위쪽으로 드래그하여 모양을 펴 줄 수 있습니다.

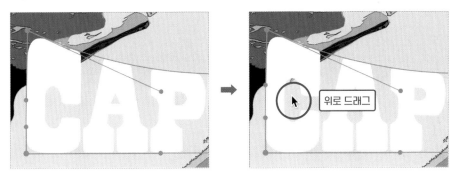

15 획 효과를 통해 글자에 검은색 테두리를 입힙니다.

16 [펜 도구]를 이용하여 글자의 위아래에 부드러운 곡선 형태의 검은색 모양을 그립니다.

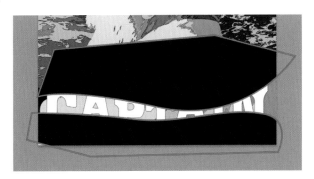

17 완성한 모양을 'CAPTAIN' 레이어로 클리핑 마스크를 씌웁니다.

 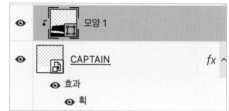

18 모양 레이어를 스마트 오브젝트로 변환합니다.

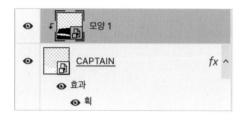

19 검은색이 부드럽게 퍼지도록 모양을 블러 처리합니다.

 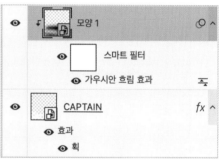

tip

이처럼 [펜 도구]로 자유로운 형태의 모양을 그리고 블러 처리를 하면 독특한 형태의 그라데이션을 만들 수 있습니다. 같은 원리로 새 레이어에 부드러운 브러시를 칠하고 블러 처리를 하는 것도 좋은 방법이죠.

20 변위 필터를 이용하여 글자를 물결 모양으로 풍화시킵니다.

 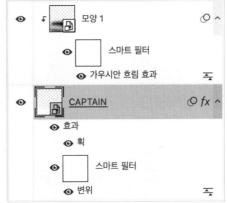

tip
─────────────────────────────────────
실습 파일과 함께 다운로드한 '바다 변위.psd' 파일을 이용해 보세요.

21 '로고G', '로고B', '#8' 레이어를 켭니다.

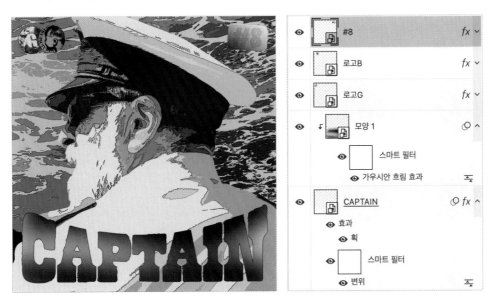

22 노이즈 질감 레이어를 만들기 위해 새 레이어를 만든 뒤 검은색을 칠합니다.

23 검은색 레이어에 노이즈를 추가합니다.

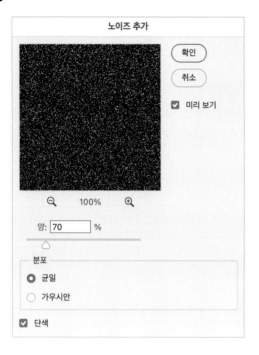

24 블렌딩 모드와 불투명도를 조절하여 디자인에 노이즈 질감을 입힙니다.

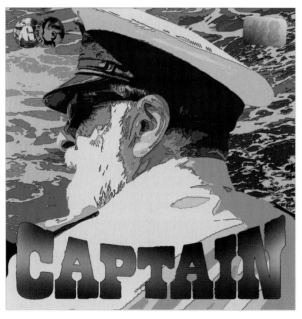

25 밝기/대비 조정 레이어를 이용하여 디자인의 색 대비를 진하게 만듭니다.

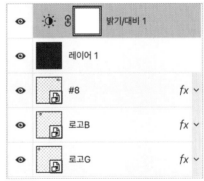

26 매핑 조정 레이어를 이용하여 디자인의 색 구성을 통일감 있게 정리합니다.

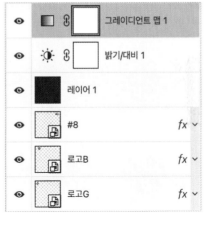

27 색조/채도 조정 레이어를 이용하여 디자인의 색감을 바꿉니다.

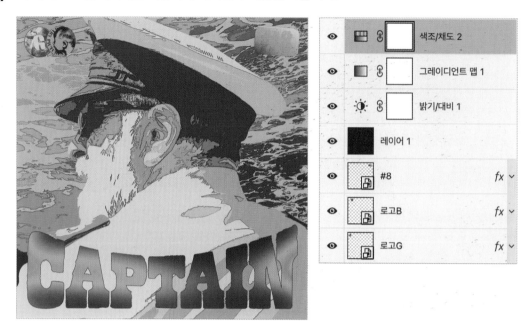

28 레벨 조정 레이어를 이용하여 디자인의 색 대비를 진하게 만듭니다.

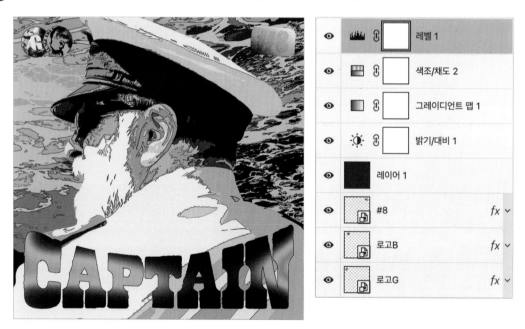

29 [사각형 도구]를 이용하여 초록색 테두리만 남은 사각형을 만들고, 작업 화면에 딱 맞도록 크게 키웁니다.

30 그레이디언트 오버레이 효과를 통해 초록색 테두리에 회색 톤의 그라데이션을 덧씌웁니다.

> **tip**
> ───
> 단색 위에 회색/흑백 톤의 그라데이션을 곱하기 모드로 덧씌우면, 기존의 색에서 점점 진해지는 형태로 농도를 표현할 수 있습니다.

31 비닐 레이어를 켭니다.

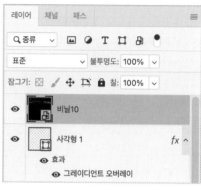

32 블렌딩 모드를 조절하여 디자인에 비닐 질감을 입힙니다.

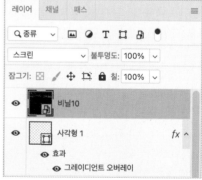

작업노트

✦ 지저분하게 작업하기

혹시 〈CAPTAIN〉 아트워크의 만들기 과정을 보면서 이런 생각이 들지 않았나요? '왜 똑같은 필터를 여러 번 입히는 걸까?', '왜 원하는 색을 한번에 매핑하지 않고 두세 번에 걸쳐 색감을 조정하는 걸까?'

사실 아트워크의 원본 파일을 보면 아래와 같이 레이어가 복잡하게 구성되어 있습니다. 이 효과, 저 효과를 써 보며 연출을 테스트하고, 레이어를 병합하고 래스터화를 해 보며 다양한 시도를 한 흔적들이죠. 책 속 〈만들기〉 과정은 이러한 실제 작업 과정을 최대한 간추리고 정리하여 담은 내용들입니다.

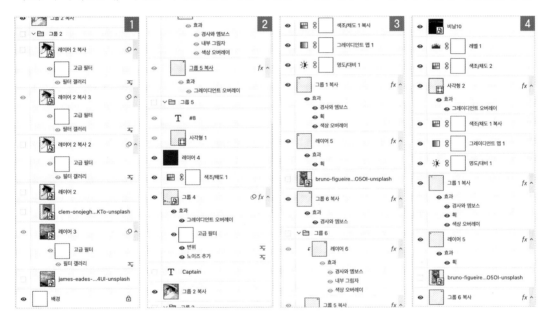

다른 아트워크들 역시 마찬가지입니다. 예를 들어 22번 〈스페이드〉 아트워크는 실제 원본 파일의 레이어와 책에 담긴 결과물의 레이어가 크게 다릅니다. 우리 눈에 보이는 결과는 같지만, 원본 파일의 경우 스페이드 모양을 만드는 다양한 방법을 시도하면서 혹시 모를 상황을 대비해 테스트용 레이어들을 남겨 두었기 때문에 레이어가 길게 쌓인 것이죠.

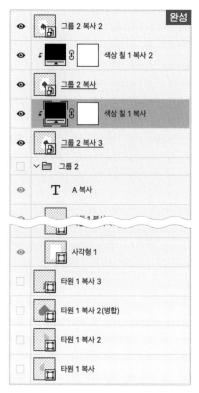

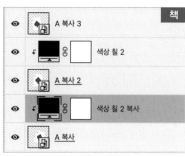

이처럼 책 속의 작업 과정과 달리 실제로 포토샵을 이용해 디자인하는 과정은 깔끔하지 않습니다. 오히려 디자이너가 다양한 연출을 테스트하고 과감하게 도전할수록 레이어가 지저분하고 길게 쌓이기 마련이죠.

포토샵을 어느 정도 익힌 다음, 처음 자신만의 디자인을 만드는 사람들이 반드시 겪는 고민이 있습니다. 무언가를 만들 때 '이렇게 하면 바보 같지 않을까?', '나만 모르는 어떤 더 나은 방법이 있지 않을까?' 하는 의구심이 드는 것이죠. 특히 누끼를 따는 단순한 작업의 경우에도 '이렇게 누끼를 따면 너무 비효율적이지 않을까?'라는 생각을 하며 작업을 망설이곤 합니다. 저 역시 디자인 하나를 만들 때마다 수없이 이런 생각들을 마주했습니다.

결론부터 말하자면, 괜찮습니다. 디자인은 기본적으로 내가 의도한 바를 화면에 담아내는 작업이죠. 즉 결과물이 가장 중요합니다. 그 과정이 얼마나 세련되고 매끄러웠는지는 중요하지 않아요. 더욱 빠르게 작업을 하고자, 작업이 모두 끝난 뒤에 과정을 돌아보고 개선점을 찾는 건 좋습니다. 하지만 실제 작업에 임하는 순간에는 매끄러운 과정에 신경 쓰지 말고 결과물만 보고 달려가야 합니다. 이 과정에서 레이어가 지저분해지는 것은 아주 자연스럽고 당연한 일이죠.

누끼를 따는 작업 역시 효율을 추구하기보다 결과물이 만족스럽게 나오는 데에 집중해야 합니다. 필요하다면 얼마든지 [지우개 도구]를 이용하여 누끼를 일일이 정리하고, 한 번에 누끼를 따는 게 어렵다면 인물을 조각 내어 누끼를 따면 된다는 생각이 필요합니다. 포토샵을 가르치는 일을 하다보면 "이렇게 누끼 따도 되나요?"라는 질문을 자주 받습니다. 그럴 때마다 대부분의 경우 저의 대답은 똑같아요. "네, 괜찮습니다."

그러니 디자인을 처음 접하는 분들일수록, 레이어를 깔끔하게 쓰고 과정을 매끄럽게 하는 것에 신경 쓰지 마세요. 디자인을 만드는 데에 있어 가장 중요한 한 가지는 '무엇을 만들고자 하는가?'라는 생각입니다. 그러니 먼저 만들고자 하는 것을 뚜렷하게 잡은 뒤, 내가 원하는 모양을 직접 만들어 가는 즐거움에만 집중해 보세요. 여러분이 깔끔한 과정의 저주에 갇히지 않고, 마음 속 디자인을 구현하기 위해 지저분하게 작업하는 자유로운 디자이너가 되길 바랍니다.

THEEARTH

앨범 표지 스타일의 아트워크

구형화 연출을 활용한 <THEEARTH> 아트워크를 만들어 봅니다. 먼저 사진을 동그랗게 만들고, 구형화 필터를 입혀 공처럼 부풀립니다. 여기에 브러시를 칠해 공의 입체감이 느껴지도록 빛과 그림자를 표현합니다. 그런 다음 텍스트를 모양으로 변환한 뒤 모양을 늘려서 제목을 만듭니다. 마지막으로 포장된 앨범 느낌을 표현하기 위해 비닐 질감을 입힙니다.

스킬 (4)늘리기, (7)구형화
폰트 Bilo ExtraBold (어도비 폰트)
예제파일 THEEARTH.psd

만들기

01 'THEEARTH.psd' 파일
을 엽니다.

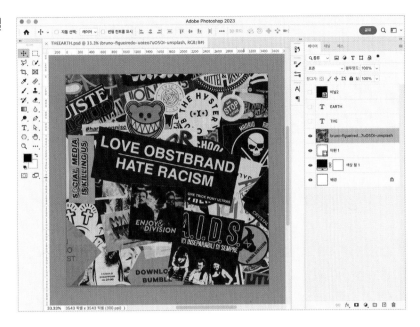

02 이미지를 원 모양으로 자르기 위해, 사진 레이어를 타원 레이어로 클리핑 마스크를 씌웁니다.

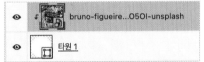

03 이미지와 타원 레이어를 복사한 뒤 병합합니다. 원본 레이어는 보이지 않게 꺼 줍니다.

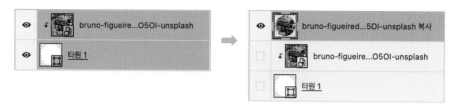

tip

왜 이 과정에서 두 레이어를 스마트 오브젝트로 묶지 않고 병합하는 걸까요? 그 이유는 레이어의 실제 크기 때문입니다. 두 레이어를 스마트 오브젝트로 묶으면 포토샵이 클리핑 마스크 바깥의 이미지까지 전부 레이어의 일부로 인식합니다. 스마트 오브젝트의 변형 컨트롤을 켜 보면 눈에 보이는 모양보다 컨트롤 박스가 커다랗게 나오는 걸 볼 수 있죠. 화면에 보이는 것보다 레이어의 실제 크기가 더 큰 것입니다. 때문에 이 상태에서 구형화 필터를 입히면 달걀처럼 길쭉한 타원 모양이 만들어지죠.

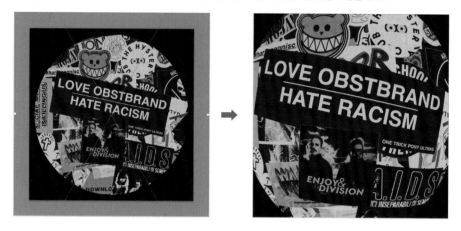

하지만 두 레이어를 병합하면 우리 눈에 보이는 모양과 레이어의 실제 크기가 같아집니다. 클리핑 마스크로 만든 동그란 모양 그대로 구형화 필터를 입힐 수 있는 것이죠. 병합한 레이어의 변형 컨트롤을 켜 보면 보이는 모양에 딱 맞는 컨트롤 박스가 나옵니다. 때문에 구형화 효과를 입혔을 때 지름이 같은 원 모양 그대로 부풀릴 수 있게 됩니다.

04 구형화 필터를 이용하여 병합한 레이어를 공처럼 부풀립니다.

05 부풀린 레이어의 크기를 줄입니다.

06 레이어가 좀 더 공처럼 보이도록 한 번 더 구형화 필터를 입힙니다.

07 부풀린 레이어의 크기를 줄입니다.

08 부풀린 레이어를 스마트 오브젝트로 변환합니다.

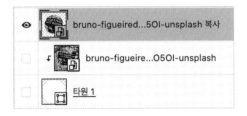

09 색조/채도 조정 레이어를 이용하여 이미지의 색감을 다듬어 줍니다.

10 새 레이어를 만든 다음, 구형화 레이어로 클리핑 마스크를 씌웁니다.

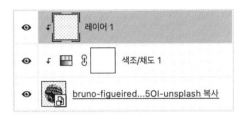

11 새 레이어에 검은색, 흰색 브러시를 칠하여 빛과 그림자를 표현합니다.

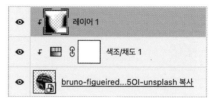

tip
브러시의 경도를 0으로 설정하면 부드럽게 퍼지는 빛과 그림자
를 그릴 수 있습니다.

12 블렌딩 모드를 조절하여 브러시 레이어를 이미지에 자연스럽게 섞어 줍니다.

13 연출에 사용한 레이어들을 그룹으로 묶습니다.

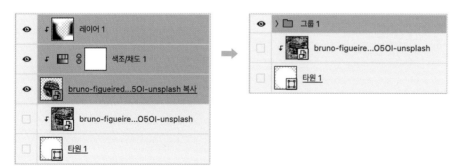

14 'THE', 'EARTH' 텍스트 레이어를 켭니다.

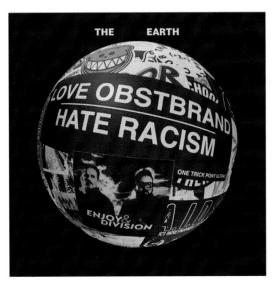

15 텍스트의 위아래 여백이 비슷해지도록 구형화 레이어를 아래로 내립니다.

16 'THE' 텍스트 레이어를 복사한 뒤 모양으로 변환합니다. 원본 레이어는 보이지 않게 꺼 줍니다.

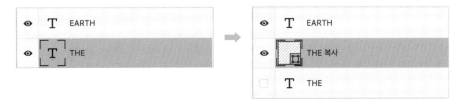

17 [패스 선택 도구]로 고정점을 움직여서, 'THE' 글자의 'E'를 길게 늘립니다.

18 'EARTH' 텍스트 레이어를 복사한 뒤 모양으로 변환합니다. 원본 레이어는 보이지 않게 꺼 줍니다.

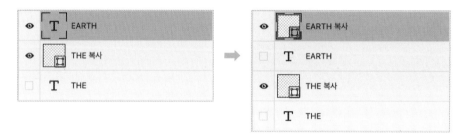

19 [패스 선택 도구]로 고정점을 움직여서, 'EARTH' 글자의 'E'와 'H'를 길게 늘립니다.

tip

두 텍스트를 위아래로 배치하면 'E' 글자의 길이를 비교하
며 작업할 수 있습니다.

20 두 텍스트를 나란히 배치합니다.

21 모양 레이어들을 그룹으로 묶어 줍니다.

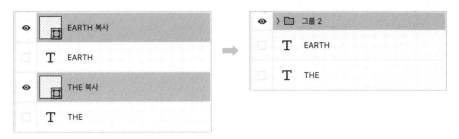

22 제목의 그룹 레이어를 수평선 중앙으로 정렬합니다.

23 비닐 레이어를 켭니다.

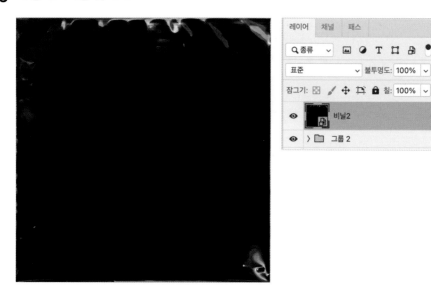

24 블렌딩 모드와 불투명도를 조절하여 디자인에 비닐 질감을 섞어 줍니다.

작업노트

✦ 질감 만들기

⟨THEEARTH⟩ 아트워크는 힙합 음악의 앨범 표지를 컨셉으로 만들었습니다. 그래서 디자인 구성을 모두 마친 뒤 실제로 판매되는 앨범처럼 보이도록 비닐 질감을 추가해 주었죠. 질감을 입히기 전과 후를 비교해 보면 아트워크의 무드에 질감의 비중이 크다는 걸 느낄 수 있습니다. 이처럼 질감은 단순히 디자인에 감칠맛을 더하는 조미료의 역할을 넘어, 디자인의 무드를 완성하는 핵심적인 소금 같은 역할을 하기도 합니다.

하지만 간혹 원하는 질감 이미지를 구하기가 쉽지 않은 경우가 있습니다. ⟨THEEARTH⟩에 쓰인 질감은 영어로 vinyl texture 혹은 plastic texture라고 부르는데요. 무료 이미지 사이트에 아무리 키워드를 검색해도 원하는 이미지를 구할 수 없었습니다. 마음에 드는 질감 이미지는 모두 유료뿐이었죠. 디자인에 필요하다면 얼마든지 유료 소스를 구매해서 활용하는 것도 중요합니다만, 문득 제가 직접 질감 이미지를 만들 수는 없을까 싶었어요.

그래서 소스를 사지 않고 질감 이미지를 직접 만들어 보기로 했습니다. 여러 영상을 찾아보며 공부하고 시행착오를 거친 끝에 그럴싸한 질감 이미지를 만드는 방법을 익힐 수 있었고, 그렇게 직접 만든 질감 이미지를 활용하여 ⟨THEEARTH⟩ 아트워크를 완성시킬 수 있었습니다. 이 아트워크를 기점으로 질감 이미지를 대부분 직접 제작해서 쓰게 되었죠.

이번 노트에서는 제가 어떻게 질감 이미지를 직접 만들어서 쓰는지 과정을 상세히 소개해 드리려고 합니다. 생각보다 과정이 어렵지 않으니 질감 이미지에 흥미가 생긴다면 직접 만들어 보는 것을 추천합니다. 멋진 질감 이미지를 직접 만들었다는 만족감이 클 거예요.

우선 몇 가지 재료가 필요합니다. 저는 다이소에서 검은 도화지와 투명 시트, 투명 지퍼백, 투명 포장봉투, 그리고 손바닥 크기의 사각 유리판을 구매했습니다.

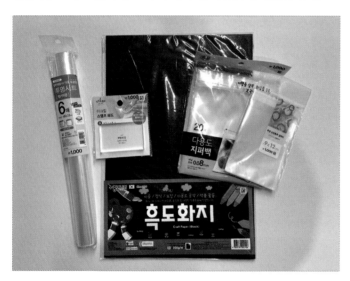

이때 한 가지 유의할 점이 있습니다. 편의점에서 물건을 담을 때 쓰는 비닐 봉투는 보통 불투명하고 구김이 많죠. 이런 비닐 봉투가 아닌, 뒤가 비치는 투명한 비닐이어야 합니다.

이렇게 재료를 준비하고 나면, 핸드폰으로 질감을 찍을 차례입니다(종이를 스캔할 수 있는 환경일 경우, 핸드폰을 활용하지 않고 바로 검은 도화지와 비닐 봉투를 스캔해도 좋습니다). 먼저 바닥에 검은 도화지를 두고, 질감으로 쓸 비닐 봉투를 올려 둡니다. 매끄러운 비닐을 촬영해도 좋지만, 저는 이 과정에서 일부러 비닐을 살짝 구겨서 질감을 강조해 주곤 합니다.

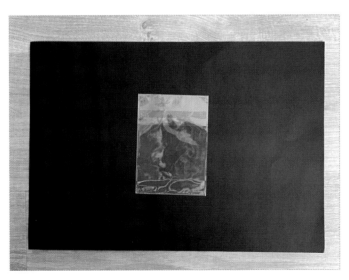

이렇게 재료를 바닥에 세팅하고 나면, 다음으로 조명을 조절합니다. 비닐 질감 이미지의 핵심은 빛이 반사되며 생기는 흰색 자국들입니다. 때문에 가능한 한 조명을 섬세하게 조절하는 것이 좋습니다. 방의 불을 끄고 창문으로 들어오는 최소한의 햇빛만 남겨 둔 상태에서, 여분의 검은색 도화지로 빛이 들어오는 방향을 조절하며 사진을 찍어 보세요. 손이 모자르면 가족이나 친구에게 잠시 도화지를 들어 달라고 부탁해도 좋습니다. 이렇게 빛이 들어오는 양과 각도를 조절하며 핸드폰으로 질감 사진을 여러 장 찍어 줍니다.

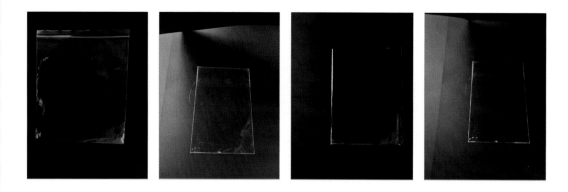

이제 본격적으로 질감 이미지를 편집할 차례입니다. 먼저 질감으로 쓸 흰색 자국들이 잘 찍힌 사진을 골라 포토샵 창으로 불러 옵니다. 그런 다음에 다각형 올가미 도구로 질감 이미지의 누끼를 따고, 누끼 레이어의 원근감을 조절해서 이미지가 화면을 꽉 채우도록 다듬어 줍니다. 누끼를 딸 때 질감 이미지 테두리의 흰색 자국이 함께 따질 수 있도록 유의해 주세요. 또한 필요할 경우 뒤틀기 기능을 활용하여 가장자리의 굴곡을 섬세하게 조절해 주세요.

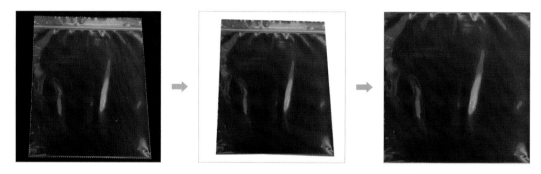

만약 마음에 들지 않는 자국이 있다면, 지우고 싶은 자국을 선택 영역으로 잡은 다음 Shift + Back Space 키를 누릅니다. 그러면 선택 영역을 메울 수 있는 안내창이 나오는데요, 이때 내용 항목을 '내용 인식'으로 설정한 뒤 '확인'을 누르면 자연스럽게 자국을 없앨 수 있습니다.

그런 다음 조정 레이어를 이용해서 질감 이미지를 보정합니다. 먼저 매핑 기능을 이용하여 이미지를 흑백 처리한 다음, 밝기/대비, 레벨, 곡선 등의 기능을 이용하여 흰색 자국과 검은 배경이 선명하게 보이도록 대비를 조정합니다. 만약 이미지의 일부만 더 어둡게 보정하고 싶다면 이미지의 일부를 선택 영역으로 잡고 따로 보정해 주는 것도 좋습니다. 보정이 모두 끝나면 이미지를 jpg 형식으로 내보낸 뒤 파일명을 정리합니다.

tip

이미지의 일부를 보정하고 싶을 경우, 옵션바에서 페더 값을 높게 올린 뒤 선택 영역을 잡고 조정 레이어를 만들어 보세요. 페더 값을 주면 선택 영역의 경계선이 부드럽게 처리되어 자연스럽게 부분 보정을 할 수 있습니다.

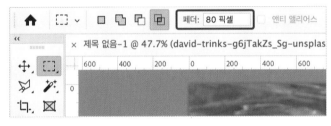

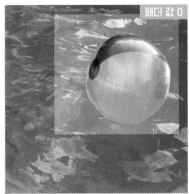

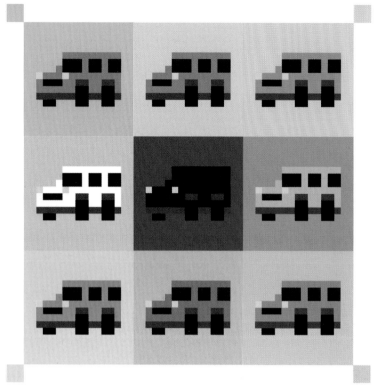

COLOR JEEP
픽셀 아트를 활용한 아트워크

픽셀 자동차를 다양한 색깔로 배치한 <COLOR JEEP> 아트워크를 만들어 봅니다. 먼저 픽셀을 그릴 작은 창을 만든 뒤, 픽셀 자동차를 그립니다. 모양을 완성하면 이미지 크기 기능으로 작업 화면을 크게 키우고, 배경색을 칠한 뒤 레이어를 모두 병합합니다. 그런 다음 병합한 레이어를 복사하고 페인트 통 도구로 색을 칠해 다채로운 9칸 구성을 만듭니다. 마지막으로 모서리에 작은 정사각형을 배치하여 장식을 더합니다.

스킬 (30)픽셀
예제파일 COLOR JEEP.psd

만들기

01 18*18 픽셀 크기의 새 작업 창을 만듭니다.

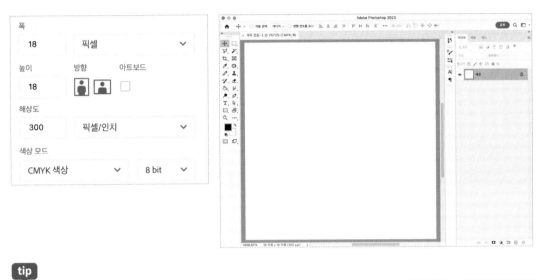

02 새 레이어를 만듭니다.

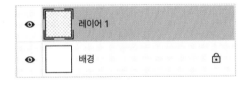

03 [연필 도구]를 이용하여 주황색 자동차 모양의 픽셀을 찍어 줍니다.

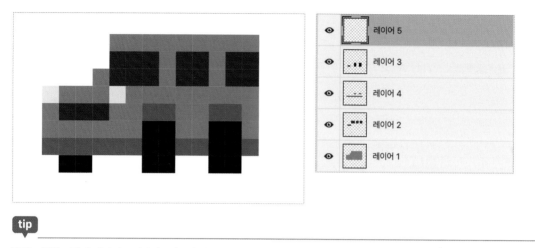

tip

픽셀 그림을 그릴 때, 색깔별로 레이어를 만들면 이후에 색조/채도 기능을 통해 하나하나 색을 조절할 수 있습니다.

04 이미지 크기 기능을 통해 작업 화면의 크기를 30*30cm로 키웁니다.

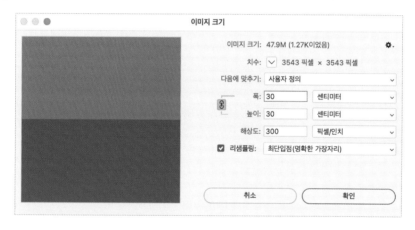

05 완성한 픽셀 레이어들을 그룹으로 묶어 줍니다.

06 그룹 레이어를 복사한 뒤 병합합니다. 원본 그룹 레이어는 보이지 않도록 꺼 줍니다.

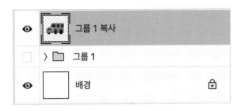

07 병합한 픽셀을 화면 가운데에 배치한 뒤 크기를 조정합니다.

08 배경에 연한 주황색을 칠합니다.

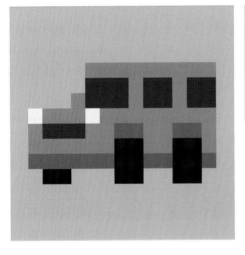

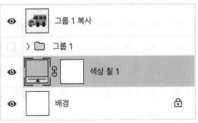

이때 자동차의 색을 클릭해서 추출한 다음 해당 판 안에서 색을 골라 주세요. 이렇게 하면 색을 통일감 있게 맞출 수 있습니다.

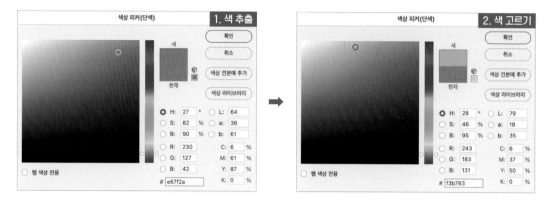

09 연출에 사용한 레이어들을 그룹으로 묶어 줍니다.

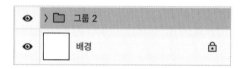

10 그룹 레이어를 복사한 뒤 병합합니다. 원본 그룹 레이어는 보이지 않게 꺼 줍니다.

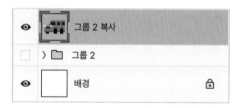

11 병합한 레이어의 크기를 작게 줄입니다.

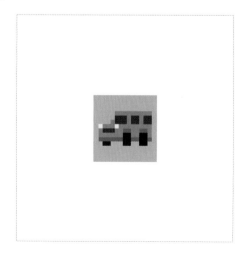

12 병합한 레이어를 복사한 뒤 이어 붙여서 9칸 구성을 만듭니다.

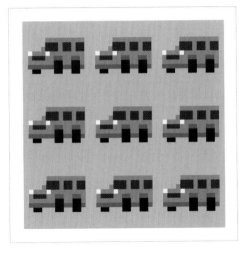

13 두 번째 칸의 레이어를 선택합니다.

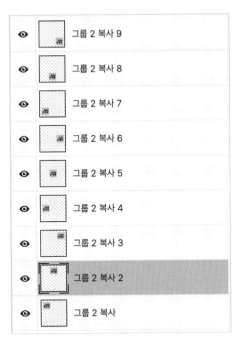

14 [페인트 통 도구]를 이용하여 배경과 자동차에 파란 계열의 색을 칠합니다.

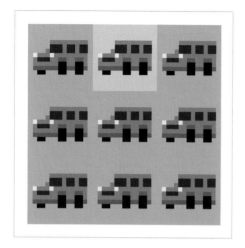

tip

옵션바에서 '모든 레이어' 항목의 체크가 해제되어 있어야 현재 작업 중인 레이어에만 색을 칠할 수 있습니다.

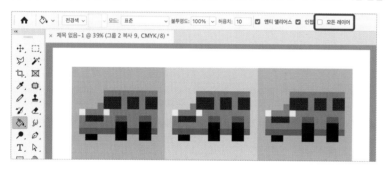

15 같은 방법으로 나머지 칸의 색을 자유롭게 칠합니다.

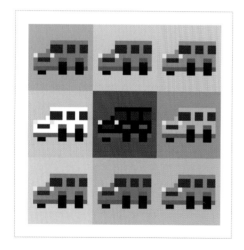

16 연출에 쓰인 9개의 레이어를 그룹으로 묶어 줍니다.

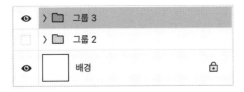

17 왼쪽 상단에 작은 주황색 정사각형을 배치합니다.

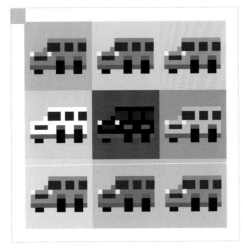
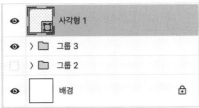

18 사각형 레이어를 복사하고 색을 바꿔서 모서리마다 작은 정사각형을 하나씩 배치합니다.

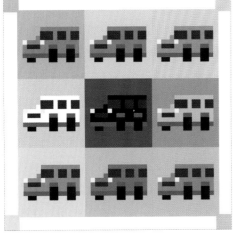
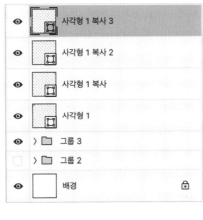

19 Ctrl+R을 눌러 줄자를 켭니다.

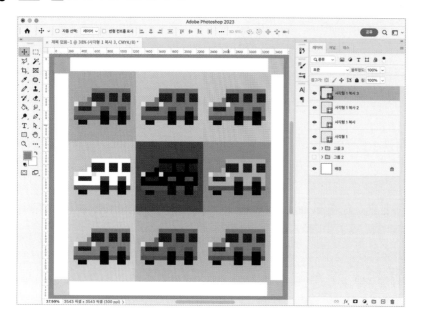

20 줄자를 드래그하여 사각형 안쪽에 가이드라인을 만듭니다.

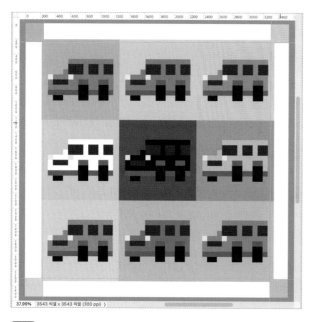

tip

사각형 레이어를 하나씩 선택한 다음 줄자를 드래그하면, 해당하는 사각형의 변에 가이드라인을 딱 맞게 붙일 수 있습니다.

21 가이드라인에 맞춰서 그룹 레이어의 크기를 조절합니다.

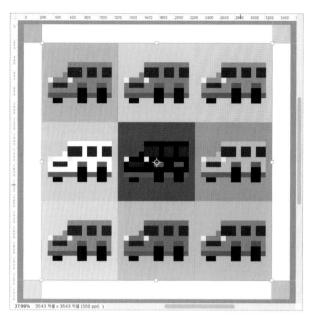

 tip

[Ctrl] + [;]를 누르면 가이드라인을 껐다 켰다 할 수 있습니다.

tip

그룹 레이어의 크기가 가이드라인에 딱 맞지 않다면, [Shift]를 누른 채로 변 가운데 점을 드래그하여 크기를 맞춰 주세요.

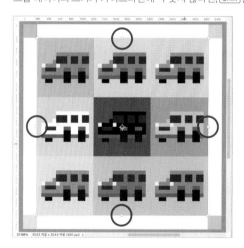

작업노트

✦ 색의 3요소

〈COLOR JEEP〉 아트워크 연출의 핵심은 다양한 파스텔 톤의 색을 조화롭게 섞는 것입니다. 다양한 색을 조화롭게 쓰려면 어떤 기준을 잡아야 할까요? 이를 알아보기 위해, 먼저 색의 3요소를 살펴보겠습니다.

색조/채도 기능을 쓰면 레이어의 색을 조절하는 3가지 옵션을 볼 수 있죠. 바로 색조(Hue), 채도(Saturation), 밝기(Brigtness)입니다. 이 3가지 옵션이 색을 구성하는 기본적인 3요소입니다. 그렇다면 각각의 요소는 정확히 무엇을 의미하는 것일까요?

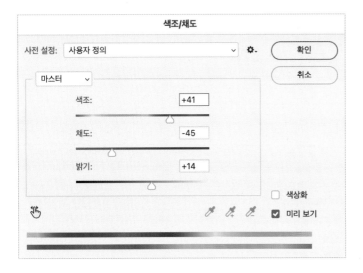

먼저 '색조'는 쉽게 말해 색깔을 의미합니다. 우리가 보통 초록색, 노란색, 분홍색이라고 부르는 이름들이 바로 색조를 의미하죠. 무지개를 색의 3요소를 이용하여 표현하면 '다양한 색조를 가진 색이 모여 있네.'라고 할 수 있습니다.

다음으로 '채도'는 색의 농도를 의미합니다. 예를 들어 파란색의 경우, 파란색 잉크가 얼마나 들어갔느냐에 따라 탁하고 연하게 파란색이 보일 수도, 선명하고 진하게 파란색이 보일 수도 있습니다. 우리는 보통 어떤 이미지를 볼 때 '색이 쨍하다'라는 말을 쓰곤 하죠? 이를 색의 3요소를 이용하여 표현하면 '채도가 높구나.'라고 할 수 있습니다.

마지막으로 '밝기'는 이름 그대로 밝고 어두운 정도를 의미합니다. 마치 방의 조명을 올렸다 내리는 것과 비슷한데요. 주황색의 밝기를 낮추면 색이 어둑해지며 갈색이 되고, 밝기를 올리면 색이 환하게 밝아지며 살구색이 되죠. 언뜻 채도와 비슷하게 보일 수 있지만, 채도는 잉크를 얼마나 넣었느냐의 영역이라면, 밝기는 방의 조명을 얼마나 밝게 올렸느냐의 영역이라는 차이가 있습니다. 그래서 색조/채도의 채도를 끝까지 올리면 색이 쨍해지지만, 밝기를 끝까지 올리면 조명이 너무 밝아서 색이 아예 하얗게 되어 버립니다.

이처럼 모든 색은 색조와 채도, 밝기라는 3가지 요소로 구성됩니다. 디자인을 하며 색을 고를 때, 이 색의 채도가 어떠한지, 채도가 너무 높지는 않은지, 또 밝기가 너무 어둡지는 않은지 등을 고려하면 적절한 판단을 내리고 수정 포인트를 잡을 수 있죠.

작은 팁을 하나 드리자면, 색을 고를 때 이 색이 따뜻한지 차가운지를 고려해 보세요. 소위 말하는 웜톤, 쿨톤을 나눠 보는 거죠. 저는 디자인을 처음 시작할 때 적절한 노란색을 고르는 일이 어려웠습니다. 항상 내가 고른 노란색은 어딘가 이상하고, 고를 때마다 매번 다른 노란색인 것 같았죠. 그러다 문득 같은 노란색이어도 쿨톤 노란색과 웜톤 노란색이 나뉜다는 것을 깨달았습니다. 이 깨달음이 있고 나서부터 색을 고를 때 색의 온도를 고려하며 적절한 색을 찾는 시야가 트이게 되었어요.

tip

위의 두 가지 노란색 중, 어느 쪽이 쿨톤일까요? 아마 비교적 쉽게 답을 맞출 수 있을 거예요. 실제로 디자인을 할 때 이처럼 같은 부류의 색 내에서 미묘한 톤 차이를 구분하는 것이 색을 고르는 핵심인 경우가 많습니다.

✦ 이론 공부의 목표

사실 디자인을 하며 색을 고를 때 매 순간 색에 대한 이론을 고려하기는 쉽지 않습니다. 이럴 경우, 색에 대한 이론보다는 내가 무엇을 표현하고자 하는지를 우선적으로 고려하는 것이 좋습니다. 이론 공부는 내가 표현하고자 하는 것을 더 잘 표현하기 위해 하는 것이니까요.

〈COLOR JEEP〉의 제작 과정을 함께 살펴볼까요? 이 아트워크는 어린이의 장난감처럼 알록달록하고 아기자기한 느낌으로 자동차를 표현해 보자는 생각에서 출발했습니다. 아트워크의 소재인 JEEP 회사의 차량은 네모 모양에 단단하고 직선적인 느낌을 주는 경우가 많습니다. 이것이 제게는 마치 어린 시절에 가지고 놀던 장난감처럼 귀여워 보였습니다.

이러한 연상에 맞춰, 픽셀을 활용하여 JEEP 자동차의 네모난 매력을 표현하고, 어린이의 동심이 느껴지는 듯한 파스텔 톤의 색을 사용해 주었습니다. 기본적으로 차체와 배경색을 같은 색조로 설정하여 통일감을 주고, 배경색의 밝기를 높게, 채도를 낮게 설정하여 밝고 부드러운, 귀여운 인상을 주고자 했죠.

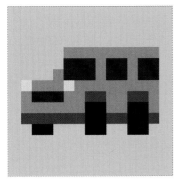 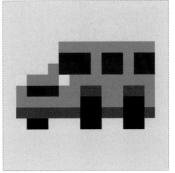 

여기에 더해, 진열장에 다양한 색의 장난감이 모여 있는 듯한 모습을 표현하고자 9개의 칸을 구성하고, 유채색과 무채색을 섞어 다채롭게 칸을 칠해 주었습니다.

 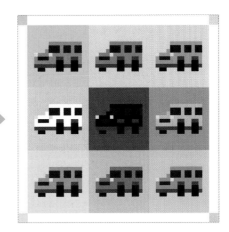

이처럼 색에 대한 이론이 아니라 내가 무엇을 표현하고자 하는지가 먼저 고려되어야 훨씬 수월하고 적절하게 색을 조합할 수 있습니다. 어느 분야든 이론을 배우는 과정이 가장 힘들고 재미없기 마련이죠. 그렇지만 이 이론이 무엇을 위해 존재하는지, 내가 어떤 상황에 이 이론이 필요할지를 생각해 보면 이론을 더욱 즐겁고 알차게 공부할 수 있습니다.

앞서 알아본 색의 3요소 이외에도 유사색, 보색 등 색의 관계에 대한 여러 가지 이론이 있습니다. 그러나 처음부터 모든 이론을 섭렵하듯 접근하는 것은 추천하지 않습니다. 먼저 내가 무엇을 표현하고 싶은지를 명확히 하고, 그에 맞춰 필요한 이론을 하나씩 공부해 나간다면 훨씬 즐겁게 공부하는 디자이너가 될 수 있을 거예요.

ZEBRA
단색 디자인을 활용한 아트워크

강렬한 흑백 대비에 포인트 색을 더한 <ZEBRA> 아트워크를 만들어 봅니다.
먼저 원 모양의 둥근 기준선을 따라 흐르는 텍스트를 만듭니다. 텍스트의 크기
와 간격을 조절하며 모양을 다듬고 나면, 레이어 마스크를 활용하여 원 안에서
얼룩말이 밖으로 튀어나오는 팝 아웃 연출을 만듭니다. 마지막으로 얼룩말과
배경에 한계값 효과를 입히고, 질감을 입히며 디자인을 마무리합니다.

스킬 (2)기준선, (12)한계값, (16)단색, (18)팝아웃
폰트 Rough Love Regular, Park Lane Bold(어도비 폰트)
예제파일 ZEBRA.psd

▌ 만들기

01 'ZEBRA.psd' 파일을
엽니다.

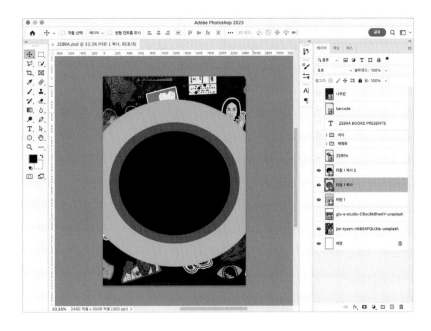

02 빨간 원의 패스를 따라 흐르는 텍스트를 만듭니다.

> 폰트: Rough Love Regular
> 내용: SKAFACE ZEBRA IN THE GRASS
> 색상: 검은색 #000000

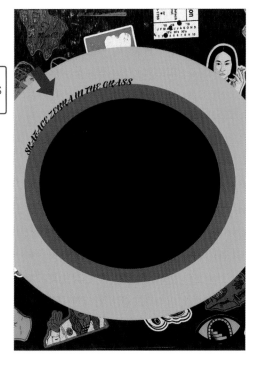

03 텍스트의 간격과 크기를 조절하여 모양을 완성합니다.

04 빨간 원 레이어를 꺼 줍니다.

05 얼룩말 레이어를 켭니다.

06 선택 영역과 레이어 마스크를 활용하여 얼룩말을 검은 원 안에 가둡니다.

07 레이어 마스크와 브러시를 이용하여 얼룩말의 얼굴이 검은 원에서 튀어나오게 만듭니다.

08 한계값 효과를 이용하여 얼룩말 이미지를 강렬한 대비의 흑백 연출로 만듭니다.

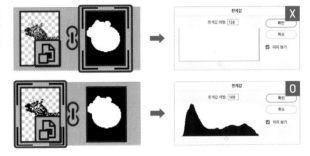

한계값 효과를 입히기 전에 레이어 창에서 얼룩말 레이어
의 썸네일을 클릭해 주세요. 레이어 마스크가 선택된 상
태에서 한계값 효과를 입히면 오른쪽의 이미지처럼 한계
값 창에 아무 것도 뜨지 않습니다.

09 한계값 효과를 이용하여 배경 이미지를 강렬한 대비의 흑백 연출로 만듭니다.

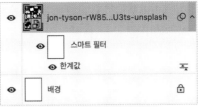

10 책제목, 저자 그룹 레이어, 'ZEBRA BOOKS…' 텍스트 레이어, 바코드 이미지 레이어를 켭니다.

11 나무판 레이어의 눈을 켭니다.

12 블렌딩 모드를 조절하여 디자인에 나무 질감을 입힙니다.

13 다양한 조정 기능을 이용하여 디자인이 더 진해지도록 질감 이미지를 어둡게 보정합니다.

작업노트

✦ 색의 가짓수

아직 색을 다루는 작업에 익숙하지 않다면, 디자인에 여러 가지 색을 썼을 때 내 디자인의 색감이 어딘지 엉성하다고 느낄 수 있습니다. 이럴 때는 색의 가짓수를 줄여서 색감을 다루기 쉽게 정리하는 것이 유용합니다. 이번 노트에서는 제가 실제로 디자인을 할 때 색의 가짓수를 정리하는 팁을 소개해 드리고자 합니다.

첫 번째 팁은 디자인을 단색으로 만드는 것입니다. 16번 〈열기구〉 아트워크를 만들며 배웠던 단색 기법이 기억나나요? 이미지를 흑백 처리한 뒤 한 가지 컬러만 포인트로 사용해 주는 작업이었죠. 이를 응용하여 디자인 전체를 단색으로 정리하는 것입니다. 한 가지 색만 포인트로 남기고, 다른 색들은 모두 흑백으로 처리하는 것이죠.

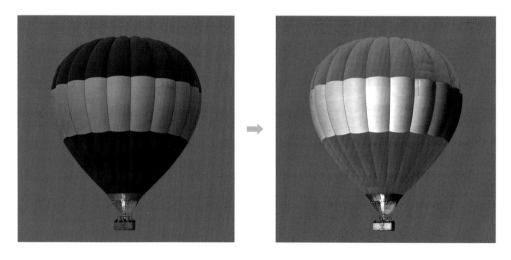

〈ZEBRA〉 아트워크에도 이러한 방법이 사용되었습니다. 아트워크를 만들다 보니, 얼룩말과 배경 이미지에 들어 있는 색의 가짓수가 너무 많아서 디자인이 전체적으로 복잡하게 느껴질 뿐 아니라 통일성도 부족해 보였습니다. 그래서 노란색 포인트 컬러만 남기고, 한계값 효과를 통해 얼룩말과 배경 이미지를 흑백으로 만들어 주는 방식으로 마무리하였죠.

두 번째 팁은 매핑을 활용하여 색감을 통일시키는 것입니다. 다음의 〈SPACE TRIP〉 아트워크를 살펴볼까요? 우주 여행이라는 주제를 표현하기 위해 열차, 도형, 우주인 등 여러 가지 요소가 쓰인 것을 볼 수 있습니다. 하지만 요소들의 색감이 제각각이라서 하나의 디자인으로 잘 어우러지지 않는 듯합니다. 우주인은 따뜻한 주황톤인데 비해, 열차 이미지는 차가운 초록톤이죠.

이런 경우에는 매핑 효과를 통해 색감을 통일성 있게 정리할 수 있습니다. 레이어 맨 위에 매핑 조정 레이어를 배치해서, 디자인에 쓰인 모든 요소들이 일정한 색감으로 맞춰지도록 만드는 것입니다. 이렇게 전체적으로 사용되는 색을 통일시킨 다음, 밝기/대비, 레벨 등의 기능을 써서 세밀하게 색감이 다른 부분들을 조정해 주는 것이죠.

diversity!

고정관념에 대한 주제를 표현한 아트워크

자르기 기법을 활용한 <diversity!> 아트워크를 만들어 봅니다. 먼저 제목을 반으로 자른 뒤, 자른 제목의 각도를 기울여 균열을 만듭니다. 이 균열을 꿰뚫는 말풍선을 만들고 그 속에 텍스트를 배치한 다음, 텍스트에 그라데이션을 칠하고 모양을 다듬어 줍니다. 마지막으로 텍스트 주위에 자유로운 모양의 파편을 그리고, 텍스트에서 색을 추출해 파편을 다채롭게 칠합니다.

스킬 (1)원근감, (5)자르기, (27)그리기

폰트 Bio Sans ExtraBold, Avebury Inline, Acier BAT Text Gris, ScriptoramaMarkdownJF Regular, EloquentJFPro Regular (어도비 폰트)

예제파일 diversity.psd

만들기

01 'diversity.psd' 파일을 엽니다.

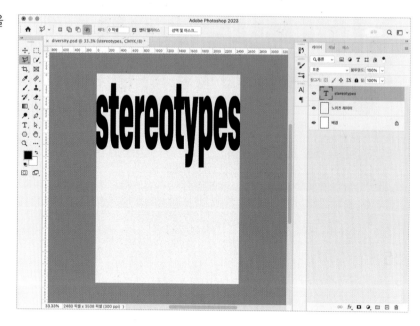

02 'stereotypes' 텍스트 레이어를 복사한 뒤 래스터화 합니다. 원본 레이어는 보이지 않게 꺼 줍니다.

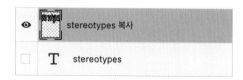

03 오린 레이어 기능으로 'stereotypes' 글자를 잘라 두 개의 레이어로 분리합니다.

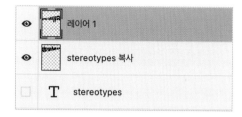

04 단면이 벌어지도록 잘라낸 글자의 아래쪽을 기울이고 위치를 조정합니다.

05 [펜 도구]를 이용하여 단면을 꿰뚫는 모양의 말풍선을 그립니다.

06 여러 개의 폰트를 섞어서 'diversity' 텍스트 레이어를 만듭니다.

가지고 있는 폰트를 자유롭게 섞어서 다양성을 표현해 보세요.

예시 이미지에 쓰인 폰트는 아래와 같습니다.

dvrt! = Bio Sans / ExtraBold

i = Avebury / Inline
e = Acier BAT / Text Gris
si = ScriptoramaMarkdownJF / Regular
y = EloquentJFPro / Regular

07 'diversity' 텍스트를 스마트 오브젝트로 변환합니다.

08 'diversity' 텍스트를 세로로 길쭉하게 늘립니다.

09 'diversity' 텍스트를 말풍선의 모양에 맞춰 살짝 회전시킵니다.

10 돌리기 필터를 이용하여 텍스트를 물결 모양으로 변형합니다.

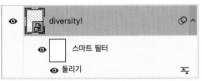

tip

[필터 – 왜곡 – 돌리기] 메뉴를 통해 텍스트에 돌리기 필터를 입힐 수 있습니다.

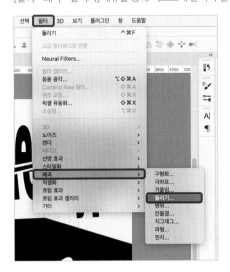

11 그레이디언트 오버레이 효과를 통해 'diversity' 텍스트에 무지갯빛 그라데이션을 칠합니다.

> **tip**
>
> CC2019 이상의 버전을 쓸 경우, 사전 설정 항목에서 '무지갯빛' 폴더를 연 뒤 15번 그라데이션을 선택하면 예시 이미지와 같은 그라데이션을 세팅할 수 있습니다.

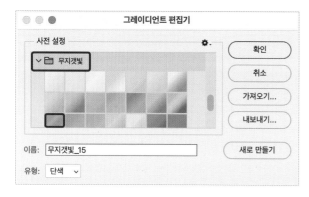

12 [펜 도구]로 'diversity' 텍스트 주위에 자유로운 모양의 파편을 그립니다.

13 'diversity' 텍스트의 그라데이션에서 색을 추출하여 파편을 다채롭게 칠합니다.

작업노트

✦ 이미지 연상하기

〈diversity!〉 포스터는 자르기 기법을 활용해 보자는 생각에서 출발했습니다. 저는 자르기 기법을 보았을 때, '50% 할인!', '가격 파괴!'와 같은 할인 포스터가 떠올랐습니다. 가격이 내려갔다는 것을 글자가 반으로 쪼개지는 모습으로 표현한 디자인을 길거리에서 흔히 볼 수 있죠. 이 점에 착안하여 어떤 개념이 반으로 갈라지는 디자인을 만들기로 한 다음, 고정관념이라는 주제를 잡게 되었습니다.

어떻게 해야 고정관념을 부술 수 있을까요? 이런 질문을 던지자, 어느 책에선가 '다양성에 대한 생각이 고정관념을 부술 수 있다.'라는 문장을 봤던 기억이 났습니다. 그래서 이 문장을 시각화해서 디자인에 담아 보자는 아이디어를 떠올렸고, '다양성!'이라고 외치는 말풍선이 고정관념 글자를 부수는 지금의 디자인을 만들게 되었습니다.

하지만 글자가 반으로 쪼개지는 디자인이 꼭 '무언가 갈라지는 주제'로 이어질 필요는 없습니다. '왜 글자가 반으로 쪼개졌을지 고민하고 상상하는 과정에서 또 다른 이미지를 연상할 수도 있죠. 예를 들어 글자가 반으로 갈라진 모양을 보고 입을 아 하고 벌린 악어를 떠올렸다면, 오른쪽의 〈CROCO DILE〉과 같은 아트워크로 이어질 수 있습니다.

이 아트워크는 〈diversity!〉와 매우 비슷한 방식으로 구성되었습니다. 글자가 반으로 쪼개진 모양이 디자인의 메인 이미지를 담당하고, 펜 도구로 자유롭게 그린 도형들이 디자인을 채우고 있습니다. 배경이 단색인 점도 비슷하죠. 하지만 기법에 어떤 이미지를 연상하고 어떤 이야기를 붙였느냐에 따라 이처럼 주제와 느낌이 전혀 다른 결과물이 나오게 되었습니다.

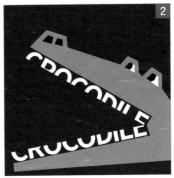

빈 종이에서부터 디자인을 하면 어디서부터 시작하면 좋을지 막막하기 마련입니다. 저는 아무 주제도 주어지지 않은 상태에서 개인 작업물을 만들 때 이러한 기분을 느끼곤 합니다. 이런 경우, 먼저 디자인에 써 보고 싶은 기법을 정하는 일이 꽤 도움이 되었습니다.

활용하고 싶은 기법을 정한 다음, 그 모양이 왜 쓰이는지, 어디에 쓰이는지 자유롭게 이야기를 상상합니다. 그러다 보면 자연스럽게 머릿속에 어떤 장면과 이미지들이 떠오르게 되고, 그 이미지들을 디자인으로 하나씩 표현해 볼 수 있죠. 처음에는 어색하고 부족하게 느껴질 수 있지만, 이런 식으로 스스로 이미지를 연상해 보는 경험이 쌓이면 디자인의 스타일이 잡히고 표현력이 점차 느는 걸 느낄 수 있습니다. 디자인의 첫 시작이 어려운 분들께 추천하는 방법이에요.

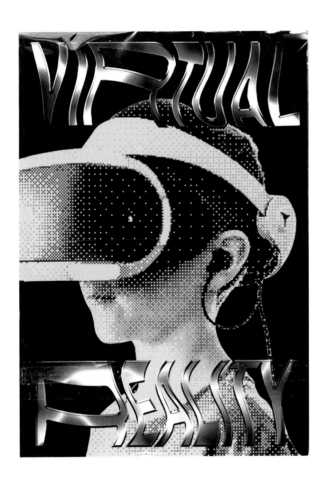

VR
미래적인 콘셉트의 아트워크

비트맵과 엠보싱을 활용한 <VR> 포스터를 만들어 봅니다. 먼저 비트맵 효과를 통해 이미지를 픽셀화하여 게임 그래픽처럼 연출합니다. 다음으로 텍스트를 패스화하여 모양의 일부를 늘려 준 다음, 뒤틀기 기능으로 텍스트의 모양을 변형합니다. 여기에 엠보싱 효과를 더해 금속 느낌의 입체적인 텍스트를 만들고, 매핑 기능으로 색을 칠하여 제목을 완성합니다. 마지막으로 비닐 질감을 입히며 디자인을 마무리합니다.

스킬 (4)늘리기, (6)엠보싱, (8)뒤틀기, (11)매핑, (14)비트맵
폰트 Basic Gothic Pro Bold (어도비 폰트)
예제파일 VR.psd

만들기

01 'VR.psd' 파일을 엽니다.

02 기존 개체와 연결을 끊은 새 스마트 오브젝트 레이어를 만듭니다.

03 복사한 스마트 오브젝트의 내부로 들어갑니다.

04 이미지를 회색 음영 모드로 바꿉니다.

05 이미지를 비트맵 모드로 바꿔 픽셀로 쪼개진 연출을 만듭니다.

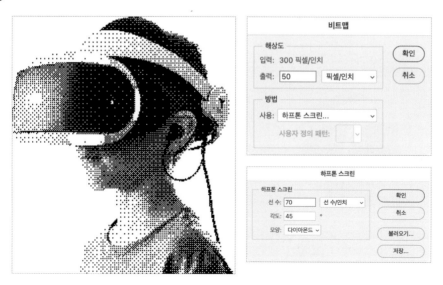

06 이미지의 해상도를 원래대로 되돌립니다.

07 스마트 오브젝트의 변경 사항을 저장하고, 기존의 작업 화면으로 돌아옵니다.

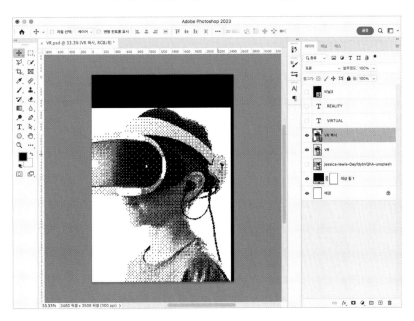

08 실루엣을 정리하기 위해 비트맵 레이어를 원본 레이어로 클리핑 마스크를 씌웁니다.

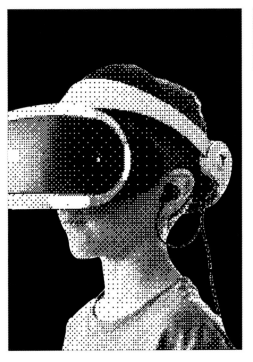

09 비트맵 레이어의 블렌딩 모드를 조절하여 원본 레이어와 색을 섞어 줍니다.

10 비트맵 연출에 쓰인 두 레이어를 그룹으로 묶어 줍니다.

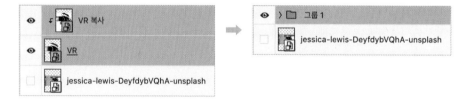

11 색조/채도 조정 레이어를 이용하여 비트맵 이미지의 색감을 다듬어 줍니다.

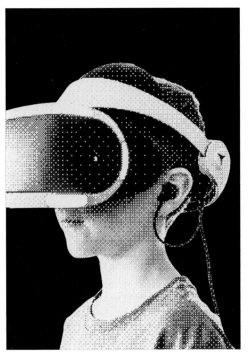

12 'VIRTUAL', 'REALITY' 텍스트 레이어를 켭니다.

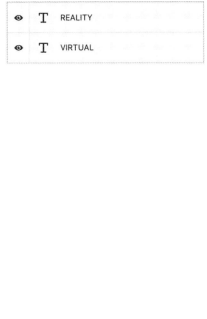

13 'VIRTUAL' 텍스트 레이어를 복사한 뒤 모양으로 변환합니다. 원본 레이어는 보이지 않게 꺼 줍니다.

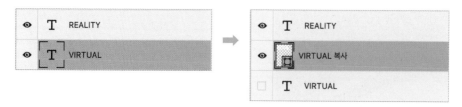

14 [패스 선택 도구]로 고정점을 움직여서, 'VIRTUAL' 글자의 'R'을 길게 늘립니다.

15 같은 방법으로 'REALITY' 글자의 'R'을 길게 늘립니다.

16 뒤틀기 모드를 통해 'VIRTUAL' 글자에 '파형', '비틀기' 옵션을 적용합니다.

17 같은 방법으로 'REALITY' 글자의 모양을 뒤틀어 줍니다.

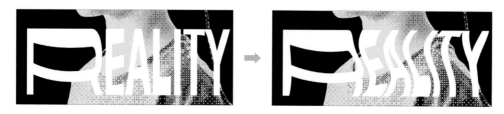

18 경사와 엠보스 효과를 통해 'VIRTUAL' 글자에 입체감을 줍니다.

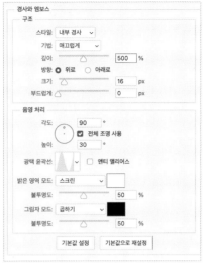

19 새틴 효과를 통해 'VIRTUAL' 글자에 광택을 입힙니다.

20 'VIRTUAL' 글자의 효과들을 'REALITY' 글자로 복사합니다.

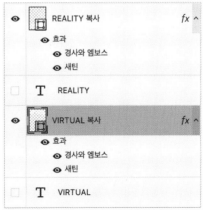

21 'REALITY' 글자의 새틴 값을 조정하여 광택의 모양을 다듬어 줍니다.

22 'VIRTUAL' 모양 레이어를 그룹으로 묶어 줍니다.

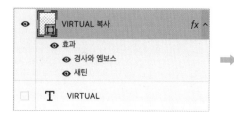 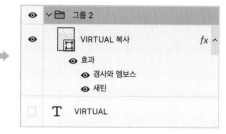

레이어에 경사와 엠보스 등의 '레이어 스타일' 효과를 준 경우, 조정 레이어를 클리핑 마스크 씌웠을 때 조정 효과가 적용되지 않습니다. 레이어에 여러 가지 효과를 주면 효과가 적용되는 순서가 생기는데요, '레이어 스타일' 효과는 조정 레이어가 적용된 위에 덮어 씌우는 순서로 작동합니다. 때문에 '레이어 스타일' 효과를 준 레이어에 조정 레이어를 적용하려면, 먼저 레이어를 그룹으로 묶어 준 다음, 그룹 레이어에 조정 레이어를 클리핑 마스크 씌우는 방식으로 효과를 입혀야 합니다.

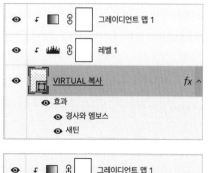 

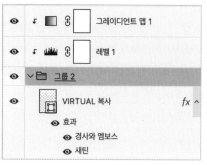 

23 레벨 조정 레이어를 이용하여 'VIRTUAL' 글자의 대비를 조절합니다.

24 매핑 조정 레이어를 이용하여 'VIRTUAL' 글자에 원하는 색을 입힙니다.

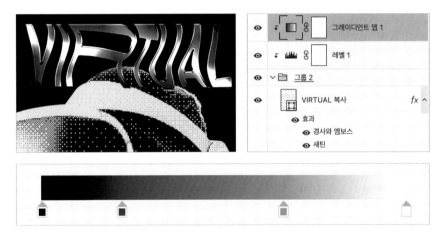

25 같은 방법으로 'REALITY' 글자의 대비를 조절하고 색을 입힙니다.

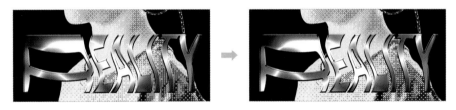

26 다양한 조정 레이어로 디자인 전체의 색감을 다듬어 줍니다.

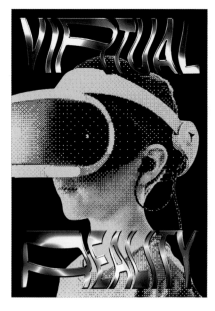

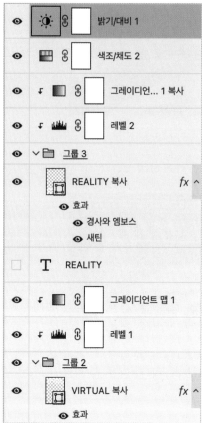

27 비닐 레이어를 켭니다.

28 블렌딩 모드를 조절하여 디자인에 비닐 질감을 입힙니다.

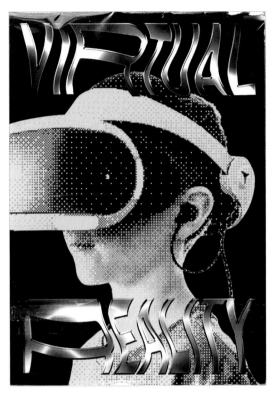

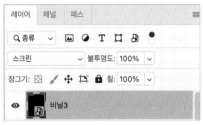

작업노트

✦ 디자인의 콘셉트

〈VR〉 포스터의 작업 과정을 살펴보며 콘셉트에 맞춰 디자인하는 방법에 대해 알아보겠습니다. 이번 아트워크는 '미래적인 디자인'이라는 콘셉트에서 출발했습니다. 평소에 만드는 작업물이 과거를 떠올리게 하는 레트로 콘셉트인 경우가 많아서, 반대로 잘 다뤄 보지 않은 미래적인 콘셉트를 시도해 보자고 생각한 것이 계기였죠.

그런데 '미래'라는 콘셉트만으로는 디자인을 구상하기 어려워서, 콘셉트를 구체적으로 보여 주는 소재를 찾기로 했습니다. 그러다가 전자 기기를 만드는 회사에서 새롭게 VR 기기를 낸다는 뉴스를 봤던 일이 떠올랐고, 디지털 속 가상의 현실을 만드는 VR이라는 소재가 '미래'라는 콘셉트에 잘 어울린다는 생각이 들었습니다. 이런 과정을 거쳐 VR이라는 소재를 정하게 되었어요.

이제 소재가 정해졌으니, 디자인을 본격적으로 구성해야겠죠? VR이 소재인만큼 먼저 VR 기기를 쓰고 있는 인물 이미지를 가운데에 놓고, 포스터 위 아래에는 VR을 구성하는 단어인 VIRTUAL과 REALITY를 각각 배치했습니다. 이렇게 기본적인 디자인의 구성을 완성했습니다.

하지만 이대로 디자인을 마무리하기에는 다소 심심하고, 콘셉트가 확실하게 드러나지 않는 것 같았습니다. 그래서 VR에 대해 자유롭게 생각을 떠올려 보고, 이를 키워드로 정리해서 디자인에 녹여 보기로 했습니다. 그렇게 정리한 단어들은 아래와 같습니다.

미래적인 / 디지털 / 게임 / 어지러움 / 멀미 / 신기한 / 테크놀로지 / 전자기기

먼저 디지털과 게임이라는 키워드를 표현하기 위해 이미지에 비트맵 효과를 주었습니다. 비트맵 특유의 픽셀 표현이 마치 게임 그래픽처럼 느껴지죠? 또한 VR 기기를 썼을 때 다른 세상으로 빨려 들어가는 느낌과 어지러운 느낌을 표현하기 위해 글자에 뒤틀기 효과를 입혀 주었습니다.

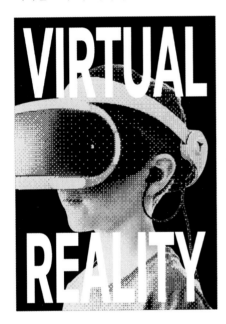 

마지막으로 미래적인 테크놀로지라는 키워드를 녹여내기 위해, 엠보싱 효과와 컬러 매핑 기능으로 크롬 스타일의 제목을 만들었습니다. 그리고 비닐 봉투에 포장된 게임 콘텐츠처럼 보이도록 비닐 질감을 입히며 디자인을 마무리하였죠.

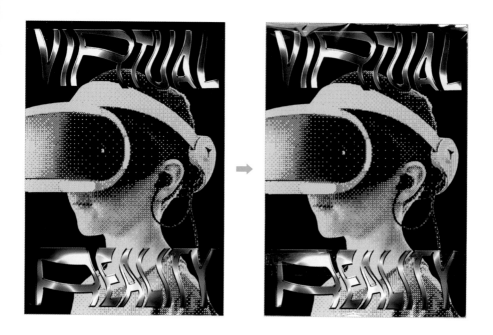

디자인을 시작하기 막막할 때는 먼저 콘셉트를 단어로 명확하게 정리해 보세요. 그리고 그에 맞춰 소재와 키워드를 단어로 떠올려 보세요. '기쁨', '슬픔'처럼 폭 넓고 막연해 보이는 콘셉트 역시 이를 표현할 구체적인 소재, 예를 들어 '불꽃놀이', '꽃', '깨진 유리컵', '소나기'와 같은 소재를 정하면 이에 맞춰 디자인을 구체적으로 만들어 낼 수 있습니다. 미래적인 콘셉트를 VR이라는 소재, 그리고 비트맵 이미지와 크롬 텍스트로 풀어낸 것처럼요.

SIDEKICK
만화책 표지 스타일의 아트워크

이미지를 만화 그림처럼 연출한 <SIDEKICK> 아트워크를 만들어 봅니다. 먼저 블렌딩 모드를 이용하여 이미지의 색감을 정리한 뒤, 오려내기 필터로 이미지를 만화 그림처럼 변형합니다. 그런 다음 이미지의 색감에 맞춰 텍스트에 그라데이션을 칠합니다. 마지막으로 브러시를 활용하여 배경을 꾸미고, 병합 레이어와 마스크를 이용하여 화면의 가운데를 찢어 줍니다.

스킬 (13)그림체, (20)찢기
폰트 Mudstone Sans Black, Lapture Regular, 210 오늘은 Regular, Proxima Nova Bold (어도비 폰트)
예제파일 SIDEKICK.psd

만들기

01 'SIDEKICK.psd' 파일을 엽니다.

02 밝기/대비 조정 기능을 이용하여 이미지를 밝고 강한 대비의 색감으로 보정합니다.

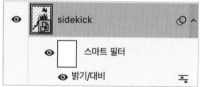

03 색상 오버레이 효과를 통해 이미지에 체리색을 '하드 혼합' 모드로 섞어 줍니다.

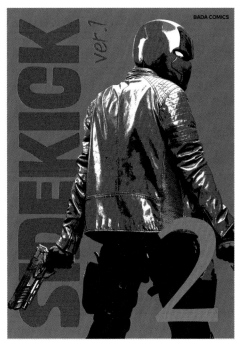

04 획 효과를 통해 이미지에 검은색 테두리를 입힙니다.

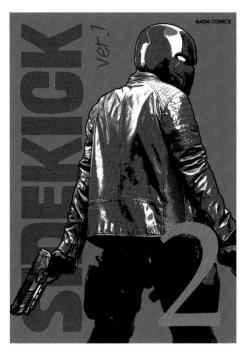

05 효과를 입힌 레이어를 한 번 더 스마트 오브젝트로 변환합니다.

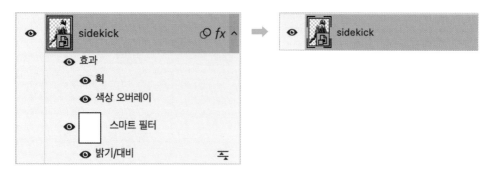

06 색상 오버레이 효과를 통해 이미지에 금색을 '곱하기' 모드로 섞어 줍니다.

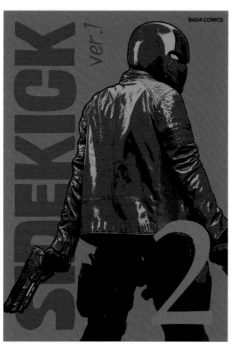

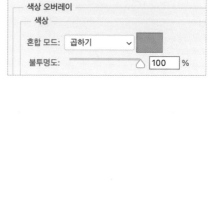

07 필터 갤러리를 통해 이미지에 오려내기 필터를 입혀, 이미지의 색 영역을 단순화합니다.

08 그레이디언트 오버레이 효과를 통해 'SIDEKICK' 텍스트에 빨간색과 노란색이 섞인 그라데이션을 칠합니다.

09 획 효과를 통해 'SIDEKICK' 텍스트에 검은색 테두리를 입힙니다.

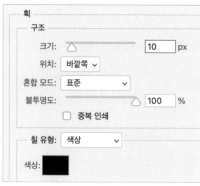

10 'SIDEKICK' 텍스트의 효과들을 'ver.1' 텍스트로 복사합니다.

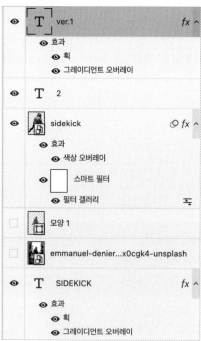

11 ‘ver.1’ 텍스트의 ‘획’ 효과를 ‘2’ 텍스트로 복사합니다.

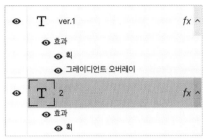

12 획 효과를 통해 ‘ver.1’ 텍스트의 크기에 맞춰 테두리를 얇게 조정합니다.

13 새 레이어를 만든 뒤, 'Explosion' 브러시를 찍어 줍니다.

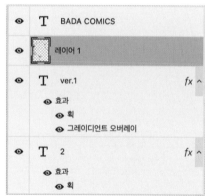

14 브러시를 찍은 레이어의 크기와 각도를 조정합니다.

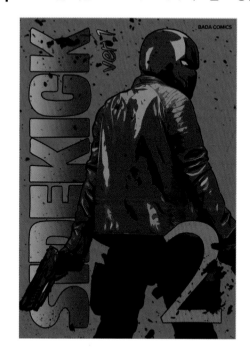

15 [지우개 도구]로 브러시가 과하게 찍힌 부분을 정리합니다.

16 브러시를 찍은 레이어를 'SIDEKICK' 텍스트 레이어 아래로 내립니다.

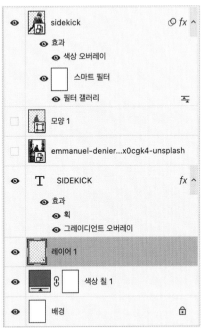

17 연출에 사용한 레이어들을 그룹으로 묶어 줍니다.

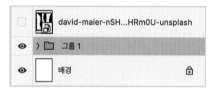

18 그룹 레이어를 복사한 뒤 병합합니다. 원본 그룹 레이어는 보이지 않게 꺼 줍니다.

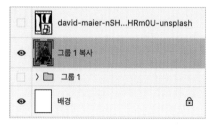

19 병합한 레이어의 아래쪽만 보이도록 레이어 마스크에 'Torn Paper' 브러시를 칠합니다.

20 병합한 레이어를 복사한 뒤, 레이어 마스크와 Torn Paper 브러시를 이용하여 복사한 레이어로 화면 윗부분을 채워 줍니다.

21 배경에 검은색을 칠합니다.

22 레이어 맨 위에 있는 찢어진 종이 이미지 레이어를 켭니다.

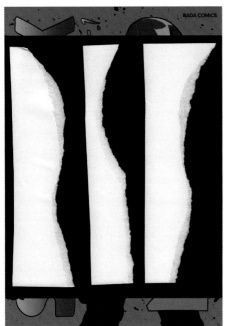

23 찢어진 종이의 누끼를 땁니다. 원본 이미지 레이어는 보이지 않게 꺼 줍니다.

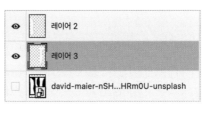

24 레이어의 순서와 크기, 각도를 조정하여 찢어진 종이를 단면 뒤에 덧댑니다.

25 색조/채도 조정 레이어를 이용하여 전체 이미지의 색감을 다듬어 줍니다.

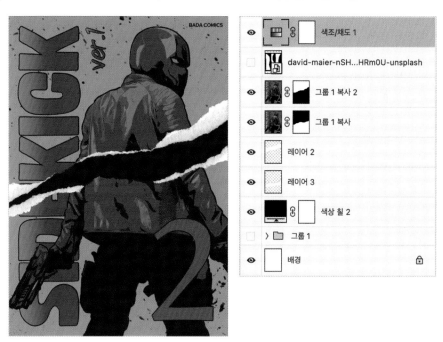

디자인을 완성한 뒤 '색조/채도' 조정 레이어를 활용하여 다양한 색감을 테스트해 보세요.

작업노트

✦ 다른 디자인 참고하기

디자인을 하다 보면 다른 디자인을 참고할 일이 많습니다. 이미 만들어진 기존의 작품들을 참고하여 내가 하고자 하는 디자인에 어떤 요소를 쓰면 좋을지 힌트를 얻는 거죠. 이처럼 작업 중에 참고하는 다른 디자인을 '레퍼런스'라고 하는데요. 레퍼런스를 보며 디자인을 할 때는 그 디자인의 저작권을 침해하지 않도록 유의해야 합니다. 원작의 요소를 그대로 가져다 쓰는 것이 아니라, 레퍼런스에서 참고한 요소를 나만의 맥락에 맞춰 응용해야 하죠. 〈SIDEKICK〉 포스터의 제작 과정을 살펴 보며, 레퍼런스를 활용해서 디자인을 만드는 방법을 자세히 알아보겠습니다.

〈SIDEKICK〉 포스터는 만화 '체인소맨' 1권 표지를 참고하며 만들었습니다. 제가 가장 좋아하는 만화이기도 하고, 표지의 구성과 느낌이 저의 취향에 맞아서 '이런 느낌으로 포스터를 만들어 보자!'고 생각했죠. 그래서 우선 디자인의 콘셉트를 '액션 만화의 표지'로 정했습니다. 그리고 참고한 표지 속의 주인공이 마치 악역처럼 보여서, 악역 느낌의 이미지를 찾아 디자인에 활용하기로 했습니다. 이렇게 레퍼런스로부터 아이디어를 얻어 디자인의 콘셉트와 활용할 소스를 정했어요.

다음으로 만화책 표지라는 콘셉트에 맞춰, 표지에 담을 이야기를 상상해 보았습니다. 일반적으로 만화의 주인공은 세상의 찬사를 받는 멋지고 밝은 영웅일 때가 많죠. 이를 살짝 비틀어서, 밝은 영웅의 뒤에서 더러운 일들을 묵묵히 대신 처리해 주는 조수(sidekick)가 주인공인 만화를 떠올렸습니다. 레퍼런스를 보며 느낀 점을 토대로 저만의 스토리를 구상해 본 것이죠. 이렇게 제목과 스토리를 정한 뒤, 텍스트와 이미지를 배치해서 포스터의 구성을 잡아 주었습니다.

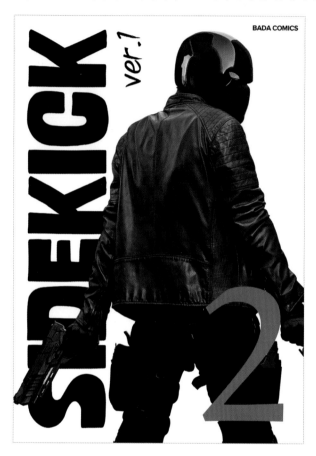

다음으로 디자인에 색을 입히고 꾸미는 작업을 했습니다. 앞서 정한 설정에 맞춰, 주인공의 냉혹한 면을 표현하기 위해 배경에 파란색을 칠하고, 열정적으로 싸우는 액션 장르에 맞춰 이미지와 텍스트에 붉은 색감을 입혔습니다. 이렇게 저만의 맥락에 맞춰 색을 칠한 다음, 레퍼런스 속 피가 튀는 모습을 참고해서 배경에 파편이 튀는 브러시를 더했습니다.

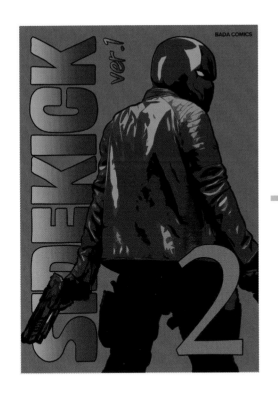 

텍스트, 이미지, 배경을 모두 꾸민 뒤에도 아직 디자인이 심심하다는 느낌을 받아, 화면 가운데를 쭉 찢어 주는 연출을 더했습니다. 이 디자인이 책 표지가 아니라 포스터라는 점을 살리고, 구상한 스토리에 맞춰 다크 히어로 주인공이 세상의 틀을 찢고 자신만의 길을 걷는다는 느낌을 주고 싶었거든요.

마지막으로 원작의 색감을 참고해서, 색조/채도 기능으로 디자인의 색 조합을 바꿔 주었습니다. 기존의 디자인은 파란색, 빨간색의 조합이 주를 이루고 있어 기본적인 느낌이 강하지만, 레퍼런스의 색감은 주황색, 초록색이 주를 이루고 있어 훨씬 현대적이고 독특한 느낌을 주고 있죠. 이 점을 참고하여 디자인의 색감을 레퍼런스의 느낌에 맞춰 살짝 비틀어 주기로 하였고, 지금의 하늘색, 분홍색의 조합이 되었습니다.

사실 우리가 어떤 디자인을 구상하든, 세상에 이미 비슷한 완성품이 있을 확률이 높습니다. 또한 기존에 있는 작품을 연구하고 나의 작업에 응용하는 일은 창작의 근본이기도 하죠. 그러니 마음에 드는 포스터가 있다면, 인상 깊었던 책 표지가 있다면, 이를 참고 삼아 직접 나만의 디자인을 만들어 보세요. 레퍼런스를 보며 왜 이런 요소가 들어가야 하는지, 어떤 맥락에서 요소들이 어우러지고 있는지 능동적으로 고민하다 보면 디자인을 판단하는 눈이 몰라보게 좋아질 것입니다. 물론 이를 통해 내 디자인을 창의적으로 발전시키고, 나의 취향을 뾰족하게 다듬을 수 있다는 점도 빼놓을 수 없구요.

BMM

이미지를 조각 내어 표현한 콜라주 아트워크

책의 표지를 장식한 콜라주 스타일의 <BMM> 아트워크를 만들어 봅니다. 먼저 기린 레이어를 복사하여 5개의 레이어를 만들고, 각 레이어에 서로 다른 포토샵 기법을 입힙니다. 레이어 마스크를 이용하여 완성한 다섯 기린을 조각 내고 하나의 기린 실루엣으로 합칩니다. 마지막으로 다섯 기린의 색을 다르게 조정한 다음, 하프톤 스타일의 그림자를 만들어 기린 뒤에 배치합니다.

스킬 (11)매핑, (12)한계값, (13)그림체, (14)비트맵, (15)하프톤, (20)찢기, (27)그리기

예제파일 BMM.psd

만들기

01 'BMM.psd' 파일을 엽니다.

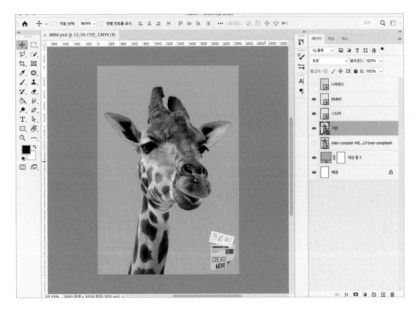

 tip

이번 <만들기> 는 다른 <만들기> 파트에 비해 자세한 레이어의 구성과 효과의 수치를 수록하지 않았습니다. 이 책에서 마음에 들었던 효과들을 자유롭게 활용하여 여러분만의 기린을 완성해 보세요.

02 기린 레이어를 복사한 뒤, 다양한 포토샵 기법을 이용하여 서로 다른 다섯 가지 스타일의 기린을 만듭니다.

03 레이어 마스크와 torn paper 브러시를 이용하여 다섯 개의 기린 레이어를 조각 내어 하나의 실루엣으로 합칩니다.

04 다양한 조정 레이어와 블렌딩 모드를 이용하여
다섯 기린의 색감을 다르게 다듬어 줍니다.

05 기린의 크기를 키워 화면 중앙에 배치합니다.

06 기린의 실루엣을 활용하여 하프톤 그림자를 만듭니다.

tip

하프톤 그림자를 만드는 방법을 간단하게 알아보겠습니다. 먼저 새 레이어를 만들고, 기린 누끼 레이어의 선택 영역을 활성화합니다. 여기에 회색을 칠한 다음, 색상 하프톤 필터를 입혀 주면 완성이죠.

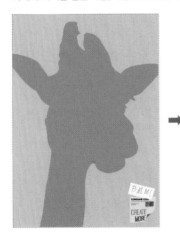 ➡

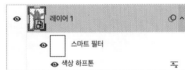

07 다양한 조정 레이어를 이용하여 전체 기린의 색감을 다듬어 줍니다.

08 디자인에 질감을 섞어 줍니다.

작업노트

✦ 디자인의 메시지

〈BMM〉은 이 책의 표지를 장식하기 위해 만든 아트워크입니다. 그래서 아트워크에 담을 메시지를 정할 때, 이 책을 처음 기획했을 때의 생각을 되짚어 보는 일부터 시작했죠. 저는 책을 통해 많은 사람들에게 다양한 포토샵 기법을 알려 주고, '나는 어떤 걸 만들어 볼까?'라는 생각이 들도록 창의력을 자극해 주고 싶었습니다. 그래서 이런 의도에 맞춰 표지에 두 가지 의미를 담기로 했어요. 바로 다양한 기법과 창의성입니다.

가장 먼저 떠오른 이미지는 여러 가지 기법을 병렬식으로 나열하는 방식이었습니다. 하지만 이런 스타일로는 창의성이라는 메시지를 담을 수 없다고 느꼈어요. 그렇다면 여러 기법을 단순히 나열하기보다, 기법들이 조각처럼 모여 하나의 이미지를 이루는 방식이 어떨까 하는 생각이 들었습니다. 마치 퍼즐처럼요.

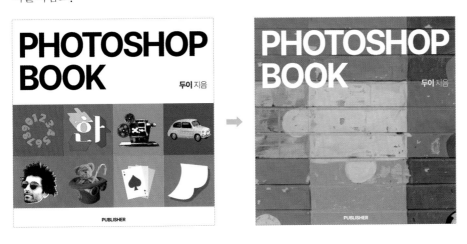

담고 싶은 메시지와 구성을 정했으니, 다음으로 소재를 정해야겠죠? 어떤 소재를 쓸지 기준을 잡기 위해 먼저 창의성에 대한 저의 생각과 견해를 정리해 보았습니다. 창의성은 재능을 타고 나야 얻을 수 있다고 여겨지곤 합니다. 닿을 수 없는 미지의 무언가처럼 느껴지기도 하죠. 하지만 수년 간 디자인을 하며 느낀 점은 창의성이란 후천적으로 노력해서 기르는 자질이며, 모호하지 않고 구체적이라는 것입니다. 이러한 생각을 바탕으로, 일상에서 쉽게 볼 수 없지만 노력한다면 실제로 볼 수 있는 무언가를 디자인의 소재로 고르고자 했습니다.

가장 먼저 상상 속의 동물인 용과 해치가 떠올랐습니다. 하지만 이 둘은 신비로울 뿐만 아니라 실제로도 존재하지 않는 동물이기 때문에 고를 수 없었습니다. 또 사자나 호랑이의 경우, 기준에는 맞지만 창의성보다는 용맹함, 용기를 상징하는 동물로 느껴져 고르지 않았습니다. 이런 식으로 고민을 거듭한 결과, 창의성을 표현할 동물로 기린이 떠올랐습니다.

기린은 일반적인 도시에서 흔하게 볼 수 있는 동물이 아니죠. 마치 상상 속 동물처럼 느껴집니다. 하지만 기린은 실제로 존재하죠. 또 일반적인 동물들과 달리 유독 목이 길쭉한 기린의 모습은 우리에게 신비롭게 보이기도 합니다. 이러한 기린의 특징이 제가 생각하는 창의성과 비슷하다는 생각이 들어, 표지 디자인의 소재로 기린을 고르게 되었습니다.

✦ 디자인 수정하기

하지만 완성한 아트워크의 초안은 어딘가 엉성했습니다. 커다란 퍼즐 조각들을 이어 붙인 느낌을 주면서 동시에 다양한 색을 써서 창의성을 표현하고자 했지만, 책의 표지로 쓰기에는 다소 정신 없고 통일성 없는 디자인이었죠.

그래서 좀 더 통일성 있고 깔끔한 디자인을 만들기 위해, 기린의 연출은 그대로 둔 채로 배경색을 한 가지로 정리해 주었습니다. 기린하면 가장 먼저 떠오르는 노란색으로요. 이런 과정을 거쳐서 책의 표지에 쓰일 아트워크가 완성되었습니다.

✦ 디자인의 제목

여기까지 읽으신 독자분들이라면, 이 아트워크의 제목이 왜 〈기린〉이 아니고 〈BMM〉인지 궁금할 것 같습니다. 포토샵 책을 집필하는 동안 저는 다양한 포토샵 기법들을 좀 더 큰 범위에서 묶어 보고자 했어요. 기법들을 꿰뚫는 어떤 원리나 원칙 같은 게 있지 않을까 싶었죠.

그렇게 몇 개월간 공책에 아트워크를 분류해 보며 고민한 결과, 세 가지 키워드를 뽑아낼 수 있었습니다. 바로 Break, Make, Mix입니다. 이미지의 누끼를 따는 작업, 혹은 해상도를 깨뜨리는 비트맵 연출처럼 레이어를 깨뜨리는 'Break', 펜 도구로 모양을 만드는 것처럼 레이어를 새로 만드는 'Make', 여러 레이어의 모양과 색을 겹쳐서 연출하는 기법처럼 레이어를 섞는 'Mix'. 포토샵의 기법들은 대부분 이 세 가지 키워드로 정리할 수 있었습니다. 그래서 세 가지 키워드의 첫 글자를 모아서, 표지 아트워크에 〈BMM〉이라는 이름을 달아 주게 되었죠.

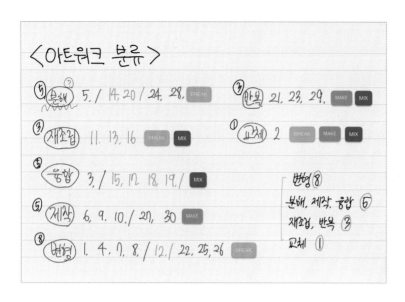

여담으로, 〈BMM〉이라는 키워드를 찾아낸 것처럼 스스로 궁금증을 던지고 자신만의 답을 찾아나서는 과정이 제가 생각하는 창의성의 특징에 꼭 들어맞는 부분도 있었습니다. 이처럼 이 책에서 추구하는 가치들이 디자인 속에 잘 담긴 것 같아 개인적으로 가장 마음에 드는 아트워크이기도 합니다.

부록

유용한 사이트

✦ 사진

Unsplash

unsplash.com

상업적 이용이 가능한 사진을 다운로드할 수 있는 사이트. 카메라로 촬영한 이미지 소스가 필요할 때 이용하기 좋습니다. 대부분의 사진은 무료이나, 일부는 유료 서비스로 제공됩니다.

Artvee

artvee.com

저작권이 만료된 그림, 포스터, 일러스트 등의 작품을 무료로 다운로드할 수 있는 사이트. 명화 이미지를 활용한 디자인을 하고 싶을 때 이용하기 좋습니다. 다운받은 이미지는 자유로운 상업적 이용이 가능합니다.

✦ 폰트

눈누

noonnu.cc

무료 한글 폰트들을 둘러보고 다운로드할 수 있는 사이트. 트렌디한 한글 폰트를 찾아볼 때 이용하기 좋습니다. 일부 폰트는 분야에 따른 상업적 이용이 제한될 수 있으니, 각 폰트마다 제공사의 안내를 꼭 확인해 주세요.

Free Faces

freefaces.gallery

무료 영문 폰트들을 둘러보고 다운로드할 수 있는 사이트. 다채로운 모양의 영문 폰트를 찾아볼 때 이용하기 좋습니다. 이곳에서 다운받은 폰트들은 영문 전용으로, 대부분 한글 입력이 지원되지 않습니다.

'Get this typeface' 버튼을 눌러 다운로드 페이지로 이동

Adebe fonts

fonts.adobe.com

어도비에서 직접 운영하는 폰트 서비스. 어도비 프로그램을 구독하고 있다면 추가 금액을 내지 않아도 개인적, 상업적 용도로 자유롭게 사용 가능합니다. 어도비 클라우드 시스템을 통해 폰트가 적용되는 시스템이기에, 폰트 파일이 유저에게 제공되지 않습니다.

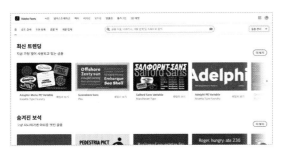

✦ 색 조합

My mind

access.mymind.com/colors

두 가지 색 조합을 참고할 수 있는 사이트. 배경과 글자의 색 조합을 참고할 때 활용하기 좋습니다. 100가지가 넘는 색 조합을 둘러볼 수 있고, 색상 코드 역시 쉽게 복사할 수 있습니다.

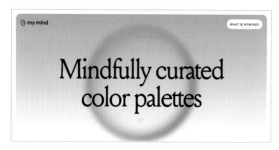 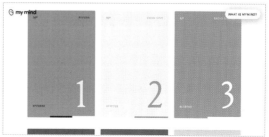

Adobe colors

color.adobe.com

어도비에서 직접 운영하는 색 조합 사이트. 2가지 이상의 여러 가지 색을 조합할 때 참고하기 좋습니다. 탐색, 트렌드 탭에서 다양한 색 조합을 참고할 수 있고, 생성 탭의 색상환을 클릭하면 내가 클릭한 색의 유사색, 보색 등을 볼 수 있습니다.

 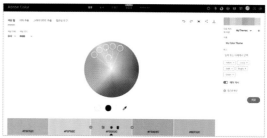

✦ 참고 자료

Pinterest

pinterest.com

다양한 디자인 이미지를 찾아볼 수 있는 사이트. 장르별 디자인 참고 자료를 찾을 때 활용하기 좋습니다. 'retro design', 'typography poster' 등의 키워드를 검색하면 키워드에 맞는 다양한 포스터 이미지들을 둘러볼 수 있습니다.

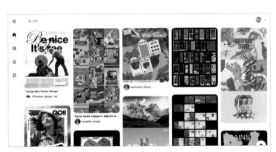

Behance

behance.net

어도비에서 직접 운영하는 디자인 포트폴리오 사이트. 다양한 국가의 디자이너들의 최신 작업들을 참고하고 싶을 때 활용하기 좋습니다. 세계 디자이너들의 프로젝트를 분야별로 둘러볼 수 있습니다.

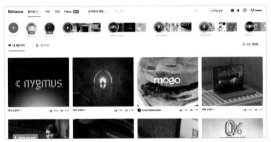

노트폴리오

notefolio.net

국내 디자이너들의 포트폴리오와 디자인 프로젝트를 볼 수 있는 사이트. 국내 디자이너들의 최신 작업들을 참고하고 싶을 때 활용하기 좋습니다. 국내 디자이너들의 프로젝트를 분야별로 둘러볼 수 있습니다.

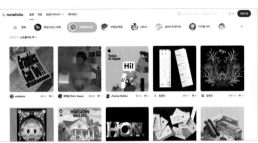

✦ 브러시

BrushLovers

brushlovers.com

다양한 브러시를 둘러 보고, 무료로 다운로드할 수 있는 사이트.

Brusheezy

brusheezy.com

마찬가지로 다양한 브러시를 둘러 보고, 무료로 다운로드할 수 있는 사이트.

✦ 프리셋

PixelBuddha

pixelbuddha.net

디자인 기법의 트렌드를 확인하고 프리셋을 구매할 수 있는 사이트. 대부분 유료이나, 일부 프리셋은 무료로 제공됩니다.

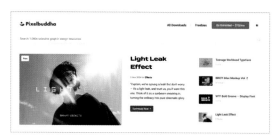 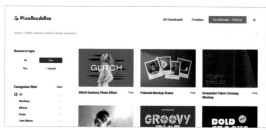

디자인 체크리스트

1 디자인이 표현하고자 하는 의도를 잘 전달하고 있는가?

디자인이 전체적으로 엉성해 보인다면, 우선 내가 표현하고자 하는 것이 무엇인지부터 점검해야 합니다. 그런 다음 의도와 콘셉트를 잘 담아내기 위해 무엇을 수정해야 하는지 찾아봅니다.

- ☑ 표현하고자 하는 의도를 명확하게 단어로 정리하기
- ☑ 원하는 콘셉트를 잘 표현한 다른 디자인 자료 찾아보기
- ☑ 현재 내 디자인에 무엇을 더해야/덜어야 할지 정리하기
- ☑ 디자인에 쓰인 요소들을 다른 요소로 바꾸기
- ☑ 디자인에 쓰인 요소들을 재배치하기
- ☑ 콘셉트에 맞는 다른 요소들을 추가하기

2 디자인이 너무 빽빽한가?

디자인이 너무 꽉 차 있다면 중요한 내용을 전하지 못할 수 있습니다. 이럴 경우, 먼저 어떤 요소가 가장 중요한지 우선순위를 정한 다음, 디자인을 정리하는 작업이 필요합니다.

- ☑ 불필요한 요소를 과감하게 빼기
- ☑ 덜 중요한 요소를 확실하게 작은 크기로 줄이기
- ☑ 강조하고 싶은 요소를 커다랗게 배치하기
- ☑ 강조하고 싶은 요소를 작게 배치하되, 주변에 여백을 많이 두어서 시선이 쏠리게 하기

3 디자인이 너무 비어 보이는가?

필요한 요소들을 모두 배치했으나 디자인이 전체적으로 비어 보인다면, 좀 더 꽉 차 보일 수 있도록 여러 가지 방안을 활용할 수 있습니다.

- ☑ 배경을 단색에서 그라데이션으로 바꾸기
- ☑ 이미지를 배경으로 활용하기
- ☑ 도형이나 패턴을 활용해 배경 채우기
- ☑ 흩날리는 브러시나 작은 도형을 활용해 디자인을 전체적으로 꾸미기
- ☑ 제목이나 이미지를 커다랗게 배치하기
- ☑ 디자인에 전체적으로 질감 입히기

단축키 모아보기

✦ 기본

화면 확대/축소	Alt +마우스 스크롤 [또는 Ctrl + + / −]
화면 이동	Back Space +드래그(손 도구)
안내선 켜기/끄기	Ctrl + ;
격자 켜기/끄기	Ctrl + '
줄자 켜기/끄기	Ctrl + R
환경설정	Ctrl + K
배경색 칠하기	Alt + Back Space
전경색 칠하기	Ctrl + Back Space
배경색/전경색 바꾸기	X
레이어 복사	Ctrl + J

▶ Ctrl + C , Ctrl + V 를 누르면 레이어를 작업 화면의 정
가운데로 복사합니다.

✦ 자유 변형

레이어 크기 조절	Ctrl + T (변형 컨트롤 켜기)

▶ 보조키
(1) 가운데 고정: Alt
(2) 비율 깨기: Shift
* 도형은 Shift 키를 눌러야 비율이 고정됩니다.
* CC2018까지 버전은 Shift 키를 눌러야 비율이 고정됩
니다. (CS2, CS5, CS6 포함)
(3) 변 기울이기: Ctrl

회전:	변형 컨트롤 바깥을 드래그
15도 각도로 회전	Shift +변형 컨트롤 바깥을 드래그
변형 반복	Ctrl + Shift + T (크기, 각도, 비율)

✦ 선택 영역

영역 추가	Shift +클릭
영역 빼기	Alt +클릭
영역 해제	Ctrl + D

✦ 브러시

색 추출	Alt +클릭
브러시 커서 확대/축소	[,]
브러시 설정	작업 화면 우클릭 (크기, 종류, 경도, 각도)

✦ 펜 도구

고정점 이동	Ctrl +고정점 드래그
핸들 삭제	Alt +고정점 클릭
핸들 새로 만들기	Alt +고정점 드래그
양쪽 핸들 평행하게 조정	Ctrl +핸들 드래그
한쪽 핸들만 조정	Alt +핸들 드래그

프로 디자이너처럼 만드는 포토샵 디자인 스킬북

1판 1쇄 발행   2025년 4월 20일

저   자 | 두이
발 행 인 | 김길수
발 행 처 | ㈜영진닷컴
주   소 | (우)08512 서울 금천구 디지털로9길 32
　　　　　갑을그레이트밸리 B동 10층 ㈜영진닷컴
등   록 | 2007. 4. 27. 제16-4189호

©2025. ㈜영진닷컴

ISBN | 978-89-314-7922-5

YoungJin.com Y.
영진닷컴